JN074188

根の場所をまもる

沖縄・備瀬ムラの神人たちと伝統行事の継承

石井宏典 著

新曜社

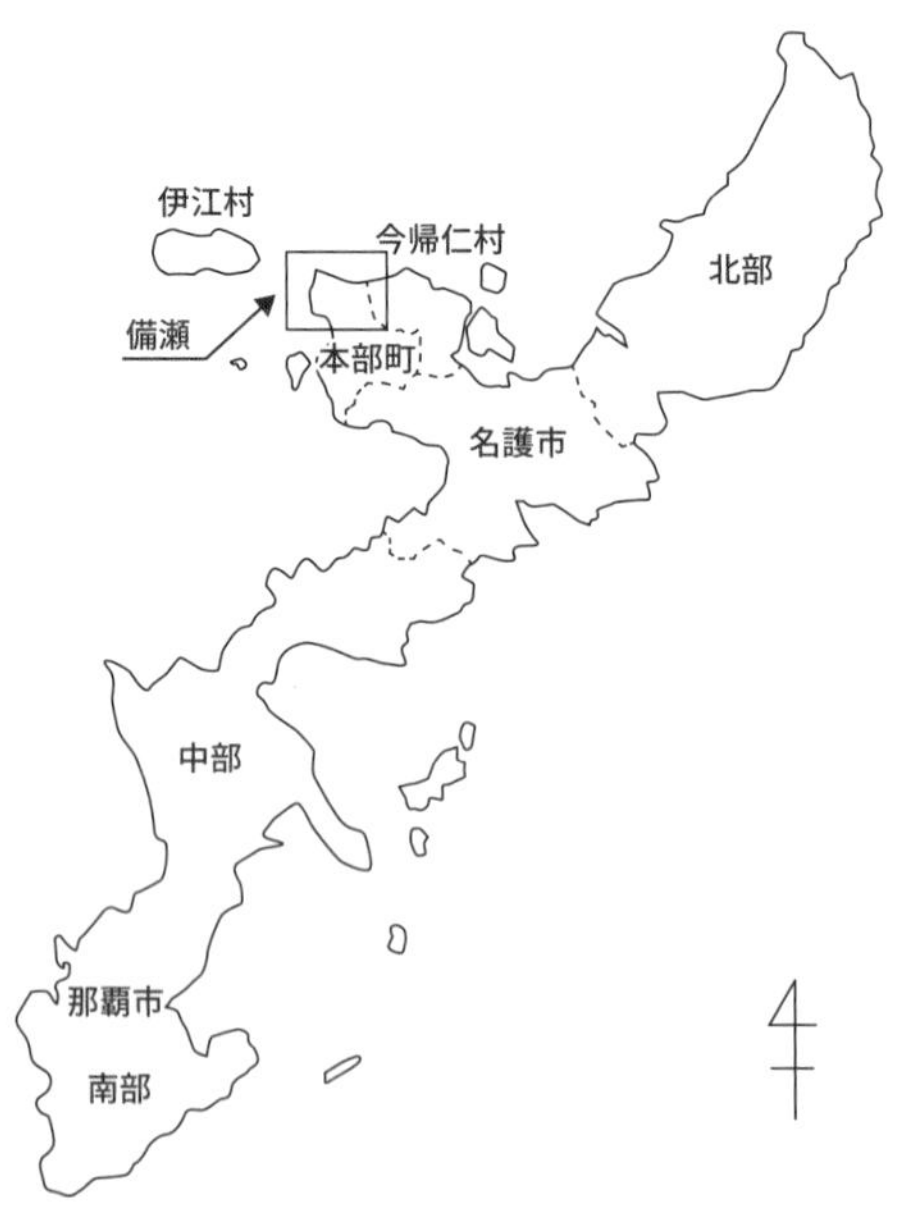
伊江村
今帰仁村
北部
備瀬
本部町
名護市
中部
那覇市
南部

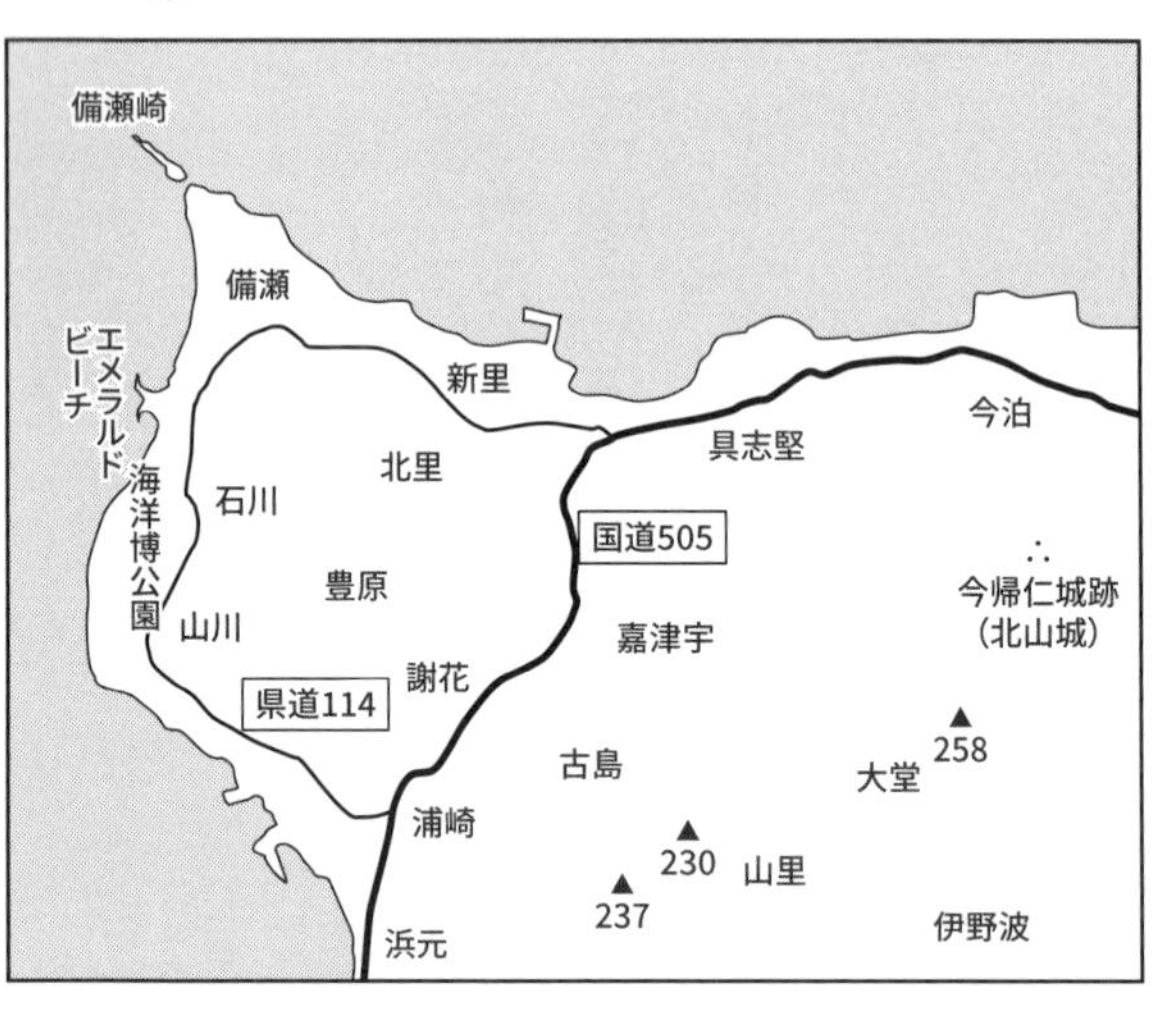
備瀬崎
備瀬
エメラルドビーチ
新里
今泊
具志堅
北里
石川
海洋博公園
国道505
豊原
今帰仁城跡
(北山城)
山川
嘉津宇
謝花
県道114
258
古島
大堂
浦崎
230
山里
237
浜元
伊野波

目次

3章 都市とムラを結ぶ踊りの輪――2009〜15年のシニグ―― 125

4章 自然との交わりの記憶――2012〜16年の大御願―― 175

装幀＝新曜社デザイン室

序章

1 ムラと神人

沖縄島北部の本部(もとぶ)半島先端に、フクギ並木に包まれた備瀬(びせ)という集落（ムラ〔1〕）がある。弓なりの海岸線に沿って形成されたこの集落には２０１４年現在、２６１世帯４８６人が暮らす。集落の東には、サトウキビやイモ（甘藷）を育てる畑が広がり、その先の丘陵地にはグシク山と呼ばれる森がある。この森は、村落発祥と深いかかわりがあるとされる御嶽(うたき)である。西側に広がる海は、イノーと呼ばれる浅瀬と濃藍の外海が珊瑚礁によって仕切られ、その向こうに城山(タッチュー)を抱えた伊江島を望む。そして南側は巨大な水族館で有名な国営海洋博公園と接している。集落全体を覆うフクギは、強烈な日差しを遮り緑陰をつくるとともに、強風や塩害から家屋を守ってくれる。戦時中は米軍が放った火によって茅葺きの家々は焼かれたが、この並木は残った。近年、フクギ並木が包む集落景観を目当てにした観光客も急増している。

水場の乏しいこのムラではかつて、生活の水はいくつかの共同井戸と天水に頼るほかはなかった。

図序－1　備瀬のおもな拝所（国土地理院撮影の空中写真〔1977年撮影〕）

また、周辺に山林がないため、燃料となる薪は遠くの山に取りに行かねばならなかった。戦前生まれの世代にとって、井戸への水汲みや山への薪取りは子ども時代の共通体験である。丘陵地に広がる畑は乾燥しやすく、潮風をもろに受ける。台風にも繰り返し襲われる。こうした厳しい自然条件が、神々の庇護を求めて祈るという姿勢をうながしたにちがいない。そして、水道が引かれ電気が通る世の中になっても、その姿勢を保ち続けてきた人たちがいる。集落のほぼ中央に神アサギと呼ばれる拝所があって、神人（かみんちゅ）と呼ばれる女たちが年中の節目ごとに手を合わせている（図序－1）。

神人は、神々と人々とを媒介する存在である。沖縄では古来より、男より女のほうが神霊の気配を感じる力——霊力（シジ）と呼ばれる——が高いとされてきた。それゆえ神人の多くは女性である。本書では備瀬ムラの神人たちの営みをなぞる。

2 ■ 移動の時代

20世紀はムラにとって、出稼ぎと離郷の時代だった。沖縄からの出稼ぎ移民は、土地の私有制をもたらした土地整理事業と重なり、1899（明治32）年のハワイ移民に始まる。備瀬からのハワイ移民は、日本からの移民を制限した日米紳士協定締結直前の1907（明治40）年に集中しており、渡航者名簿で確認できた分で29人を数える。南米への移民は、1918（大正7）年から1936（昭和11）年にかけて18人がペルーに、1919年から1934年にかけて12人がブラジルに渡った。これらは先発して渡航した者が足場をつくり、家族などの近親者を呼び寄せるという経緯を辿った。1928年から翌年にかけての二年間には、20人余りの男たちが麻景気に沸くフィリピンのダバオに渡った。さらに南洋のパラオも行き先のひとつになった。

1920〜30年代に本格化した日本本土への出稼ぎは、10代の娘たちが各地の紡績工場に向かう動きが活発だった。この流れはやがて、大阪・堺の大和川紡績という特定の工場に集中する[2]。男たちの場合もやがて大阪への出稼ぎが中心となり、戦後に急展開することになるメッキ業界への種が蒔かれた。1930年代前半には大阪・西成で備瀬同志会が旗揚げされている。また戦前の出稼ぎ先として見逃せないのは、ラサ島（沖大東島）である。那覇の東南408kmに位置する面積わずか1・15㎢ほどのこの島では、燐鉱石の採掘がおこなわれ、終戦まで備瀬からの出稼ぎが続いた。

日本の敗戦後、国内外からの引き揚げ者によって一時１８００人を超える人口を抱えたムラは、ほどなくして島内中南部に人を送り出すようになる。その始まりは、中部の米軍基地建設の現場だった。最盛期には２００人近いムラ人が「軍作業」を請け負う各工作隊で働き、そのまま普天間などに定着した人たちが核となって１９５６（昭和31）年に普天間備瀬郷友会が結成された。会員の居住地域が広がるのにともなって、この会は中部備瀬郷友会と名称を変えた。那覇の場合は、１９５４年に那覇備瀬郷友会が結成されている。復興期にこの街に流入した人たちの多くが小さな商いで生計を立て、なかでも新天地市場と名付けられた衣料品卸売市場に20〜30代の女たちが集まった[3]。１９６０年代には、中学卒業後に同郷先輩の店で縫い子として働く人が続くようになる。大阪では、西成と堺のメッキ工場群がたまり場となった[4]。１９５０〜６０年代にかけて、備瀬出身者の経営する二つのメッキ工場の元から独立する者が相次ぐと、それぞれの工場が郷里からきょうだいや親戚を呼び寄せた。

こうした人びとの動きによって１９７０年にムラの住民は７００人ほどになっていた。１９７５年にムラの南端も会場に組み込まれて開催された国際海洋博覧会は人びとの環流を引き起こしたが、その後は漸次的に減らし、２０１４年現在では５００人を割っている。

この備瀬ムラを初めて訪れたのは三〇年前の１９８９年だった。三カ月ほど滞在してから大阪に渡ると、出稼ぎから定着に至ったムラ人たちを堺市内に訪ね歩いた。そして、「近代化と故郷」というテーマのもとに修士論文にまとめた[5]。それから五年後、南米日系人によるデカセギブームのさなか、ムラ人たちの足跡をペルーの首都リマに辿った。すでに一世がいないことはわかっていたため、二世家族のもとを訪ね歩いた。旧市街に残された古い集合住宅に住む家族の居間には、沖縄式の仏壇が据えられていた。そばの壁には、一世夫婦とその先祖の肖像写真とともに、見覚えのあるアサギ（拝殿）の落成を祝う写真が飾られていた。後で確認したところ、茅葺きから赤瓦の屋根に変わったアサギの改築は1938年だったので、この家の主がペルーに渡航した後に届いた写真とみられる。神殿と拝殿からなる新アサギの建築にあたっては、ハワイ在住者からの送金が助けになったとの証言があるため、この写真は、ペルーからの送金にたいする返礼として贈られたものなのかもしれない。ともあれ、故郷からはるか遠く離れたムラ人にとっても神アサギが精神的な支えとしてあったことを物語る。

3 本書のねらいと構成

本書の目的は、ムラの根ともいえる場所において、ムラの豊穣や子孫の無事を拝み続ける神人たちの世界に近づくことにある。そして、生活環境がめまぐるしく変化するなかにあって伝統行事を継承することの意義を、社会心理学の立場から探ることにある。社会心理学は、歴史的制約を見据えながら、人・社会・文化の有機的統一的把握を目指す[6]。2009年から一〇年間にわたりムラ通いを重ね、神々や先祖の気配を感じる場所での営みの細部に目を凝らすことで、現在生きている者どうしの関係だけでなく、生者による死者——子孫による先祖——への働きかけや人と自然の交わりの様相をすくいたい。

接近法は、ならう姿勢を中軸とするフィールドワークである[7]。調査者は、現場の人たちが繰り返す行為にふれ、その人たちがものごとに込めてきた意味をひとつひとつ学ぶことを重ねる。そこでのやり方をじっくり見せてもらうとき、相手の身体は、日ごろ扱い慣れたものごとに向かっている。調査者は、ものごとに取り組むその姿を、脇から、あるいは斜め後ろから、じっくり眺めるという姿勢をとる。これを、「ならう姿勢」と呼びたい。「ならう」には、相手を手本にして真似るという「倣う」と、教えを受けて身につけるという「習う」とが重なる。現場の人はときに口頭での説明を添えながら、身をもってそこでのやり方を示してくれる。このとき、現場の人は新参者にものごとの手順と手本を示す「先達」となり、調査者はそのやり方を学び、ときには身につけようと試みる「見習い」となる。こうしたならう姿勢は、フィールドの特質や研究の目的に応じてさまざまなかかわりの程度で実践される。本書の調査の場合は、現場の人たちの傍らに立ってそのやり方を観察し、後に不明点について問いかけ、教えてもらうといった姿勢を基本とした。また、調査者が到達することのできる認識は、相手とのかかわりの質によって左右される面があるため、その関係性の記述も試みる。

本書の構成を示そう。1章では、旧暦7月の酷暑のなかで一週間続く祭祀、シニグ行事の場に密着する。ムラ人たちが農や海の営みから離れるにともない、自然の恵みに感謝するという感覚が薄れ、ムラの守護神に祈るという行為に切実さを感じなくなっていった。そうしたなかで、神人たちが個々の年中行事をどう意味づけ、行事を取り巻く状況変化にいかに対応してきたのかを把握する。2章では、約七〇年間にわたりヌルと呼ばれるムラの神人の中軸を務めてきた女性のライフヒストリーを取り上げる。社会心理学は、社会のなかで個人が形成され、諸個人のはたらきによって社会が構成されるといった、社会と個人が相互に規定しあうさまに目を凝らす。ムラのなかでヌルが生み出され、そのヌルがまたムラを支えるといった螺旋的な循環を、彼女の生活世界に参与し、そのライフヒストリーを辿ることで考察する。3章は、ふたたびシニグ行事の場を取り上げる。社会心理学が重視する形成論的視点から、ムラに住む者と都市の同郷コミュニティの成員とが協力して伝統行事を継承しようとする過程に密着する。具体的には、ウシデークと呼ばれる神前舞踊に注目し、担い手たちの近年の動きを丹念に追うことで、行事への参加が個人やコミュニティレベルに及ぼす影響を探る。

つづく二つの章では、人と自然との交わりの様相を主題とする。4章では、年に二度、ミーウガンと呼ばれる離れ小島に渡って豊作豊漁と海の安全を祈願する大御願(ウブウグワン)という行事を取り上げる。参加者の多くがイモを主食として育った世代であることに着目し、自然を相手にしたかつての自給的な営みを描き出しながら、昔と同じ場所、変わらぬやり方で行事を進めることの意義について考察する。5章では、かつて生活のための水を汲んだ共同井戸での拝みを取り上げ、その水が誕生や葬送の儀礼においても重要な役目を果たしてきたことに注目する。そして、神人やかつてのムラ人たちが死者をどのような存在とみなしてきたのか、また自然のなかに人をどう位置づけてきたのかについて掘り下げる。

注

[1]「ムラ」は、近世間切(まぎり)時代の村(むら)に対応する(現在では、間切は市町村(そん)、ムラは字に相当する単位)。なお、神人たち

は「ムラの行事」という表現をよく使う。ムラはシマという呼び方よりも、公的なニュアンスが強い。
[2] 石井宏典（2012）「紡績工場にできたたまり場――戦前期における沖縄一集落出身女工の体験」『茨城大学人文学部紀要：人文コミュニケーション学科論集』12、29-62頁。
[3] 石井宏典（2008）「ならいとずらしの連環――那覇新天地市場の形成と展開」サトウタツヤ・南博文編『社会と場所の経験』東京大学出版会、45-76頁。
[4] 石井宏典（2000）「「同志会」という共同の物語――沖縄のある集落出身者たちの並ぶ場所」やまだようこ編『人生を物語る』ミネルヴァ書房、113-142頁。
[5] 石井宏典（1993）「職業的社会化過程における「故郷」の機能――生活史法による沖縄本島一集落出身者の事例研究」、「社会心理学研究」8-1、9-23頁。
[6] 安倍淳吉（1956）『社会心理学』共立出版、28頁。文化については、「人間が自然に手を加えて形成してきた物心両面の成果」との定義にしたがう。『広辞苑』第5版、岩波書店、2380頁。
[7] 石井宏典（2007）「参与観察とインタビュー」、やまだようこ編『質的心理学の方法』新曜社、72-85頁。

1章 拝みの姿勢——2010〜13年のシニグ

1■神行事のなかへ——神人たちの生活世界

(1) 備瀬のシニグ

沖縄のムラ（シマ）はかつて、土地の総有制と一定期間ごとに耕作地を割り替える地割制が敷かれ、王府への租税もムラ単位で納めた。そのためもあってやや閉鎖的な自立生活圏が形成され、ムラ内婚が多く、ムラごとにことばが違うといわれるほどにその独立性は高かった〔1、2〕。ムラは、具体的な先祖を仏壇に祀る一つひとつの家（ヤー）を基礎単位としており、それぞれの家には屋号（やごう）が付けられた。家はまた、父系の系譜を共にする門中（ムンチュー）という親族集団に位置づけられ、門中単位の祖先祭祀がウクリーという女性神役を中心におこなわれてきた。そして、ムラ単位の年中祭祀をおこなってきたのはノロ（備瀬を含む沖縄島北部ではヌルと呼ぶため、以下ヌルと表記）を中心とする神人だった。備瀬の神人たちはムラの祭祀を神行事（かみぎょうじ）と呼んでいる。

備瀬においても、家、門中、ムラという三層構造が人びとの生活世界を支えてきた。たとえば、ムラのヌルの場合、拝むべきヒヌカン（火の神）もこれら三つのレベルに対応している。ヒヌカンとは、家の守り神であり、古い竈を模して石を三つ並べて神体とする。まず一家の主婦として、家の台所に祀られたヒヌカンに手を合わせて家族の無事を願い、ニーヤー（根屋）という出身門中の本家（ムトゥヤー）のヒヌカンでは親族一同の安寧を拝む。そしてムラの神行事のさいにはムラのヌルとしてヌル殿内（ドゥンチ）のヌルヒヌカンで行事開始の拝みを捧げてから、アサギ（お宮）のヒヌカンでムラの豊穣や子孫の健康を祈願する。

　ムラ人たちの拝みはまた、旧暦（太陰太陽暦）に拠り、日、月、年という三つの円環と呼応している。まず、東の山手から昇った太陽が天空を通って西の海に沈み、ふたたび山手に姿を現すという一日のサイクル。かつて人びとは、日が昇る東に向かって手を合わせながら、明日もまた「あがりティラ、おがまちくみそーり（昇る太陽を拝ませてください）」と唱えた。そして、月が生まれ、満ち、欠けていくというひと月のサイクル。ヒヌカンや仏壇にお茶を供えての拝みは、新月の一日（チータチ）と満月を迎える十五日（ジューグニチ）におこなわれる。三つ目は、ある時季に蒔いた種が生長し時季が来ると稔り、魚や貝もまた決まった時季に寄ってくるといった一年のサイクル。この年間の巡りにあわせてムラの神行事は配置される［表1－1］。これら三つのサイクルとともにある拝みの姿勢は、過去から現在そして未来へと過ぎ去る直線的な時間感覚とは別の、去ってはまた巡ってくるという円環的な時間感覚を育んだ。この感覚は、太陽や月、そして潮の満ち引きといった具体的な自然の動きとともに育まれた身体感覚といえる。

表1-1　ムラの神行事

旧暦	日	行事名	作物	おもな供物（米、酒以外）	おもな拝みの内容
1月	1日	正月	シリガーの若水	若水、豚の肝（レバー）と赤肉	健康祈願
	3日	初御願			年間の拝み始め
	16日	※ミーサ・十六日			家ごとの墓参、前年に亡くなった人の供養
2月	15日後の吉日	二月ウマチー	麦穂	麦穂	麦の豊作祈願
3月	23日	ムラシーミー（清明）		ムラと門中が用意した重箱・餅	ムラ先祖の墓を拝む
	15日後の吉日	ウバンジュミ	麦、トーマミ（ソラマメ）	麦とトーマミを炊いたもの	麦、トーマミの収穫感謝
4月	20日	四月大御願	イモ（甘藷）	イモ神酒、重箱持参	豊作、豊漁・海の安全祈願、健康祈願
5月	5日	ハー拝み	井戸水	重箱持参	井戸への感謝
	15日	※五月ウマチー			門中ごとの拝み
6月	20日	六月大御願	イモ、麦	イモ神酒、重箱持参	豊作、豊漁・海の安全祈願、健康祈願
	26日	ウバンジュミ	粟・黍	アワメー（粟飯）	粟・黍の収穫感謝、前日に綱引き
7月	13～15日	※お盆			先祖の霊を家に迎え・送る
	20日	ウプユミマー	イモ、トージン	イモ神酒、トージン餅	豊作、豊漁・海の安全祈願、健康祈願
	22日	サグンジャミ		菓子	無縁仏の供養、家の祓い
	23日	男のハシチ	粟・黍（現在は米）	粟神酒（男のみ）、ハシチ（強飯）	男の子の成長祈願
	24日	女のハシチ	粟・黍	粟神酒（男女）、ハシチ、ヌル盆	女の子の成長祈願
	25日	シニグ	粟・黍	粟神酒（男女）	健康祈願
	26日	タムトノーイ	粟・黍	粟神酒（男女）	七月行事の無事終了を報告
8月	10日	神御願		重箱持参	アサギでの拝み
	15日の後	※マチ			家ごとの墓参、先祖供養
	日取り	彼岸			ムラ先祖の墓を拝む
9月	20日	ミャーラ御願	打豆（大豆）	打豆など五穀、重箱持参	打豆はじめ五穀の収穫感謝
10月	20日後の吉日	キトウ御願		豚肉、豆腐	悪風払い、邪気払い
11月	冬至前の吉日	ウンネー	イモ	イモ神酒、イモ、牛汁	イモの豊作祈願、健康祈願
12月	24日	プトゥチ御願		洗い米、餅	年間の拝み解き

※は、家や門中単位の行事だが、参考のため記した。

旧暦7月の備瀬では、13日のウンケー（お迎え）から15日のウークイ（お送り）まで家ごとに先祖を迎え送る盆行事があり、その後に「七月行事」と呼ばれるムラの神行事が一週間にわたり執行される。まず20日のウプユミマーで豊作豊漁と航海安全を祈願し、一日おいて22日のサグンジャミではムラ内を巡って祓いの儀礼をおこなう。23日と24日の男女のハシチでは強飯（こわめし）をつくり供えて子どもたちの成長を祈願し、25日のシニグではムラの神や先祖ゆかりの場所で女たちが輪をつくり踊る。26日のタムトノーイは行事の無事終了を報告し、神人たちを慰労する。25日以外は夜の行事である。

シニグは琉球北部圏で広くおこなわれてきた祭祀であり、民俗学を中心に研究者の関心を集めてきた[3]。作物の収穫を終えてつぎの新しい農作に移る前という節目を刻む行事とされる。備瀬ではシニグと呼ぶが、一般には「シヌグ」と表記されることが多い。備瀬を含む本部町内では現在、13の集落においてこの行事は簡略化を含みながらも継承されている。備瀬のシニグについても、祭祀の詳細を記述し、その由来や原義を探る試みがなされてきた[4]。本章ではそれらの成果をふまえつつ、現在まで行事を守り続けてきた神人たちの経験世界に近づくことを目指す。そのさい、生活環境が著しく変容するなかで神人たちが個々の行事をどう意味づけ、行事を取り巻く状況変化にいかに対応してきたのかを探る。また、祭祀そのものだけでなく、神酒（みき）やハシチといった供物を準備する過程など、いわゆる裏方の営みにも目を向けたい。本章の記述は、２０１０年から２０１３年まで四度の参与観察と神人たちへの聞きとりにもとづいている。

（2）行事の場所

七月行事がおこなわれる集落中心部の位置関係を図1－1に示す。

a　アサギ（お宮）

トゥヌ（殿）と呼ばれる神殿と拝殿から成り、ムラ人は両者をまとめてお宮と呼ぶことが多い［写真1－1］。殿にはヒヌカンが祀られ、四つの御香炉（ウコール）が納められている。グシク山（御嶽）とミーウガン（竜宮神）に通すことができる場所でもある。殿の扉はふだん閉じられているが、神行事のときには開け放たれる。通常この中に入ることができるのは、ヌルとニガミ（根神）、そして神人を補佐するサンナムのみである。殿と拝殿のあいだにはウタムトゥ木と呼ばれる丸太が置かれ、その境界を示している。拝殿は、赤瓦と漆喰の屋根をコンクリート柱で支え、二〇人ほどが座ることができる広さがある。ここは一般のムラ人たちも拝む場所であり、また神様に供えた物を下げていただく場所でもある。行事期間中、女の神酒はこの拝殿の中に置かれる。

b　アサギモウ（アサギ庭（ミャー））

アサギ前の広場。七月行事の期間中、アサギの入り口前にはテントが張られ、長テーブルと折りたたみ椅子を置き、シニグワハムンと呼ばれる神人を補佐する男たちが待機する。この広場の南端には小さなハギヤー（茅などを乗せて影をつくる仮小屋）が作られ、男の神酒はそこに置かれる。また、アサギそばの東面はとくにナガリミャーと呼ばれる。

c　ニーヤー（根屋）

備瀬は「小浜」と「備瀬」という二つの系譜から成ったとされ、ニーヤーは小浜側の草分けの家である。ニーヤー門中の本家でもあり、ヒヌカン、仏壇、トク（床の間）、ウタナ（御棚）がある。ウタナには香炉が二つ置かれ、それぞれ遠い世（サチンユ）と中の世（ナカンユ）の門中先祖を祀り、仏壇には今の世（ナマンユ）の先祖を祀る。現在、ムラの神人を務めるヌル、ニガミ、イガミ（居神）の三人はいずれもこのニーヤー門中を出自としており、ムラの発祥に連なる存在であるとの自覚が神行事の継続を支えている。

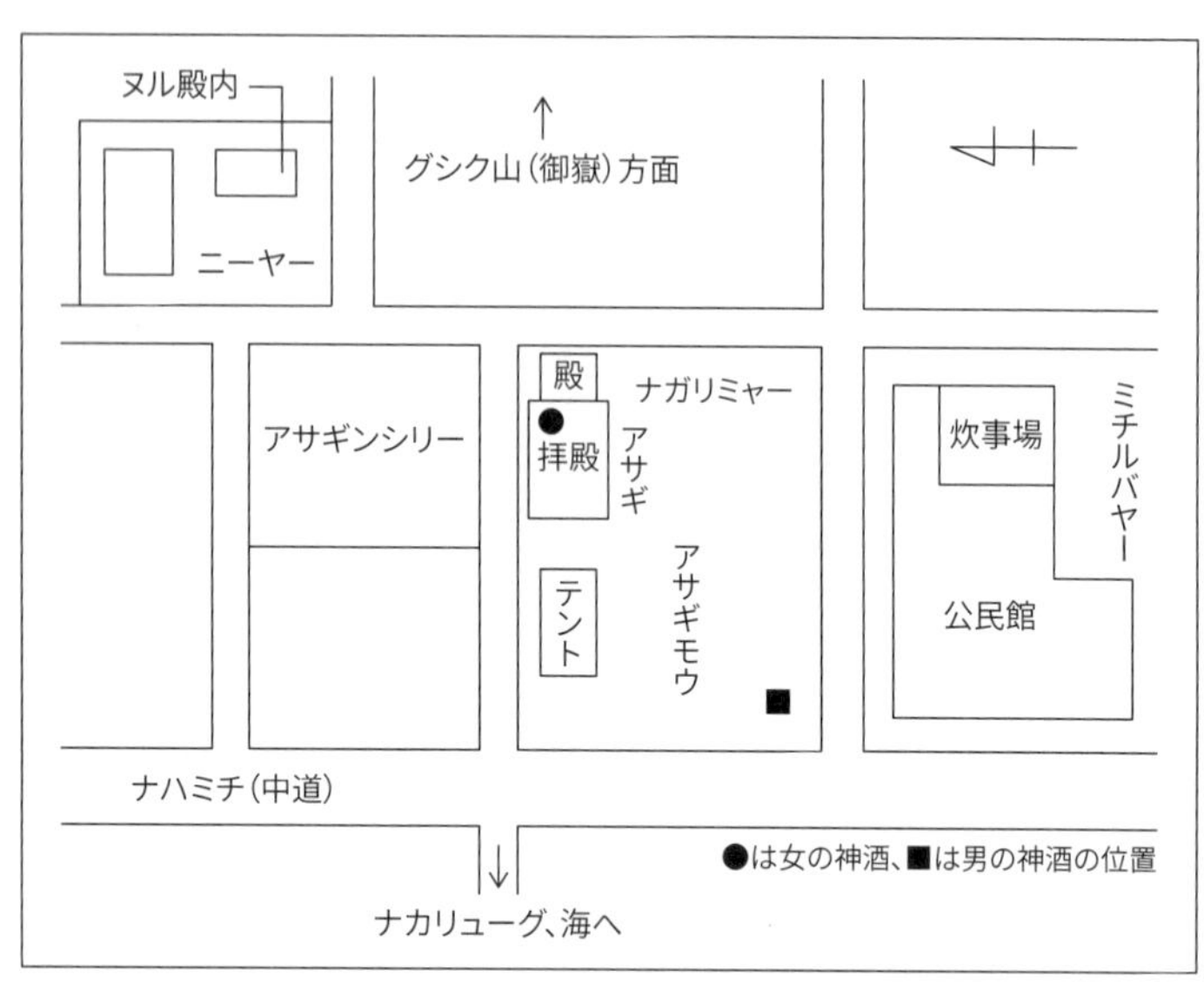

図1－1　集落中心部の位置関係

d　ヌル殿内（ヌンドゥンチ）

ニーヤーの敷地内にある五坪ほどの建物で、東側にヒヌカン、トク、ウタナと並ぶ［写真1-6、35頁参照］。神行事のさい、神人三人はまずここに集まり、行事開始を伝える拝みから始める。老朽化していた瓦葺きの建物は、集落の南端に建設予定のホテル（2014年完成）側からの援助を受け、2010年に赤瓦と白壁の建物に改築された［写真1-8、43頁参照］。

e　アサギンシリー

小浜・備瀬のうち備瀬側の草分けの家とされ、シンバンヤー（仲村渠（なかんだかり））門中出自の神人が拝んできた。トージン（唐黍、モロコシ）、トーマミ（唐豆、ソラマメ）など穀物のサニムン（種もの）をムラにもたらしたと伝えられ、その先祖が祀られていた。七月行事では、ニーヤー同様に神酒やハシチが供えられてきたが、土地が人手に渡り、瓦屋の建物も2009年に取り壊された。それでも男のハシチはこの敷地内でつくられ、女たちの踊りの輪もできる。

写真1-1　アサギとアサギモウ（2007年）

(3) 行事の担い手

つぎに、七月行事のおもな担い手を紹介する。

a 神人：ヌル、ニガミ、イガミ

2013年現在、三人の神人がムラの神行事を担う。かつての備瀬は、南に位置する謝花(じゃはな)ムラの公儀ヌル(2章参照)が管轄する土地だったが、戦前に彼女が亡くなると、しばらくヌル不在の時期が続いた。戦後、1947年に天久(あめく)千代さん(81)が数え16歳のときにムラのヌルになり、現在まで務めてきた。兼次(かねし)松枝さん(76)は1963年からニガミ(根神)を務める。ユタ(巫女、2章参照)でもあるトシ子さん(83)はイガミ(居神)として神行事に参加する。1960年代のムラではヌルを中心に三つの門中一六人ほどからなる神人集団が組織されていた。スマンペーフ(島の大屋子)とカジトゥイ(舵取)という男性神役以外は女性だった。ヌル、二人のニガミ、二人の男性神役といった五役はニーヤー門中から出ていた。ウミキ、ウミナイというそれぞれ男女の祖霊に仕える神役がハナクンヤー(具志堅)門中から、また八人のイガミがシンバンヤー門中から出ていた(残り一名はニーヤー出のイガミ)。

b　サンナム

ムラの年配女性が輪番で務める神人の補佐役で、かつては年間を通して一人が務めた。拝みのときに線香に火を点けて配り、神酒を載せた膳を持って殿の中に入る。現在は、行事のたびに備瀬区（字）の区長が依頼するが、不在のときもあり、神人の家族などが手伝うことが少なくない。また、公民館での神酒づくりには数人の女性の手伝いが頼まれる。

c　スマンペーフ代理の区長

かつて男性神役のスマンペーフはニーヤー門中から出ていたが、現在は不在のため、区長が代理を務める。２０１０年〜１３年は、区長がシニグワハムンをまとめ、アサギモウで神酒やハシチを供えての拝みを主導した。

d　シニグワハムン（若者）

ワハムンシンカとも呼ばれる（シンカは臣下の意）。行事期間中は神人の手足となる雑用係で、男のハシチづくりも担う。ワハムン（若者）と名が付いているが年齢は問わない。集落の南（メンバーリ[5]）と北（シンバーリ）ごとに輪番制で三名ずつ計六名が務めることになっているが、仕事を理由に断る人が多く、輪番制は崩れつつある[6]。ワハムンの役は身内に不幸があった場合は引き受けない。この点は、以下のシニグシンカも同様である。

e シニグシンカ

7月25日のウシデーク（シニグ舞）を踊る女性たちで、現在は60〜70代が中心となっている。中南部への人口流失もあってしだいに参加者が減るなかで、1980年代から那覇郷友会の女性たちが加勢し、2000年代に入ると中部郷友会の協力が目立つようになった。現在、ムラ在住の70代の女性三人がシニグ節のウタムチ（歌い手）を務め、中心的役割を果たしている。2010年から2013年にかけては、いずれも三〇名前後が踊りの輪をつくった。

（4）参与観察と聞きとり

七月行事に初めて立ち会ったのは、1993年の夏だった。25日のシニグでは、本番前の歌合わせのときに那覇から駆けつけた備瀬郷友会の面々がムラの女たちとの再会を喜び、交わる姿が印象的だった。このときの踊り手は四〇名を超えていた。2000年と2005年にはシニグのみ見る機会があったが、踊り手はいずれも二〇名ほどとなっていた。そして2007年の踊りの輪はさらに小さくなった。踊り手は一五名で、シニグ節は録音テープで代用し、チヂン（柄の付いた直径30センチぐらいの小太鼓）は揃わず、踊る姿も自信なさげだった。最後を飾るはずのアサギモウでの踊りでは、周囲で見ていた元ウタムチの老婆たちが歌い加勢することでなんとか乗り切るという展開だった。シニグを支えてきた「紡績世代」がほぼ抜けてしまい、その後に続く者たちが育っていないという現実があらわになった。

しかし、２００９年には状況が一変する。本部町教育委員会の推薦を受けて七月行事全体を地域文化財として撮影記録することが決まると、ムラは、那覇、中部、名護の各郷友会に全面的な協力を依頼した。その結果、シニグ当日は90代と80代のウタムチ四名を含む六五名の踊り手たちが、大きな三重の輪をつくるという盛況となった。行事の期間中は私も、顔見知りの〝おばあ〟（おばあさん）たちを車で送迎する役目を引き受け、お宮での歌合わせやシニグ本番の場へと乗せて行った。こうなると、その後のなりゆきが気になって毎年通い続けてきた。関心は当初、シニグの踊り手たちにあったが、やがて行事の期間中幾度となく拝みを繰り返す神人たちに向かい、さらにはシニグだけでなく彼女たちが担う神行事全体へと広がっていった。

２０１０年から２０１３年までの四年間はいずれも、いつもお世話になっている集落内の民家（源助ヤー）に泊まり、七月行事に通しで参加した。そして神人たちの動きに寄り添いながらの参与観察をおこなった。本章では、２０１２年の観察記録を中心に紹介することとし、必要に応じて他の年の記録で補う。行事は、神人が担う〈女の領域〉と区長・シニグワハムンが担う〈男の領域〉が区別され、同時並行的に展開する場面も多いため、双方の動きを把握するには複数回の観察を照らし合わせる必要があった。また、行事の展開を記述するだけでなく、個々の行為に込められた意味を理解するために神人たちへの聞きとりを重ねた。

記録手段としては、フィールドノートへの記録を基本としながら、聞きとりはＩＣレコーダーで録音し、行事の進行についてはカメラやビデオカメラでその一部を撮影した。記録は適宜許可を得ながら進めた。次節の記述は、これら複数の媒体による記録をもとにしている。なお、行事期間中は、たんなる記録者として存在するだけでなく、神人をお供する雑用係ともいえるような役目も担った。拝みの場では神人の後ろで一緒に手を合わせ、合間に話を聞かせてもらった。こうした観察や聞きとりがどのような関係性によって支えられたのかを伝えるために、２０１２年のフィールド日記からいくつかの場面を抜き出してみたい。

9月6日（旧暦7月20日）ウプユミマー
11：00ごろ（ニガミの）松枝さんがヌル殿内に掃除に行ったというのでのぞいてみると、ヌルさんと松枝さんが建物の外周りをブラシでこすり、洗い流していた。私も加勢しようとブラシを借りて、犬走りと外壁の汚れを落とす作業で汗を流した。ヌルさんは、二年前にヌル殿内を改築してからこんなふうに水をかけて掃除をするのは初めて、と言っていた。三人で力を合わせると、けっこうきれいになった。その後は室内の床を雑巾がけ。ひと仕事を終えて、お茶を飲みながら二人に話を伺う。お互いの内容を補いあうかたちで会話は進み、充実の聞きとりとなった。けっきょく15時前まで話し込んでしまう。
19：50　お宮で七つの膳を供えての拝みを終えて、ウサンデー（直会）のさい、膳のひとつが私の前に置かれた。隣の松枝さんが、「お掃除のお礼はできませんから、召し上がってください」と勧めてくれる。供えたバイムッチー（蒸し餅）はヌルさんが今朝つくったものと聞いて驚く。米粉にカボチャを混ぜた黄色い餅はほんのり甘く、やさしい味がした。「おいしいです」とヌルさんに伝えると、「おいしいと言わんと食べさせないよ」と笑った。それから座は、かつて石臼で挽いたトージンの粉でヌルさんがつくった餅がおいしかったという思い出話になった。

9月11日（旧暦7月25日）シニグ

10：50　ヌル殿内に集まったシニグシンカ（踊り手たち）が嘉例付け（めでたい先例を付けること）の歌合わせを始めようとしたとき、チヂンが足りないというので公民館に探しに走る。舞台下の引き出しにあったチヂンを持って行くと、よく見れば穴が空いていて使えない代物だった。再度、松枝さんと一緒に公民館に探しに行く。舞台下の引き出しにはやはり見当たらず、舞台袖を探し衣装ケースを開けてみると、五つのチヂンが現れた。「あった、松枝さん、ありました」と声をかけると、「宝物を見つけたよう」と応えてくれる。まさにそんな感じ。喜び勇んで五つのチヂンを重ねてヌル殿内に届ける。

9月12日（旧暦7月26日）タムトノーイ

20：00　ヌル殿内で行事の終了を伝える拝みをした後、「無事に行事が終わりました、ごくろうさま」と頭を下げるヌルさん。イガミのマッちゃんおばさんが「七月の行事がいちばん大変」と応える。暑いさなかの一週間付き添ってみて、たしかに体力的にも疲れ切った。これを何十年も続けてきたヌルさんたちのご苦労にはほんとうに頭が下がる。ヌルさんは、「うちのオヤジ（夫）が何にも言わないでやらせてくれるからほんとうにありがたい。今夜はうんと酒を飲みなさいと言うよ」と笑う。

以上の記述が伝えるように、ヌルである千代さんのことは「ヌルさん」と呼び、ニガミの松枝さんは「松枝さん」、いちばん年長のイガミのトシ子さんは童名(わらびな)由来の「マッちゃんおばさん」と呼びかけている。これらはムラの人たちが用いる呼び方にならったものだ。一方、三人は私のことを「石井さん」と呼んだ。こう呼びあう間柄で参与観察と聞きとりが進められたことに留意して、本文でもこれらの呼称を適宜用いたい。

2 ■ 七月行事の現在

(1) 7月20日 ウプユミマー

10：30ごろ　公民館をのぞくと、炊事場では手伝いの女性二人が神酒づくりの作業を進めていた。イモ神酒の材料は、紅イモ7kg、麦粉に米麹。紅イモはヌルさんの家の畑でとれたもので、麦粉は松枝さんが伊江島から取り寄せた。炊いたイモを大きな金盥(かなだらい)に移してつぶし、麦粉と麹を加えてこねた後、扇風機で風を送りしばらく冷ましておく。作業を再開したのは16時。これたものを少しずつ手に取り、手製の漉し網で少量の水を加えながら裏漉しをして、液体をポリバケツで受ける。

18：00　ヌル殿内で、神人三人が平服のままで線香（御香、六本一体の平線香）を立て、ヒヌカン、ウタナ、トクの順に拝む。軽く二度手を叩いてから、一週間の行事が無事にすむようにとのことばを唱える。続いてニーヤーの家屋に移り、ヒヌカン、ウタナ、トク、仏壇の順で手を合わせる。ヌル殿内の拝みはヌル、ニーヤーでの拝みはニガミが主導する。

19：00すぎ　お宮に移動し、ヌルとニガミは白い神衣装を着ける。ニガミが殿の中に入り、香炉に線香を立てる。区長をはじめとする参列者はサンナムから手渡された線香を額の前に捧げ拝んだ後、サンナムに戻す。ニガミは皆の線香を受けとってふたたび殿に入り、香炉に立てる。ヌル、ニガミはそのまま殿の中で、ウグシー（酒＝泡盛）の銚子と盃を載せた膳を供え、拝む。拝殿側では、イガミとその他の参列者も一緒に拝む。ヌル、ニガミが拝殿に出ると、ウタムトゥ木の手前に膳を置いて、再度、殿に向かって手を合わせる。このとき、六人のシニグワハムンの名前と干支を読み上げ、行事のあいだ無事に役目を果たすことができるようにと祈願する。

19：40　月桃の葉で包んだバイムッチーを載せた七つの膳をウタムトゥ木の手前に並べて供え、拝む［写真1-2］。それぞれの膳には、餅の他に、揚げ豆腐、カマボコ、魚の天ぷらなどが盛られていた。拝み終えると、参列者が車座になってウグシーを回し、供えた膳を下げていただく（この行為はウサンデーと呼ばれる）。半時間ほど共食の時間を過ごした後、神人たちは殿に向かって再度手を合わせる。このように、参列者が一緒に拝み、ウグシーを回しいただくという二つの並ぶ関係［7］が織り込まれた場の流れは、各拝所で繰り返される基本的なパターンである。

20：30すぎ　シニグワハムンが、ナガリミャーにつくったハギャーに魚を二尾つり下げる。ニガミは、上下の神衣装で身を固め、白足袋を履き、白いマンサージ（鉢巻き）を締める。ヌルはイモ神酒を柄杓で何度か混ぜた後、ウークイ旗を手にしたニガミと礼を交わし、送り出す。区長がチヂンを三度叩いて「ウークイ」と唱えると、ニガミも「ウークイ」と呼応する。この掛け合いを七度繰り返しながら、ニガミは神酒桶のそばを反時計（左）回りにひと巡りしたのち、神酒をすくう所作をする。この一連の動作を繰り返して三周し、三つのユーニゲー（世願い）を込める［写真1－3］。

その後、太鼓の連打に合わせて、ニガミは人馬役の男性二人に両側をしっかり支えられながら小走りでマーウイ（集落南の広場）下の浜を目指す。ニガミたちの前では松明を持った二人のワハムンが先導する。浜（舟揚場）に着く

写真1－2　バイムッチーを供え、拝む（2013年）

とニガミは一礼して波打ち際に歩み寄り、両足を水に浸しながら用意された小舟に手を添え、海に漕ぎ出す所作を七度繰り返す。この浜の先にはイーグチと呼ばれる珊瑚礁の切れ目があり舟の出入り口となっている。人馬に支えられたニガミが来た道を引き返してお宮に戻ってくると、太鼓の連打と拍手で迎えられ、カチャーシー（祝いの席での即興の乱舞）となる。その後、神人をはじめ参列者にイモ神酒が配られる。

浜を往復する役を担う神人はとくにタチガミ（立ち神）と呼ばれ、１９６０年代には六名で務めていた。しかし、現在はニガミ一人になっている。

21：15　お宮脇で嘉例付けのためにシニグ節を歌う。トシさん（76）と久子さん（71）の姉妹と初枝さん（70）という三人を中心に、録音テープに重ねて歌う。22時に散会となる。

写真１−３　ウークイ旗を手に巡るニガミ（2012年）

かつて、この日供えるバイムッチーづくりは輪番制になっていて、二五軒の家が七つずつ持ち寄った。供えるのはいまと違い、この餅だけだった。材料はトージン、粟、麦やイモを混ぜるなど、各家庭の味が並んだ。神人によれば、この日ニーヤーでイモの神酒をつくる（現在は公民館）のは、その先祖がムラで最初にイモを植えたことに由来する。また、タチガミが「ウークイ」と唱えながら巡り神酒をすくう所作を三度繰り返すのは、三つの願いが込められている。ひとつは豊作願い、そしてムラおよび各地に散っている子孫たちの健康願い、さらに豊漁と海の安全の願い。このうち子孫たちの健康願いについては、「生まれや一国（チュクニ）、育ちや七国（ナナクニ）」という表現を教えてくれた。

〈生まれは一国、育ちは七国〉［12-09-16］［8］

松枝：生まれは一カ所であるけど、生まれやチュクニ。〈チュクニ?〉一つの国、一つの所で、育ちやナナクニ。〈育ちや七国。〉生まれた所は一カ所であるけど育ってる所はもう、仕事の関係とかみんないろいろなところに育って行ってるでしょう。みんなあちこち。

聞き手：散ってるってことですか?

松枝：はい、はい。備瀬から散っていって、そこのいる所でも健康にさせてください、成功させてくださいっていうような願いですね。生まれやチュクニ、育ちやナナクニ。…もうみんな、それぞれ旅に出たり、だからね、そこで生活をする。あの当時（戦前）だったらラサ島あたりにもよく金儲けにも行きよったっていうから、外国にも。

ヌル：ハワイとかや。…

松枝：シマにいる神人はそういう所もお祈りをしていたんですよ、おばあちゃんたちは。とってもすごいと思いました。あの（外に出ている）人たちはわからないかもしれないけど、ここにこうして神人していらっしゃる先輩たちは。……

ヌル：生まれや一国（チュクニ）、育ちや七国、だーの国ねん育しちういてぃん（どこの国に育っていても）、氏神様で見守ってくださいといってね。…この備瀬字（あざ）から、たっちゃるクヮーマーガや（発っていった子孫が）、ケンコーまさうたしきみそーれーびち（健康であるように見守ってくださいといって）、こんなお祈りするよ。

松枝：七大陸であるわけさ。「だーの国ねん」というのは、どこに生活していても、だーの国ねん育ちうたんてん、この備瀬から立ったこのクヮーマーガや、氏神様でお守りしてください、成功させてくださいといって。その行った土地で健康させて、健康がないとハワイに行っても、南洋に行っても、ラサ島に行っても何も仕事できないから。

松枝さんはさらにつぎのように付け加えた。

松枝：ヌルさんはもう戦前からの生き字引ですから、こういうふうにして毎年毎年六〇年も、こうして、字のクヮーマーガのために、なんの一円の報酬もなく、生まれや一国、育ちや七国、七大陸に渡って行っている子どもたちも、ジジネというのは地元、ジジネにいる子孫、旅にいる子どもも、みんなお守りして、三度三度のケーブまさらしみそーち（食事に恵まれるようにと）、三度三度の食も、ケーブうたしきみそーち、豊かでありますようにというような表現であるわけですよね。…そういうふうにしていつももう、ほんとにもう、殿の中でいちいちこういうふうにしてお願いしてやっているのは、いまの現代っ子はおそらくわからないでしょうね。

(2) 7月22日 サグンジャミ

19：00すぎ ヌル殿内でヌル、ニガミが行事開始を伝える拝みをする。イガミは、自宅で一行を迎える準備をしており、不在だった。

19：30 お宮に移動したヌルとニガミは神衣装を着け、殿に線香を立ててワハムンシンカとともに手を合わせる。その後、出発地点の道に移動してウグシーと菓子を載せた膳を供え、東に向かって拝む。それから車座になってウグシーの入った盃を回す。

ヌル、ニガミ、サンナム、区長、六人のワハムン、それに私を加えた総勢一一名で、集落内の巡回に出発する。それぞれ懐中電灯を手にしてあたりを照らしながら進む[写真1-4]。順路は、メンバーリを巡って集落の南端まで歩き、つぎは北上してシンバーリを巡り、集落の北端に達するとふたたび南下してニーヤーを終着地とする。チヂンを持ったワハムンが〝ウンサフむちもーれー(お酒を持っておいで)〟と大きな声で呼びかけ、残りが〝ウイッ〟と応えると、チヂンを三度叩く。道中、

写真1－4　ナハミチ（中道）を行く一行（2013年）

この〃ウンサフむちもーれー、ウイッ、トン、トン、トン〃という掛け声と太鼓の音が繰り返される。この声と太鼓を合図に、ムラ人が近くの辻や自宅前に出て一行を待ち受け、祝儀袋を手渡す。はじめのうちは声が小さくてニガミから「みんなで声を合わせないと聞こえないよ」とはっぱをかけられていたが、しだいに大きくなっていった。集落南端の入り口に達したとき、ガジマルグヮーと呼ばれる木（5章参照）の側でニガミは弓と矢をつがえ、三方に向かって矢を射る所作をする。これは「悪風、ヤナ風を押し返す」ための行為で、ここを含め、集落の辻六カ所で繰り返された。

　集落内を巡るあいだ、一行を屋敷内に招き入れて神人に拝んでもらう家がある。この招き入れる行為は「入れる」と呼び、入れる家はあらかじめ区長に伝えておく。一行が敷地内に入ると、ニガミは最後に残り、門前で矢を射るしぐさを三方でおこない邪気を祓う。屋敷内では、ヌル、ニガミがウグシーを供え東に向かって拝み、そのウグシーを地面に注ぐ。拝みを終えると盃を回す。家人は思い思いの料理と飲み物で一行をもてなし、しばらくのあいだ歓談する。ワハムンシンカにはビールや酒が振る舞われる。

22：20　この日四軒目に一行を迎え入れたのは、仲田清信さん（83）宅だった。夫婦ともに備瀬で生まれ育ったが、その後は那覇暮らしが長く、約五〇年ぶりにふるさとに戻ってきたという。今回のワハムンもどこの家の者かわからないというので、区長が屋号と両親の名前をあげて紹介する。清信さんは、この行事で神人を迎え入れたのは初めてと感激した面持ちで語り、ワハムンたちが席を立つときには、「ありがとうな、ありがとうな」と繰り返し呼びかけていた。

２０１２年に一行を迎え入れた七軒のうち、三軒目はイガミ家、五軒目はヌル家、六軒目はマンダルーチという屋号のヌルの実家、そして七軒目はニーヤーで、神人と関係のある家が七軒中四軒を占めた。最後のニーヤーでの拝みを終え、散会したのは0時45分だった。かつては入れる家が多かったので、行事を終えるのは翌朝の10時、11時になったという。

〈かつてのサグンジャミ〉［12-09-06］
ヌル：前までは、うちが（ヌルとしてムラに）出て時期はほんと、翌日の10時ごろまで。いまはもう電灯でやってるけど、前まではあれ、ハワイランプでやっていた。ぜったいこれ消さなかった。もう昼もぜんぶこれ持って、もうこっち（ニーヤー）来るまでは、10時になりよったよ、10時、11時。だから、ワハムンシンカはまた何名かは帰しよったよ。また（翌日の男の）ハシチの準備があるから。

もうほんと、いまはもう四、五軒入れるかねと思うぐらいだけど、もうあのときは、こっちから出たら「はい、こっちよ」、こっちから出たらこっち、ハイサイもう、ほんと歩くひまなくて人のお家に座るひまはあるけど〔笑い〕。ほんと、うちが出るまではあれ、いま考えたら、ナァー、ほんとにこのおばあちゃんなんかが、ほんとこの信仰ありよったからさせたんだねと思う。いまの人はもう、ぜんぜん無関係でしょう。

このサグンジャミという行事は、お盆のさい各家で先祖を迎え送った後に、迎えてもらう子孫のいない無縁仏が集落内を迷いさまよっていないかを徹底して調べて探し出し、帰るべき所に送り帰すという意味が込められているという。この後、男のハシチ、女のハシチ、シニグという一連の大きな行事を迎える。

〈シゲーシアラタミ〉〔12-08-09〕

ヌル：この備瀬はね、昔（琉球王国統一前の三山時代）は死刑場、死刑する所だったという話もあるわけさ。だからいろんな屋敷に人の骨がよくあるわけ。このお宮からこっちの北にはね、…アサギンシリーの後ろの所…、向こうにも骨あるしね。またこの、うちのヤギ小屋の前にもあるし。これから行ったら、Uさんのお家のそばに、この通りにあるし、もういろんな所に北（シンバーリ）はあるよ、何カ所か、遺骨が。

聞き手：それはなんですか、甕（かめ）の中に入っているんですか？

ヌル：ううん〔首を振って〕、ただもう、ある。だから備瀬はなにか北山の戦争（15世紀初めの中山による北山攻略か）、あれのために、敵はこっちでなにかやったという話はあるけど、これはほんとかわからんけどね、こんな話もよくやっていた昔の人は。…
サグンジャミ終わったら、備瀬の女のハシチ、男のハシチとあるでしょう、これからシニグあるでしょう。…13日にはね、こっちでは13日にはグソー（先祖を）お迎えして、また15日には送るわけさ、ウークイといって送るから。この人なんかは銘々もう立派に7月はみんな、家族じゅうがぜんぶ立派にやってある人は、銘々の墓に行くけど。…こっちに放ったらかししてあるところがあるから、いちおうサグンジャミ（探り出す）といってね、シゲーシアラタミ（探して改める）といって、ウンサフムチモーレーといってね、太鼓叩いて、この人なんかを立派に送って、立派な備瀬の行事を迎えるという話はあったけど。…ぜんぶ銘々の道も、お家も、ぜんぶシゲーシアラタミといってお参りして、ぜんぶこっちから。

サグンジャミでの会食の席は、神人とワハムンシンカとが交わり、行事の意味が伝承される場でもある。2013年に入れた家は四軒と少なく、23時前には終着地のニーヤーに着いてしまった。拝みの後、ワハムンの年長者である和信さん（66）がよい加減の酔い気分になって、ヌルさんに「ヌルになられたのは何歳からですか」と問いかけた。するとヌルさんは、六カ年皆勤を目指していた小学生のときに突然発疹と喘息に襲われたこと、東野英治郎演じた水戸黄門にそっくりの白髭の翁が夢枕に立ち「天三神様（あまみがみさま）」と示したこと、戦争とともに病が癒えて終戦後間もなくヌルとしてムラに出たこと、先の翁がもう一度出てきてニーヤーではなくヌル殿内を拝むように指示したことなどを、一気に語った。ワハムン全員が、身を乗り出して聞く姿勢に、ヌルさんの語りもだんだん熱を帯びていった。ワハムンたちは、「初めて聞く話やっさ。石井君、この話をきちんと記録して」と興奮の表情だった。私にとってはすでに何度か聞いていた内容とはいえ、ヌル殿内の前で、ヌルさんがビシクトゥバ（備瀬ことば）でワハムンに語りかけるという場面に立ち会えたことに感激していた。ヌルさんの語りが一段落つくと、和信さんは、松枝さんからもニガミとなるまでのいきさつを引き出していた。夜半前まで伝承の場は続き、和信さんの「リカ、リカ（さぁ、行こう）」の促しとともに散会となった[9]。

（3）7月23日　男のハシチ

9：00　集落内放送で区長が、男のハシチの日であることと米（一人あたり二合）の受付をしていることを伝える。ワハムンがお宮前のテントで米の受付をする。

11：30ごろ　アサギンシリーでハシチ（強飯）をつくりはじめる。ドラム型の簡易竈の前で、ウグシー（酒）を供え線香を立てて、ワハムンシンカが手を合わせる。そして竈の周囲に塩を撒いて清める。水を入れたシンメー鍋（大鍋）に大きな桶型の蒸籠（せいろ）を乗せ、その中に洗米を少しずつ加えていく。薪を切らさないように注意しつつ、ときおり蓋を開けて米を加え、水を差す。ハシチが蒸し上がる夕方までこの作業を続ける。ときおりヌルさんが様子を見に来ていた。

写真1－5　庭で神酒を供えるワハムンシンカ（2013年）

一方、公民館の炊事場では手伝いの女たちが神酒用の米5kgを炊き、炊きあがった米を金盥に移し、扇風機で風を送って冷ましていた（この日以後は米の神酒となる）。14時すぎから作業を再開。炊いた米に麦粉と麹を混ぜてこね、それを少量ずつ石臼で摺り、臼の周囲から流れ落ちる液体をポリバケツに受ける。石臼が重いため回す作業は二人で対面しておこない、傍らに立つもうひとりが水を注いで濃度を調整する。すべての米を摺り終えると最後に砂糖を加えて味を整える。

18：00ごろ　お宮前のテントでワハムンシンカが蒸し上がったハシチを椀に盛る作業を始める。お宮の外でハシチ三椀を載せた膳を供え、ワハムンが揃って東に向かって手を合わせる。この場所はかつて、男性神役たちがワハムンを従えて拝んだ場所で、戦前には天長節や紀元節のときに日の丸が立てられた所でもあった。つづいて広場の南側に据えた神酒桶に移動し、神酒を三椀供え、同様に東に向かって拝む［写真1－5］。テント前に広げたビニール製の

写真1－6　ヌル殿内のヒヌカン、トク、ウタナ（2012年、左から）

筵には数組の男児と親が座って持参した弁当を食べていた。

19:00　ワハムンはハシチと神酒を一椀ずつ載せた膳を一一膳用意し、神人たちの待つヌル殿内に運ぶ。このうち六膳は、ニーヤーのヒヌカン一膳、ウタナ二膳、トク一膳、仏壇二膳と供えられ、ニガミとイガミが順番に拝む。このとき、ヌルはヌル殿内に残ってニーヤーでの拝みが終わるのを待っていた。つづいてヌル殿内に神人三人が揃うと、残った五膳をヒヌカン一膳、ウタナ三膳、トク一膳と供える［写真1－6］。そのさい、それぞれ膳の左奥（供えられる側からみて右手前）に、割り箸を割って添える。そして、ヒヌカン、ウタナ、トクの順で手を合わせる。拝んだ後に三人はそれぞれハシチを箸でつまむ所作を幾度か繰り返し、神酒椀を両手で包むように持って捧げる。その後、膳を下げてウサンデーする。「今回の神酒は少し甘みが足りない」とか、「ハシチは去年よりおいしい。去年のものはちょっと固かったから」などと感想を述べあいながら、口に運ぶ。サンナムが「今日はお宮では拝まないのですか」と聞くと、ヌルは「今日は男のハシチだからお宮では拝まない。男たちが（アサギ）庭で拝み、男たちで進める行事。明日の女のハシチは女がお宮でする」と答えた。この日、神人は平服で通した。

神人たちの拝みと並行してお宮前のテントでは、区長が男の子たちの名前をひとりひとり読み上げ、ワハムンがビニール袋に入れたハシチを配る。ハシチを受けとった親子は家路につく。

20：30　お宮前でシニグ節の嘉例付けの歌合わせをおこなう。ウプユミマーのときと同様、トシさんたち三人組がやって来て、神人三人と一緒に歌う。歌の合間に、トシさんは「シニグ前になったら、しぜんとシニグ節のテープを出して、かけるわ」と話し、初枝さんはウタムチの指導役だった曾祖母の思い出を語った。22時すぎに散会。

男のハシチをアサギンシリーでつくるのは、その先祖がトージンやトーマミなど穀物のサニムン（種もの）をムラにもたらしたという伝承と深くかかわっている。これらチュクイムジュクイ（農作物）の感謝の意を伝えるために、仲村渠門中の神人たちがアサギンシリーにも神酒やハシチを供えてきた。しかし現在は、建物が取り壊され、供える場所がなくなっている。

現在のハシチは購入米が持ち寄られているが、かつてはほとんどの家で栽培していた粟でつくった[10]。また男の神酒は、いまのように公民館の炊事場でつくるのではなく、ワハムンの家を回ってつくっていた。男のハシチからタムトノーイまでの四日間にわたって男の神酒は準備されるので、相談をしてつくる家を決めた。神酒もまた粟でつくり、その粟を家々から徴収するのはワハムンの役目だった。粟は、旧暦1月ごろに種を蒔くと5月から6月にかけて収穫できるので、七月行事のときは徴収しやすかった。

（4） 7月24日　女のハシチ

9：20　お宮前のテントでニガミが、女のハシチ用の米（昨日と同じく一人あたり二合）の受付を始める。米の受付を終了するまで、ヌルとイガミはヌル殿内で窓の拭き掃除をしたり、よもやま話をしたりしながら過ごしていた。この間、昨日話題に出た、男の神酒やハシチはアサギモウに供えて拝み、女の神酒やハシチはお宮に供えて拝むことの意味合いについて二人に問いかけた。

〈女は家、男は外〉［12-09-10］

ヌル：昔はね、いまはもう女のほうでも外行って働いているけど、昔はね、妻はこの家庭を守る。ぬーがたしー（何て言ったか）、ヤームチジョージ（家の切り盛り上手）。…ナーグ（女）や、ヤームチジョージ、ンキガ（男）や、ソトマーイ（外回り）、働いてジンカネ（銭金）持ってくる。…外回りで働いて儲かってくるの。

トシ子：昔は、女はお家でもう子ども産むでしょ、畑でイモとってきて炊事したり。男はもう旅なんかあちこち、ラサ島どこも、だからこっちに奥さんがいなければ儲かってきてもあれさ、値打ちがない。だから、ナーグは、ヤーぬカガミろ（女は家の鏡よ）、ヤーの守り神と同じさ。

ヌル：ヤームチジョージでないと、旦那がお金儲かってきても、値打ちないさーね。…だからいまのもんも、この行事は女だけで守って、ちょうど家庭でもヒヌカンさんあるさーね。またムラのあれ（守り神）もヒヌカンさんね、だからヤームチジョージ、お家では自分の家中守って、みんな健康願い。また旦那は、昔はもうラサ島行ったりいろんなことしてやー［イガミに同意をうながす］。
トシ子：ラサ島、南洋から、儲かりに行くさ。
ヌル：みんな儲かって、男はもうソトマーイっていって。（だから男は）もうお宮には入らないでずっと拝みは向こう（外）でやってるわけ。…お宮はお家と考えて、男は外で。拝みするのも外さぁね、もう七月の行事は。…明日（25日のシニグ）までは（男の）お神酒置くのは向こう。
11：45　ニーヤーの庭隅でハシチづくりが始められる。シンメー鍋を載せた竈に火を点けると、塩を入れた茶碗に線香を立て、ウグシーを載せた膳を供えて神人三人が手を合わせる［写真1-7］。拝み終えると、竈の周りを茶碗の塩

写真1-7　女のハシチを炊く前の拝み（2012年）

で清める。ハシチづくりの手順は昨日と同じだが、女のハシチには米の他に小豆も入れる。ときおり蓋を開けて米と小豆を蒔くように加え、蒸籠（クシチ）の周りに水を差す。この行為を、ぜんぶが蒸し上がるまで幾度となく繰り返す。一方、公民館の炊事場では、昨日と同様に神酒づくりの作業が続けられていた。本来ならば、今日は男女の神酒を用意するため10kgのお米を炊く必要があったが、そのことがうまく伝わらずに炊きあがったのは昨日と同じ5kgだった。

14：00　集落内放送から録音されたシニグ節が流れる。「くびる並松節」のときに神人たちは腰を上げ、ヌル殿内前の庭に出て、歌に合わせて踊っていた。

17：00　ハシチがほぼ炊きあがると、全体をかき混ぜて、糸芭蕉の葉をハシチの上に被せて蓋を閉めて蒸らしておく。神人はいったん家に戻ってシャワーを浴び着替えをする。

18：45　神人三人がニーヤーとヌル殿内で行事開始を告げる拝みをおこなう。そして、お宮に移動し、殿に女の神酒四椀を載せた膳を供えて拝む。膳を拝殿側に移して、ふたたび手を合わせる。この一連の拝みと並行して、区長とワハムンシンカは、アサギモウのハギヤー前に男の神酒三椀を供え、手を合わせる。神人たちが供えた神酒を下げてウサンデーするあいだ、手伝いの女たちは拝殿入り口に据えた長テーブルの上でハシチを盛りつける作業を進める。はじめにお供え用として、山盛りの四椀（お宮用）と普通盛りの一一椀（ニーヤー六、ヌル殿内五）の計一五椀を用意する必要があったが、要領を得ずにまごつく手伝いの人たちを見かねてヌルさん自らが盛り方の手本を示していた。

19:50　神人はそれぞれ、山盛りのハシチとご馳走を盛りつけた盆を揃えて拝殿に供え、拝む。ヌル用の盆はムラが準備することになっていて、集落内にある民宿に注文したオードブルの盛り合わせが定番になっている。三人の神人はそれぞれ、盆とハシチに箸を付け、上に捧げるしぐさを繰り返す。拝みを終えると、ニガミは拝殿入り口に立って、お宮の外で弁当を食べたり遊んだりしていた女児たちの名前をひとりひとり呼んでハシチを配る。

20:20　神人はニーヤーに移動し、男女の神酒とハシチを載せて一組とした膳を、ヒヌカン、ウタナ、トク、仏壇の順に供え、手を合わせる。つづけてヌル殿内に移り、ヒヌカン、ウタナ、トクに同様の膳を供え、拝む。拝み終えると膳を下げて神酒とハシチをいただく。「トク神は男が供えるものだから、石井さんがウサンデーしなさい」とヌルさんが勧めてくれる。小豆の入ったハシチはほどよく炊けていておいしかった。食べながらおのずと明日本番のシニグの話になった。ムラでは、新築祝いの嘉例付けにシニグ節を踊ってもらう習慣があった。ヌルさんの家でも、松枝さんの家でも、家を建て替えたときにはシニグシンカに頼んで踊ってもらったという。

21:00　神人たちはお宮に戻り、シニグ節の練習を始めていたシニグシンカと合流する。神衣装を脱いで平服になった神人は、シンカとともに殿に向かって手を合わせる。歌合わせをしばらく続けた後、ヌル盆を下げてのウサンデーとなった。私も勧められたが、年間数多くの神行事を務めてムラから贈られるのはこのヌル盆のみと聞いていたので、恐縮しながらいただく。散会したのは23時前だった。

女のハシチからタムトノーイまでの三日間は、男女の神酒が用意される。かつて女の神酒づくりはムラ内の各家を順番に回った。現在は公民館の炊事場でまとめてつくって後から男女の神酒に分けるので味に違いはないが、別々につくられていたときは、どちらの神酒がおいしいかと競い合いをしたという。女のハシチづくりも神酒と同様に各家を回った。

(5) 7月25日　シニグ

公民館では朝6時から10kgの米を炊いて神酒づくりが進められていた。

10:30　ヌル、ニガミが待つヌル殿内でシニグシンカが嘉例付けの歌合わせをおこなう。庭に出ての踊りでは、チヂンを持った六人が内側の輪をつくり、その外側を手踊りの六人が囲んだ。

11:45　シニグシンカがお宮に移動すると、ちょうど中部郷友会の面々が到着したところだった。顔なじみどうしが声をかけあう。再会の盛り上がりがひと段落つくと、踊り手たちは健康願いの祝儀袋(「お賽銭」と呼ばれる)を神人に手渡す。一方、サンナムが踊り手ひとりひとりに線香を配り、受けとった人たちは線香を前に捧げてから戻す。集められた線香をニガミが殿の香炉に立ててから拝殿側に戻ると、神人とシニグシンカが揃って手を合わせる。チヂンはウタムトゥ木に立て掛け並べられていた。ニガミが祝儀袋に書かれた名前を一つひとつ読み上げ、ヌルに手渡す。ヌルは袋を手にしながら健康祈願のことばを唱え、膳の上に重ねていく。全員分の拝みを終え、歌合わせは昼食後ということで中部組は公民館でムラが用意した弁当を食べる。

13:00　二〇名ほどがお宮に集まり、練習を始める。「首里の玉節」、「天の群星節（てぃんぬぶりぶし）」、「打豆節（うちまみ）」、「くびる並松節（なんまち）」、「はんた廻い節（みぐ）」と、現在踊られているシニグ節五曲を二巡り、テープをかけながら歌い、踊る。はんた廻い節では、歌がわからない多くの人たちが「サーサ」という合いの手が入るところだけ声を張り上げるので、みんなで笑いあいながらの踊りになった。踊り出しが右からか左からかがわからないときには、テープを巻き戻して繰り返し、手や足の運びを確認していた。14時すぎ、本番は16時にニーヤーに集合ということで一時散会となる。

15:15　ヌル殿内に着物姿の神人三人が揃い、行事開始を報告する拝みをおこなう。お宮に移動すると、ヌルとニガミは神衣装を着け、女の神酒四椀を膳に載せて殿に入り、拝む。拝殿側に戻りもう一度手を合わせた後は、神酒をウサンデーする。並行してワハムンシンカは、ハギヤー脇で男の神酒三椀を盆に供え、手を合わせる［写真1-5］。

15：50　神人三人はニーヤーに移動し、男・女の神酒を載せた膳を供えて拝む。つづいて、ヌル殿内に移り、同様に男・女の神酒を供えて拝む。

16：00すぎ　ニーヤーの庭に、紺地の着物に白いマンサージを締めたシニグシンカが集まってくる。このときも再会の声かけがあちこちで見られたが、チヂンの合図でウシデークを踊りはじめる。輪の中央に置いたテープレコーダーの助けを借りながら、二七人からなる二重の輪となった。「首里の玉節」、「天の群星」、「打豆節」の三曲を踊る［写真1‐8］。二つの輪はゆっくりと反時計回りに巡っていく。途中から神衣装のニガミも外の輪に入って踊る。カチャーシーのときにはヌルも手を上げ舞っていた。

16：50　シニグシンカは、つぎの場所であるミチルバヤーに移動する。ここはかつて踊り手たちの髪結いをする家だったので、いまも踊りが奉納される。神人たちがウグシーを供え東に向かって手を合わせてから、ニーヤーと同

写真1‐8　ニーヤー（ヌル殿内前）でのウシデーク（2011年）

じ三曲を踊る。踊りが続くなか、神人たちは中道に出て、お宮から出発したジャーリージャング（大漁旗）、三線、太鼓の男たち一行と合流し、ヤマグシクヤーに移動する。この家は、八月踊り（四年に一度の豊年祭）の師匠が住んでいた屋敷と伝えられ、神人の拝みの後に子どもたちの扇舞（オージメー）が奉納される。その後、旗頭に先導された神人は来た道を引き返してアサギンシリーを目指す。ミチルバヤーで踊りを終えたシニグシンカはアサギンシリー前に先に移動して、神人たちを迎える。ここでも神人たちは東に向かって拝み、三曲を踊る。そして最後の場所となるアサギモウでは、三曲の他に「くびる並松節」と「はんた廻い節」を加えた五曲を踊る。見物人は、お宮前のテントと公民館前に老人たちを中心にした二五人ほどと、他にカメラやビデオカメラを手にした七、八人だった。

18：20　ウシデークが終わると、子どもたちの扇舞からカチャーシーとなり、シニグシンカもつぎつぎ加わり、神人も笑顔で舞う。そして無事に行事を終えたことを受けて、区長がお礼の挨拶を述べ、ムラへの寄付という扱いとなる健康願いの報告をする。この年は四一件の名前が読み上げられた[11]。

ヌルさんにシニグ当日の拝みはどのようなことを唱えているのかと尋ねると、豊作の祈願や健康願いの他に、中南部から車で駆けつける踊り手たちの行き帰りの交通安全を拝んでいるという。

〈安全祈願〉［11-08-26］

ヌル：シニグ節は、前まではもう備瀬の部落の人がやっていたんだから、この部落のクヮーマーガ（子孫）がやっていたけど。いまは中南部から来るでしょ。…今日はシニグですよ、ナーグ（女）、女の方がね、みんな神様に奉納しに中南部から来ますから、今日のシニグはね、神様も見学してくださいといってよ、これお願いするけど。もうほんとによ、行き帰りのね、安全祈願。もうこれがほんと大変だから、いまは車の時代で。だからもう行き帰りはね、ほんとにもう、大きな道を、ウフミチドゥイと、大きな道を通らせてください、銘々のチネー（家庭）に帰してちょうだいといってね、もうほんとよ〔笑う〕。

（6）7月26日　タムトノーイ〔12〕

昼前に公民館の炊事場をのぞくと、すでに米が炊きあがり、二つの金盥に移されて冷ましているところだった。

19：00　ニガミが所用のために遅れるとの連絡があり、ヌルとイガミがヌル殿内でタムトノーイの開始を伝える拝みをおこなう。

19：25　ヌルとイガミがアサギに移る。サンナムが参列者に線香を手渡しそれぞれが捧げ拝んだ後、ヌルは皆の線香を殿の香炉に立て、女の神酒四椀を載せた膳を供える。神衣装を着けたヌルは殿の中で、イガミは拝殿で手を合わせる。ヌルは拝殿側に出て、ウタムトゥ木の手前に膳を置いてふたたび拝む。そして神酒をウサンデーする。区長とシニグワハムンは男の神酒をナガリミャーに供え、拝む。

19：50　ニーヤーに移動し、男女の神酒をヒヌカン、ウタナ、トク、仏壇の順に供え、拝む。つづいて、ヌル殿内に移ると、同様に男女の神酒をヒヌカン、ウタナ、トクと供え、拝む。拝み終えたヌルは神酒をウサンデーしながら、「無事に行事が終わりました。ごくろうさま」と声をかける。「7月の行事がいちばん大変」とイガミが応える。

20：00すぎ　ニガミも到着して、お宮で待つトシさん、久子さん姉妹と初枝さんというウタムチ三人と合流する。ムラが用意したにぎり寿司を食べながら、昨日のシニグ行事について振り返る。久子さんに「去年よりは上手になったでしょう」と投げかけられ、「もちろんです」と応える。このときワハムンシンカもナガリミャーに移したテントで会食していた。

20：45　ウタムチ三人は座ったままでチヂンを打ちながら、シニグ節を三曲歌う。その後、ふたたびシニグについての話がしばらく続き、21時半にお開きとなった。

3■変わる状況、変わらぬ姿勢

(1) 海洋博前後の変わり目

ムラでは畑で育てたイモを常食としてきたが、1960年代には購入米を主食とする生活へと変わっていった。また、上水道の敷設によって人びとは井戸の水汲みから「解放」された。不安定な発電機やランプに頼っていた夜の明かりは、1968年に上本部村の配電施設が完成すると、翌年にはムラ内の全面点灯が実現した。遠い山に取りに行った煮炊き用の薪も、石油コンロが使われるようになって不要となった。こうして生活のさまざまな面が便利になるのと引き替えに、主食の米も、重箱に詰める豚肉も、電気も、石油も、そして水もすべて、手に入れるためにはお金が必要になった。この状況変化のなかで、「ヌルブチ(扶持か)」というひとつの慣習が途絶えた。ムラでは、旧暦3月のトーマミ(ソラマメ)、6月の粟、そして9月の打豆(ウチマミ)(小粒の大豆)という穀類の収穫期に、それぞれの稔りに感謝する行事がおこなわれてきた[表1-1、11頁参照]。トーマミで味噌をつくり、粟飯(アワメー)は皆が待ち焦がれた夏のご馳走で、打豆は祝い事には欠かせない豆腐になった。ヌルブチとは、これらの行事にあわせてサンナムが各家から一合ずつ徴収して供え、ヌルに捧げられるものだった。ヌルさんによれば、この慣習が廃止されたのは海洋博開催(1975年)の前年のことという。

〈半農半漁から現金収入へ〉〔13-08-26〕

松枝：半農半漁の時代はやっぱり主婦もお家にいたし、お父さん、おじいちゃんたちもみんな、天気の海が穏やかなときは魚捕ってきて、そうじゃない日は畑出て、そういういつでもいらしたから。また、それで行事もこれは断ってはいけない。あのときはもう嵐になったらもうすぐ餓死してしまうから、なんでももう神様に、嵐が来ないように、麦を植えたら麦が生育するまで二月ハジマーイ（風回り、旧暦2月は強い風が吹く）も来ないようにお祈りして。できたら感謝、ありがとうございましたという感謝。もうみんな感謝の御願だよね、考えてみると。〈そう、そうですよね。〉

ヌル：また、ほんと昔の人は偉いと思うね、この収穫する時期にまたこの拝み、またこんな拝みといってみんなあるからよ。〈ほんとね、作物ごとにね、ほんとにそうですよね。〉

松枝：もう感謝、感謝だけど、いまは現金儲かってくるから〔笑いながら〕、お金さえあれば食べるのには困らないという時代になっちゃったから、感謝忘れて。水のご恩でも、自分たちがあのシリガー（共同井戸の名）から水汲むときに、もう水が貯まっていたら、ハァー誰も汲んでないわ、嬉しいわぁといって。並んでいると、あーあと何分待ったら自分の番になるだろう。それだけ水も貴重でしたから、水にたいする感謝も深かったけど、いまもう、ひねるとジャーだから〔笑い〕。

自然への畏れとその恵みにたいする感謝の念が薄れたのは、商品経済の波がムラに押し寄せるなかで生じてきた変化といえるだろうが、こうした変化を短期間でしかも劇的に加速させたのは海洋博という国家的イベントだった。この海洋博という節目をヌルさんはくりかえし強調する。かつてニーヤーでおこなわれていたイモ神酒づくりの様子を伝える松枝さんの語りを受けて、ヌルさんは、自分たち神人が神酒づくりまで担うようになったのは海洋博がきっかけと嘆息した。

〈海洋博の前と後〉［13-08-26］

松枝：ここ（ニーヤー）のおばあちゃんが元気なときは、おばあちゃんが指揮して、サンナムと給仕がいたから、その当時は。…そこらあたりでやって。また隣のおばあちゃんたちも、もうそのころはみんな手伝いにいらっしゃって、こっち（ヌルさん）のお姉さんとか、うちの実家の母とか、もう当たり前みたいにお神酒づくりに来よったね。みんなここに集合してもう、隣近所のおばあちゃんたちがみんなでやって、もうほんとに段取りしたときに、もういつも（自分たち神人が呼ばれて）。

ヌル：もう自分なんかはぜったい、これ（神酒づくり）に手付けなかったよね、ただ拝みするだけ。ハイ、準備してあるからおいでというくらいだったけど、ナァー、この海洋博なってからこんなになったんだよね。

聞き手：あぁ、海洋博が来て以降？

松枝：婦人もみんな仕事についたもんだから。

ヌル：ほんと海洋博が来てから。

国勢調査によれば、本部町における就業者の産業別構成比は、１９６０（昭和35）年には、第一次産業が70・8%を占めていたのにたいし、第二次産業が9・0%、第三次産業は20・1%で、農業を生活の中心にすえる人たちが多数派だった。それが、海洋博の開催年にあたる1975年には、第一次産業は20・1%へと激減する一方で、第三次産業が63・4%へと跳ね上がっている。その後しばらくは第一次産業への揺り戻しがみられたものの、1990年代にはふたたび減少に転じ、2010年には第一次産業11・2%、第二次産業18・1%、第三次産業70・1%という構成になっている。国勢調査でいう就業者とは「収入を伴う仕事」に就いている者に限定されるため、収入の伴わない自給的農業などに従事する人はこの数に含まれないことに留意する必要はあるが、それでも、1960年代以後ムラの多くの人たちが農的な営みから離れていったことがうかがえる。

(2)「女は内で男は外」から「男も女も外」へ

七月行事の期間中、男の神酒は男のハシチからタムトノーイまで四度つくられる。そして、女の神酒は、女のハシチからタムトノーイまで三度つくられる。男の神酒はアサギモウに準備したハギヤーの下に置かれ、そのそばに供えられる。それにたいし、女の神酒は拝殿に置かれ、殿の中に供えられる。お宮とその庭はそれぞれ内（家）と外を表し、お宮で女の神酒を供えるのは家を守るのは女だからで、庭に男の神酒を供えるのは外に稼ぎに行くのは男だからと、神人たちは意味づけている。最終日のタムトノーイのときには、男の神酒がナガリミャーというお宮に近い場所に移される。すでに紹介したヌルさんとイガミのトシ子さんのやりとりをもう一度引用しておこう。

〈女は家、男は外〉［12-09-10］

ヌル：ナーグ（女）や、ヤームチジョージ、ンキガ（男）や、ソトマーイ（外回り）、働いてジンカネ（銭金）持ってくる。…外回りで働いて儲かってくるの。

トシ子：昔は、女はお家でもう子ども産むでしょ、畑でイモとってきて炊事したり。男はもう旅なんかあちこち、ラサ島どこも、だからこっちに奥さんがいなければ儲かってきてもあれさ、値打ちがない。だから、ナーグは、ヤーぬカガミろ（女は家の鏡よ）、ヤーの守り神と同じさ。

女と男を対にしたこの表現は、20世紀初頭から急増した島の外へと向かう出稼ぎの流れを反映したものだろうか。いや、ソトマーイの「外」とは距離の遠近にかかわらず、ムラの外に生活の糧を求める行為を広く指していたのかもしれない。だとすれば、珊瑚礁に守られたイノーを越えて外海へと漁に出るという営みなどもまたソトマーイに含まれる。いずれにせよ、「女は家を切り盛りし、男は外を回る」というムラの慣用表現を、産業社会の進展とともにおもに都市部で一般化した「男の賃労働とそれを支える女の家事労働」という構図と安易に重ねることは控えたい[13]。ここでいう「ヤームチジョージ」とは、イガミが「畑でイモとってきて炊事したり」と例示したように、畑を耕してイモを育てて収穫するといったムラ内での自給的な営みを広く含めて切り盛りするさまを表現したものと考えたほうがよい。じっさい、ヌルさんの家では、夫は長くムラ外の造船所で働き、彼女はムラ内の畑を耕しイモや粟を育ててきた。夫が退職してからは、現在まで二人で畑仕事を続けている。だから、ウプユミマーの神酒づくりには自分の畑でとれたイモを提供し、またそのイモを用いてバイムッチーをつくることができる。ハギヤーに吊す魚も夫や息子たちが海で捕ってきたものだ。彼女にとって豊作豊漁の祈願と感謝はたんなる理念ではなく、いまも日常の実感である。

海洋博後の本部町において、女性の就業者数は2500人前後で推移してきた。2010年現在男女あわせた就業者の総数は約6300人で、そのうち第一次産業以外に従事する女性は2575人、全体構成比は約41%となっている。ムラの就労状況は「女は家で男は外」から「男も女も外」に完全に移行した。ムラの男も女も職場へ車で通うという日常を送るようになるなかで、神人の拝みのことばも変わっていった。これまでどおりムラの豊作と子孫の健康の祈願をした後でかならず交通安全の祈願を付け加えるようになった。

(3) ムラ全体の行事から神人が背負う行事へ

1970年代は、新宗教団体による布教がムラ内でも活発になり、ムラの神信仰への足並みが乱れはじめた時期でもあった。そしてムラの外で働く女たちが増えたことは当然、神行事の執行にもその影響を及ぼした。

七月行事はかつて一週間にわたってムラ全体が動く神行事だった。シニグワハムンは南と北ごとに輪番となっていて、スマンペーフが頼みに来れば断る人はいなかった。神酒やハシチづくりも、自分の家の番がいつ回ってくるかを見通して心構えをし、順番が来れば近所や親戚に手伝いを頼んでその役目を果たした。女の神酒とハシチの当番はそれぞれ別個にムラ内を回り、ワハムンを出す家が男の神酒づくりを引き受けるから、行事期間中にはムラ内のいくつもの家が神酒やハシチを用意する作業場となった。サグンジャミで「入れる」家も多く、男女のハシチではお宮前の庭は子どもたちであふれた。シニグには周辺のムラからも大勢の見物人が集まり、踊りの輪を囲んだ。まさにムラ全体で支える大きな行事だった。しかし現在この行事を支える人は限られている。25日のウシデークが踊られる時間帯を除けば、ムラ内で行事がおこなわれていることに気づかないムラ人も少なくない。他方、神人たちは拝みだけではなく供物の準備でもひとり何役もこなす。女のハシチづくりはニーヤーに固定させるための拝みをし、蒸し上げるまでのいっさいの作業にかかわるようになった。そして公民館の炊事場で進められる神酒づくりにも加わる。準備の場所はお宮の周辺に限られ、かつてに比べれば、神人中心で進められる小さな行事になった。

2012年の旧正月のとき、ヌル殿内での拝みを終えた神人三人に、「ビシンチュ（備瀬の人）は、神人の方々にこんなふうに年に何度も拝んでもらって幸せですね」と投げかけると、「そう思ってもらえるならいいけれど、いまの若い人たちには通じているかな」と、それぞれが昔との違いを口にした。松枝さんが「行事があっても自分たちのものとは思わんで、今日あんたがた何ねーと声をかけるように、神人だけのものって思ってるかな」と切り出せば、ヌルさんは「お祈りするのも自分のお祈りはしないさ。この備瀬字のクヮーマーガ（子孫）のお祈りして。だけど、これわからん人がいるからね」と、ムラ全体の拝みであることが通じていないことを嘆いた。二人のことばを受けてトシ子さんは、「ニーヤーと仲村渠との門中だからやってると。…みんながやるべきものなのに、二つの門中がやるべきと言う人もいる」と話した後で、「でも、言わしておけー、問題にするか」と笑い飛ばした。このやりとりからも、ムラ人には神人の営みが見えにくくなっている現状が伝わってくる。
ヌルさんは、いまも数多くの行事を仕切りヌルとしての務めを果たし続けていることに、「備瀬は昔からの行事はひとつも捨てたことはない、ぜんぶやっている。いつまで続くかわからんけど。だけど、自分が生きているあいだは立派にやる」と語る。その一方で、現在の行事は「形だけ」の「ニセモノ」だと表現した。

〈天と地の差〉［11-12-18］
ヌル：ほんとナァ、いろんなことありよったけどや、いまはもう、形だけ。このうち出て始めのもの考えたらや、いまは形だけ。拝みもなんでも。〈形だけか。〉シニグのときにはね、アッサイモー（感嘆詞）、こっち（アサギモウに人が）いっぱいだったよ。…このとき考えたら、いまはただニセモノよ、いまの行事は。このときまではナァー、お宮の前から〔力を込めて〕いっぱい。…ナァーほんとや、いま、自分が出始めといまと考えたらな、天と地の差あるよ。

彼女の言う「形だけ」や「ニセモノ」とは、何を指しているのか。たとえば、神酒やハシチの材料は、各家が育て収穫した粟から購入した米になったこと。ムラ人の多くが農の営みから離れ、自然の恵みに感謝するという感覚が薄れ、ムラの神様に手を合わせ拝むという行為に切実さを感じなくなったこと。ムラ外での現金収入の仕事に就く人が増えるにともない行事の担い手も減って、もはやムラ全体で支える行事ではなくなっていること。おそらくこれらすべての変化を受けとめながら、彼女は「形だけ」と言い「ニセモノ」と呼んだのだろう。しかし、自然の恵みによって命が支えられ世代がつながっていくことは、いまも昔も変わらない。だから、ムラに生きる人にとって、ムラの豊穣を願い収穫に感謝し、ムラの子孫の健康を願って手を合わせることは普遍的な行為である。ヌルさんはいま、自身が育てたイモで神酒や餅をつくって神アサギに供え、息子たちが海に出て捕ってきた魚をその庭に吊す。神酒づくりには代々受け継いできた石臼を使い、ハシチの蒸籠も六〇年以上も使い込んできた。一週間の行事をできるかぎりこれまでどおりのやり方でなぞり、伝えられた行事の意味を反芻する。小浜と備瀬の二カ所から始まり広がってきたこのムラとその子孫のことを、いまはムラを離れた人たちのことも含めて「生まれや一国、育ちや七国」と唱えながら、その無事を拝み続ける姿勢はまぎれもない本物である。

注

［1］ムラのことばや祭祀用語については、とくにつぎの文献を参照した。仲田栄松（1984）『備瀬史』本部町備瀬区事務所発行、および同（2013）『備瀬言葉』著者発行、高橋恵子（1998）『沖縄の御願ことば辞典』ボーダーインク、仲里長和（2002）『本部町字具志堅の方言』沖縄高速印刷。

［2］1965年の報告によれば、備瀬在住の夫婦147組のうち132組、ほぼ9割が備瀬生まれの者どうしの夫婦だった。大胡欽一（1965）「上本部村備瀬の社会組織」東京都立大学南西諸島研究委員会編『沖縄の社会と宗教』平凡社、123-156頁。

［3］たとえば、小野重朗（1994）「シヌグ・ウンジャミ論——琉球北部圏の文化」『南島の祭り』第一書房、13

4-161頁。各地に残るウンジャミ・シヌグ祭祀の類型化を試みたつぎの文献も参照のこと。高梨一美（2001）「沖縄国頭地方の「海神祭祀」の検討――ウンジャミ・シヌグ祭祀の分類と類型」『東横学園女子短期大学女性文化研究所紀要』10、1-23頁。

[4] 備瀬のシニグについては、つぎの報告を参照にした。平野祐二（1994）「本部町備瀬のシニグ（1992年調査）」高阪薫・秋山紀子・武藤美也子・神野富一編『沖縄祭祀の研究』翰林書房、162-181頁。仲田善明（2003）「備瀬のシニグ」『本部のシヌグ』沖縄学研究所、257-282頁。

[5] 備瀬はアサギを境に南と北の地区に分けられ、南側をメンバーリ、北側をシンバーリと呼ぶ。

[6] 2010～13年の四年間では単身者が務めることが多く、二四名のうち一七名が単身者だった。

[7] 並ぶ関係については、やまだようこ（1987）『ことばの前のことば――ことばがうまれるすじみちI』新曜社、を参照。

[8] 語りを引用するさいの表記については以下のとおり。タイトル下の［ ］は聞きとりをおこなった年月日、〈 〉内は聞き手による短い発話、（ ）内は著者による内容の補足、〔 〕内は著者による語り場面の補足。語りの中の…は、中略。なお、語り手の一部は仮名にしてある。

[9] 2010年は台風襲来のためにサグンジャミは中止となった。過去六〇年余りで初めてのことという。2011年は、入れた家4軒、祝儀（賽銭）49件（現金38件、酒12件、祝儀と酒の両方を出した1件を含む）。2012年は、入れた家7軒、祝儀51件（現金37件、酒14件）。2013年は、入れた家4軒、祝儀41件（現金32件、酒9件）。昔は祝儀には米か酒を出すのが流儀だったが、現在は現金が多くなっている。

[10] 粟と一口に言っても、チミアワ、赤アワ、ムミャーシ、白アワなどの種類があり、なかでもチミアワ（マージン、モチキビとも呼ばれる黍の一種）は、大きめの黄色い粒でモチモチとした食感で、最も好まれた。

[11] 2011年の寄付は59件、2013年は53件だった。

[12] 神の依代である（ウ）タムトゥ木を納めなおす意とされる。仲田（2003）、273頁。

［13］イリイチ（1998）『シャドウ・ワーク――生活のあり方を問う』（玉野井芳郎・栗原彬訳）岩波書店。とくに第2章「公的選択の三つの次元」における議論を参照のこと。(Ivan Illich (1981) *Shadow Work*. Marion Boyars. pp.9-26.)

2章 ムラが生んだヌル

1 ■ 神人のライフヒストリー

(1) 畑の神人

アサギ裏手のフクギ並木に挟まれた道を少し北に行ったところに、ムラのヌルである天久千代さんの住む家がある。南側は実家に接し、東の隣接地には集落内でほとんど見られなくなったヤギ小屋と耕耘機の車庫がある。家の前の小道を西側に抜ければ、伊江島を望む浜に出られる。屋敷を囲むブロック塀には魔除けの水字貝（モーモーンナ）が留められ、浜寄りには海で使う網が掛けられている。門を入れば、シークヮーサーなどミカン類の木々が茂り、収穫したばかりのイモや豆類が干されている。そして軒下には、畑や海で使う雑多な道具類が並べられている。この家を取り囲むこれらさまざまな物は、ここで、多彩な自給的活動が営まれていることを雄弁に物語っている。

千代さんは、神に仕える人であると同時に畑で働く人でもある。この両者を兼ね備えているからこ

写真2-1　イモの収穫（2013年）

そ、作物の豊作を願いその稔りに感謝するという姿勢をいまだ実感をもって保ち続けられる。彼女は、夜10時には床につき、朝4時には目を覚ます。5時には起き出して朝ご飯をつくる。朝食後に、夫と一緒に畑に出て、午前中はずっと畑にいることが多い。自宅に戻って昼食をとった後には昼寝をすることもある。午後に畑に出る時間は、日差しの強さや急ぎの仕事があるかないかによって変わる。

以前は夫婦で六千坪（二町歩）の畑を耕していたが、現在は自分たちの体力のことも考えて、集落東側にある四カ所あわせて２５００坪の畑に限っている（２０１３年現在）。個々の畑の土質にあわせて、サトウキビ、イモ（甘藷）、キャベツなどの換金作物をはじめ、ニンニク、ラッキョウ、カボチャ、赤ウリ、冬瓜、大根、ニンジン、長ネギ、ソラマメ、エンドウマメなど、多品目の野菜を季節に応じて育てている［写真２-１］。日々の畑仕事はつねに神行事を配慮しながら進められる。とくに旧7月は、盆の後20日から一週間の行事が続く。この時期各農家はサトウキビの夏植えをする時期にあたるのだが、千代さんたち夫婦は、一連の行事を終えてか

写真２−２　息子たちが捕ってきた魚を捌く（2013年）

ら植え付けの作業にあたるのを恒例としている。

備瀬の神行事は、作物の稔りに対応して配置されている。主食であるイモの他、粟、黍、麦などの穀類やソラマメ、大豆などの豆類がおもな作物だった。農家そのものが激減した現在では、畑で目立つのはもっぱらサトウキビ、イモ、キャベツといった換金作物である。そんな趨勢の中で千代さんの家でもサトウキビやイモを中心に栽培しているが、行事に供える粟やソラマメもつくり続けてきた。しかし、２０１１年の季節外れの台風によって収穫間近の粟が全滅してしまうと、それを機に粟づくりをやめた。穀類は、他につくる人がなく孤立した畑だと鳥害が集中し、豊作が望めないという事情もある。ソラマメだけは、昔のように味噌にはしないが、いまも蒔いている。

夫の栄（さかえ）さんは長い間、仲間たちと追い込み漁をしていたが、80代半ばとなったいまは息子たちに任せている。千代さん自身も小さいころから海に行くのが好きだった。高等小学校（現在の中学に相当）時代、畑の肥料になる海藻を採りに行く父親の舟に乗って、引き潮で顔を出したリーフ（干瀬）を歩いて貝を探した。結婚してからは、60代まで冬の夜の海にタコ捕りに出た。灯りを手にしながらリーフの上を歩いて、タコ穴を巡った。穴の中にいるタコは白い口が目印になって見つけることができるのだという。はじめは夫と行き、やがて海が好きな次女と歩いた。手に持つ灯りは、石油ランプから大型の懐中電灯に変わった。

現在、息子たちが捕ってきた魚は、浜辺で鱗と内臓を取り除き、家の冷凍庫に保存する［写真2－2］。それを売るのはもっぱら彼女の役目で、魚が捕れたと聞きつけた隣近所の人が買いに来る。そのときにはいつも、決まった分量よりも多めに入れてあげる。「きちんきちんはぜったいしない。斤数かけてするんだけど、一つ、二つ小さいの入れて。買う人は決まってるから。人はひとつでも入れたら喜ぶんだから」と笑う。

（2）出会いから聞きとりへ

備瀬の神行事にヌルとして参加する千代さんの姿を初めて目にしたのは、1989年の四月大御願のときに遡る。ただこのときの私は、拝所を巡る人の群れをその最後尾に付いて歩くだけだった。その後、ムラの神行事を見る機会は何度か巡ってきたが、挨拶を交わす程度の関係にとどまっていた。それは、こちらの関心が神行事そのものには向かわなかったこともあるが、アサギで真剣に手を合わせる彼女の姿から、安易に近づけないといった雰囲気を感じとっていたからでもあった。

最初の備瀬訪問から一七年目の2005年に、千代さんとのあいだを取りもってくれたのは、那覇の新天地市場で衣料品店を営む上地ミエ子さんだった。そのころ私はこの市場をフィールドにした調査に取り組んでおり、その過程で備瀬出身のミエ子さんと出会い、何かとお世話になっていた。彼女は、１９８０年60歳のときにムラの神役のひとつを継承すると、しばらくは行事のたびに生まれ故郷に通っていた。その後、正座をするのが辛くなって神人の役目からは遠ざかっていた。そんな彼女からこう問いかけられた。「先生（ミエ子さんは、私をそう呼んだ）は、備瀬に長らく通っているというけれど、備瀬の神様にきちんと挨拶を通したの？」。私が「備瀬に行ったときはかならず、まず始めにお宮に行って手を合わせて挨拶をしています」と答えると、こう返された。「それではダメ。きちんとヌルさんから神様に通してもらわないと。それじゃあ、来年のシニグのときに連れて行くから、ヌルさんに拝んでもらいましょう」。

そしてそのことばどおり、翌年のシニグの日に孫娘の運転する車に私を乗せて、那覇から備瀬に向かった。久しぶりに神人として神行事に参加する彼女は、芭蕉布柄の着物姿で決めていた。ヌルさんにはすでに連絡ずみとのことだった。この日のフィールド日記を引用したい。

２００５年8月29日（旧暦7月25日）シニグ

ミエ子さんに手招きされ、ヌルさんたちが座る拝殿の中に入り座る。ヌルさんから線香を手渡され、両手で軽く前に捧げるようにして拝み、サンナムに手渡す。そしてヌルさんと一緒に手を合わせ、自分自身の研究のことを備瀬の神様に報告、祈願する。あまりに緊張して胸が痛い。ことばにならない思いのなか、一心に手を合わせる。そして、拝み終えてからヌルさんとニガミの松枝さんに挨拶をする。穏やかな表情をみてホッとする。内心、ヌルさんから「あんたの研究は通らんさ」と言われたらどうしようと、心配していたのだった。ミエ子さんにもお礼のことばを伝える。……

帰りの車中、「ヌルさんも喜んでいたよ」とミエ子さんが言ってくれる。神様の前に座ったときのなんともいえない胸が締まるような感じを伝えると、「伝わったんだ」とミエ子さんが返す。

このときをきっかけにしてヌルさんと近しく付き合わせてもらうようになり、2009年のシニグ行事のさいには彼女の語りを受けとめる機会に恵まれた。旧暦7月20日、神人たちは夜のウプユミマーのために午前中から公民館の炊事場でイモ神酒づくりを進めていた。その合間、千代さんはこれまでの歩みを聞かせてくれた。ムラにヌルとして出る前に喘息でひどく苦しんだこと、病床で白髭の翁が神様の名前を教えたこと、そして空襲とともにこの翁は去り病気も癒えて終戦後にヌルとしてムラに出たことなどを一気に話した。このときから現在まで、備瀬に行くたびに彼女の話を聞かせてもらうことを重ねてきた。

2011年8月26日（旧暦7月18日）七月行事の前に

午後3時すぎにヌルさん宅を訪ねると、前回と同じように彼女は居間のソファーに腰を下ろしていた。お土産のカステラを手渡し、しばし雑談の後、「教えていただきたいことがあるのです」と切り出すと、ヌルさんはテレビを消してこちらの投げかけに応えてくれる。単刀直入の質問から始め、ヌル殿内の完成、シニグのことなど、時代の変化のなかで六〇年余りムラの神行事を支えてきたヌルさんの仕事を辿る。彼女は、「夫が何ひとつ文句を言わないからこれまで務められた」と繰り返す。

２０１１年旧暦11月、イモの豊作を祈願するウンネーからは年中の神行事にあわせて備瀬に通い、個々の行事の意味やこれまで人生の歩みをさらに深く教えていただいた。午前中彼女は畑に出ているため、昼すぎに家を訪ねることが多かった。姿が見えないときには畑を巡ってみる。

２０１３年５月27日（旧暦４月18日）四月大御願の前々日

ヌルさんの姿を探して畑へ。聞けば、北側の海寄りの畑にいるというのでそのまま北に歩く。栄さんとヌルさんは、イモの植え付けをしようとしたものの、あまりに天気が良く日が強すぎて植え付けには適さないので、また今度にしようと話していたところだった。耕耘機の荷台にヌルさんが座り、家に戻るというので後をついて歩く。ヤギ小屋兼農具小屋の前に、大御願のお神酒用に掘った小ぶりのイモが二つのビニール袋に入れられていた。そのまま家に上げてもらい、聞きとり開始。予定していた質問を投げかける。できるだけこちらからの問いかけが散漫にならないように気をつけながら、話を聞かせてもらう。

聞きとりの場所は、自宅の居間を中心にして、ときに拝みの合間のヌル殿内だったり、ひと仕事終えた後の畑であったりした。彼女は日常生活では備瀬ことば中心で過ごしている。もちろん、行事のときの拝みも同じことばである。そんな彼女にこちらがヤマトゥグチ（共通語）で投げかけることは、ヤマトゥグチで語ってもらうことを強いることになった。以下の千代さんの語りに、ある種の「ぎこちなさ」を感じるとすれば、こうした事情によるところが大きい。行事に参加した人が、「このところヌルさんは石井さんとよく話しているから、ヤマトゥグチが上手になったさ」と冗談を言うのを幾度か耳にした。こうした点も含め、いま記述したような関係性のなかで聞きとりの場は展開した。

（3）ヌルとユタ

本章で取り上げるノロ（祝女とも表記、備瀬ではヌルと呼ぶ）というムラの神役について、高梨（2000）の解説を要約して引用したい。

ノロは、奄美・沖縄諸島で村落祭祀を司る女性祭司の長である。琉球王国の時代、ノロは聞得大君（きこえおおぎみ）を長とする王国の祭祀制度の末端に位置づけられ、王府から就任の認可や役地の給付を受け、同時に祭祀内容の統制を受けた。その伝統を受け継ぐノロは、公儀ノロと呼ばれる。伝統的な公儀ノロの特徴として、つぎの七点があげられる。①たいがい複数のシマ（村落、ムラ）に一名で、シマごとにいる根神以下の祭祀を束ねて祭にあたる。②田港祝女のように出身のシマを冠して呼ばれる。③原則として特定の旧家やその父系親族集団の女子に受け継がれる。④国頭地方ではノロ不婚の伝承が根強いが、子を持つことは事実として忌避されなかった。⑤ノロ殿内の祭祀、祭具、祝女地などを代々受け継ぐ。⑥村落祭祀、公共の祈願の担い手であり、原則として個人の祭祀・私的祈願にかかわるべきでないという意識が強い。⑦原則として終身務める[1]。

1879(明治12)年の明治政府による琉球王国の解体と沖縄県の設置によって、沖縄における祭政一致的な支配体制は崩壊するが、しばらくは旧慣温存政策がとられ、公儀ノロはその存続が認められた。その後、1910(明治43)年にノロを中心とした地方神女の組織はその公的根拠を失うことになった[2]。『沖縄のノロの研究』のむすびにおいて宮城栄昌は、1979年時点の現状をつぎのように述べている[3]。沖縄のノロ制度は現在においても、その伝統と権威を維持し、村落共同体の中核としての地位と機能を保持している。この状態が当分続くことは疑いがないが、ノロ制度が動揺し、崩壊しつつあることもまた事実である。その崩壊速度は、沖縄島においては那覇を中心とする島尻・中頭地方が早く、国頭地方は遅い。そしてこの過程には沖縄戦の影響を見逃すことはできない。

この指摘から四〇年の時を経た現在、本書がフィールドとする国頭郡本部町の事情はどうなっているのか。『琉球国由来記』によれば、18世紀初頭の本部間切一五ムラのうち、公儀ノロが配置されていたのは八ムラだった[4]。これから詳しく辿ることになる備瀬は謝花ノロが管轄するムラであったが、終戦後に公儀ノロの系譜を引かないノロが誕生した。2018年現在、本部町内でノロを名乗る神人が存在するのは、瀬底、辺名地、備瀬の三ムラである[5]。

沖縄の民俗宗教の担い手として、ノロや根神などの神人の他に、ユタをあげなければならない[6]。ノロが、村落の公的祭祀や共同体の祈願行事において中心的役割を果たすのにたいし、ユタは、個々の家や家族に関する運勢や吉凶の判断、禍厄の祓除、病気の平癒祈願など、民間の私的な呪術信仰的領域に関与するとされる[7]。こうした対照的な性格が指摘されることの多いノロとユタだが、桜井(1979)は、元来、両者の源流はひとつであったものが後世になって分化したとみる[8]。すなわち、ノロをはじめとする神人の「公的祭祀領域」とユタの「民間信仰領域」とは未分化で重なっていたが、しだいに分化、専門化していった。尚王朝は、ノロ制度を国家官僚体制に包括して公的生活を強調し、民間のユタを体制外へ疎外したため、両者は完全に分離した。そして現代、ノロを支えていた制度的基盤が揺らぐなかで、両者の活動領域はふたたび重なりつつあると桜井は指摘する。また、ノロや根神を中心とするムラの祭祀組織が衰退する一方で、都市部で活動するユタが増加してきたとみられるが、それは各村落から都市への人口移動と呼応した動きといえるだろう。

本章で取り上げるひとりのヌルは、国家制度に支えられていた公儀ヌルの伝統とその権威が薄まりゆく時代状況のなかで、ひとつのムラにおいて誕生した。彼女はどのようないきさつでムラのヌルとなり、生活環境が変化するなかでどのようにしてムラの神行事を担い続けてきたのか。そして、彼女を含む神人たちが拝み続ける行為は、ムラに何をもたらしているのか。ムラのなかでヌルが生み出され、そのヌルがまたムラを支えるといった螺旋的な循環を、彼女のライフヒストリーを辿ることで探ってみたい。

2■ムラのヌルになる

(1) ヌルを支えたユタ

ヌルである千代さんのライフヒストリーを辿る前に、彼女を支えたムラのユタのことにふれたい。備瀬には近隣のムラを超えて広く知られた玉城マツというユタがいた[9]。彼女は午（うま）の人というから、亡くなった年から逆算すると、1894（明治27）年生まれということになる。97歳のカジマヤーのお祝いをしたのち99歳で亡くなった。小さいときにいたずらの落とし穴にはまり足を痛めたのが元で片足が不自由になった。姪の玉城チヨさん（ヌルさんと同名のためカタカナ表記で区別）によれば、30代半ばまでにはユタとして依頼者相手にハンジ（相談事に対する判断）をするようになったというから、1920年代の終わりごろと思われる。彼女は、ユタになる前に三人の子どもを立て続けに亡くすという不幸に見舞われている。三番目の子どもの葬式を終えた直後に気が触れ、その狂気のなかで「名護親方の歴史を拝んできなさい」というお告げを聞く。この指示に従った名護行きが、ユタとしての道を切り開く契機になった。

〈ユタ・玉城マツ〉[10-08-27]

チヨ：（叔母には）私と同じ年（1919年生まれ）の息子がいたらしいですよ。この子が病気はしないのにそのまま死んでしまって。で、またね、二回目の子はね、昔の水汲む桶があったでしょう。…あれに水入れて置いてたら、その子がその中に首突っ込んで亡くなって。三番目はね、女の子だったらしいけどね、どうもしないけど急に亡くなったので。で、この子（の）葬式して帰ってきたらね、うちのおばあ（マツ）が頭が狂っていたらしい。葬式から帰ってきたら、頭が狂ってしまって。で、馬鹿みたいにもう自分で自分を笑っていたらしい。あれから変になって、ニーヤー行って、ニーヤーで歌を、うんと大きく歌をしたり、組踊りをしたり、クミムン（組踊り）やったり、いろんなことやったらしい。…そんでいちばんしまいには、もう、「名護親方の歴史を拝んできなさい」いうて。

「名護親方」と呼ばれた程順則（ていじゅんそく）（1663〜1734年）は那覇の久米村に生まれ、琉球初の学校を建てるなどして広く道徳教育に努めた人物である[10]。1728年に名護間切の総地頭（間切の長）になり、その徳の高さから「名護聖人」とも呼ばれた。親方とは総地頭にたいする尊称である。彼は四人の子をいずれも若くして亡くすという不幸に遭遇していることから、マツの導き手として登場したと思われる。名護まで歩いて行ったという彼女は、アラシロという天理教の家で名護親方ことについて教えられ、三日後に備瀬に戻ってきた。そして、「神のことを一つひとつ自分で、自分の前を開けて」ユタとなった。

チヨ：それから、もう四、五年したら、こころも落ち着いて。海がとっても好きで魚を自分で捕ってきて自分でやって。また機織りも上手だったので、機（反物）を売ったりして、やって。で、34、35には人を助け、人の判断をしよったらしい。

やがて彼女の元には、各地から依頼客が訪れるようになった。戦時体制下のユタ狩りにも屈することなく「人助け」を続けたという。のちにヌルとなる千代さんが生まれたときには、備瀬に住むユタは彼女ひとりだった。このマツユタは千代さんがヌルとしてムラに出る過程を支え、ヌルになってからも彼女が見る夢に解釈を与えるなど、良き助言者であり続けた。

（2）誕生、幼少期

ムラの草分けの家であるニーヤーは、お宮の背後に控えるかのような場所に位置しており、屋敷周りのフクギは他と比べてひときわ太いものが並ぶ。ニーヤーのはす向かいに千代さんが生まれた実家があり、マンダルーチ（満名殿内）という屋号が付けられている。マンダルーチという名は、先祖が満名殿内（満名は現在の本部町字並里）で勤めていたことに由来する。マンダルーチはニーヤーからの分かれで、ニーヤーはニーヤー門中の本家でもある。この両家は一時期、事情があって備瀬の本集落から南に離れた石川原に移っていたが、千代さんの父親の代に元来の場所に戻ってきたという。父親は、その兄とともに山原船を操って茅を運ぶ仕事をしていた。

千代さんの生まれは1932（昭和7）年、申の人である。父米蔵と母マツの四人目の子（次女）として生まれている。母親は三人の子どもを産んでから二度の流産を経て、彼女を産んだ。誕生にあたり、霊力の高いとされる老婆が感応した。

〈シマの人に拝まれる女の子〉［13-06-14］

ヌル：うちの母は、もうほとんどうちに話聞かせよったわけさ。長女、長男、次男まで産んでから、これの（あと）、うちとはちょっと離れてるわけさ。これが、（その後自分を産むまでに）流産二回かやったから、うち身ごもってからは、山行って、なんとかという木を採って来て。このときまでは流産といったらば。…お医者さんもあまり（いないし）、またお産するときには隣の人のおばあちゃんがさせおったわけさ。だから、あまり流産するから、もう身ごもった子を堕ろそうと思って、山からなんの木か持ってきて、これ煎じして。熱いときには飲まれんから、明日の朝、飲むといってこれは置いておったたって。

だから夜はよ、うちの母によ、「あんた、自分死ぬのとね、この子ども助けるのとどっちがいいか」と言って、夢のように話する人がいたって。「あんたいま、このあんたが煎じした薬飲んだら、あんた、子ども亡くなるし、あんたも死ぬけどね、なるべくはこれ飲まないで。もうみんなからね、備瀬の人ぜんぶから拝まれる女の子ができるから、この薬は飲むな。あんた命捨てるよ」と言って。夜通しこの夢で見たから、もう翌日は、この薬は、煎じしたのは何も言わないでこぼしてね、やって。だから、うち流産もしないで（生まれてきた）。

備瀬でね、ちょっと向こうの…おばあちゃんがよ、ちょっとこっち（頭）違ってはいたけど、神のあれではもうほんと、備瀬の玉城マツさん（マツユタ）のようにやる女の人がいたわけさ。この人がよ、うち出産して、やった（生まれた）から、この人がよ、もういろんなこと話して、どこもかも歩いていたから。この人がね、マンダルーチのマツというわけ、うちのおっかあは名前、「マツはいままでね、みんないろんな子ができたけど、今度はね、女の子がね、シマの人に拝まれる子ができたよ」と言って、ぜんぶ一日でよ、ぜんぶ部落（をまわった）。放送はいまあるけど、あの人がみんなやって来てね、したという話はもうしょっちゅう、うちの母から聞かされよったわけさ。

玉城チヨさんが叔母のマツユタから聞いた話も、このあたりのいきさつと重なる。このユタもまた、生まれてきた子がやがてヌルになるということを見通していた。彼女は、生まれて三カ月のとき、門のところに真っ裸で座らせて、「この子はあとにはムラのニカスン（小浜と備瀬の二カ所）の子孫が拝む人だから、あまりやたらに扱うな」と、親に忠告したという。

１９３８（昭和13）年、千代さんが6歳のときに、備瀬の拝殿が改築されている。その五年前には神殿が造られており、これらは各地に出稼ぎしていた人たちからの送金が支えになったという。改築前のアサギは、石柱で支えられた茅葺きのもので、中に入るには腰をかがめなければならないほどの低さだった。その周囲を遊び場にしていたという千代さんは、拝殿ができたとき、周囲のコンクリートが乾かないうちに足跡を付けてしまって怒られたことを記憶している。つぎの語りからは、行事のときにアサギに集まり拝む人びとに興味深げなまなざしを向けていた彼女の姿が伝わる。

〈神行事への関心〉［09-09-08］

ヌル：うちよ、ほんとに変わっていたはず。小さいときから、家も（アサギに）近いし、備瀬の行事もよく見ていたわけさ。…おばあちゃんなんかと盃して、ご馳走なんかみんなやるのを見てね、わたしも神人出てこんなにされる。これだけはよぉー、何かわからんけどね、若いときからね、わたしもこのニーヤー（門中）だから、何か神人出てね、こんなに人と交流してやるのが、これはほんとといいことだねと思ってや。わたしもこんなことやるという、これはね、ほんとに頭にあったの。…この人なんかがやるのを見たらや、「わたしもこんなにされる人になる」といって、これだけよ、しょっちゅうありよったよ。…こっち（アサギ）に親と付いて、ご馳走あるから親と付いてくるさーね。この人なんかがするのを見たらね、このご馳走、［笑いながら］たくさん前に置くから、もうこのときまで食べ物ないでしょ。だから、これ欲しさかわからんけどよ。これ欲しさかわからん。ハァー、わたしもこんな人になると思う、意志はね、ほんとありよったよ。

（3）病と天三神様

千代さんがヌルという役目を引き受けるきっかけとなったのは、小学五年生のときに生じたさまざまな身体の不調だった。

〈じんま疹と喘息〉［13-06-14］

ヌル：小さいときはちょっとは病弱でね、入院したりいろんなことしたけど、もう一年生に入学してからは何も病気というのはなくて。もう六カ年皆勤といってありよったからね。六カ年学校休まなかったらこれ表彰するのがありよったわけよ。これもう、うちは六カ年皆勤ということ頭に乗せているから。このときはね、うちははや、ちょっと変だったわけ。学校にいたらこの手よ、ほんとにこんな（腫れて）大きくなりよったよ。もう手も曲げられないでね、やったけど、六カ年皆勤のことがもう頭にあるから学校行ったら、途中でね、治りよったの。また、じんま疹といってね、顔からぜんぶしよったわけよ。で、また、向こうのユタさん（マツユタ）にね、あの人がお祓いしよったわけ。朝早く行ってお祓いさせてね、また学校に行きよったの。もうこれがずっと続いてよ。……

あとからは喘息で、もう歩けなくなるようになった、喘息で。もう喘息だったら、もう大変でしょ。喘息でね、で、病院からは気管支炎といって、もうちょっと。（隣の今帰仁村の）諸志に病院ありよったから向こうでちょっと入院したりして。もうこのときからはもう、しょっちゅうもう病院と行き帰りだったわけさ。

身体にさまざまな不調が現れても、しばらくは皆勤を目指して学校に行ったというエピソードからは、彼女の意志の強さが伝わってくる。両親は、娘の病気を治すために、隣ムラのサンジンソー（三世相、易者）に灸をさせたり、隣村の病院に入院をさせたりなど、できるかぎりの手を尽くした。身体の不調が続いた五年生のとき、マツユタからはムラのヌルとして出るようにと勧められた。

〈マツユタの忠告〉［14-05-19］

ヌル：玉城のユタさんがいらっしゃいよったでしょう。あの人にいろんなこと教えよったって。だからうちが病気してやったから、うちもう、いろんなことやりよったら、かならずあのおばあちゃんのところ行ってね、あのおばあちゃんにあれ（相談）したら、うちのもん治りよったわけ。だからまた学校に行ったり、やったから、あのおばあちゃんもうちのことわかるから。またうちとはもう、ほんと親戚みたいにあのおばあちゃんやっていたから。うちがもう、いろんなことやってから、もうヌルに出るというあれはね、「もしか出なかったら、後は大変になるよ」と言うぐらい、うちに話しよったから。またうち、喘息、いろんなことやってきたけどね、あのおばあちゃんが来たらね、この病気ぜんぶ治る。もうほんと、いろんな話したらね、うちの病気治りよった。おばあちゃんがいらっしゃるまではよ。

聞き手：あ、その、お家に来て。

ヌル：うん。かならず家に来よったわけさ。五、六年生だけど、こんな神行事のことわからんでしょう、わからんけど、このおばあちゃんが話したらね、自分の病気、ほんとに治りよった。

そして、喘息で苦しみ床に伏せっているとき、白髭の翁が枕元に立つ。

〈天三神様〉［09-09-08］

ヌル：またよ、いろんな、こんな大きい、黒いよ、本持ってきてね。（自分は）もう小さいから、何気なくだけど、この本ね、ぜんぶいちいち開けて、うちに見せる人がいたわけよ。…この人がね、よく本見せて、「この字わかるね」と言ってね、ぜーんぶ見せよったの。このときにわかった。今日持ってきたら、「天」の字ね、「これわかる」と言ったら、「よし」と言ってよ。また毎晩、このおじいちゃんが来るわけ。ちょうど水戸黄門さんのようなね、男の人が毎日わたしの枕元に来てね、うちはもうこれは怖いでしょう。怖かったから、布団よ、ほんともういま考えたらね、ほんと子どもだったねぇと思うけど。ほんとにね、座って布団被って、神様が、〔言い換えて〕この人が入らないようにといってぜんぶ（布団を）くっつけてね。しよったけど、もう毎晩来るわけさ。だからこの「天」という字やって、また翌日は「三」の字ね、またつぎは神様の「神」で、これわかって、また神様の「様」わかってね、「これだけ字読める」と言ったからね。「じゃ、これだけ読めたらいい」と言って、もうこのときからはこの人は、これだけ教えたからね、もう来なかったの、うちのところには。

だからこれ「天三神様（あまみがみさま）」だねと思ってよ、いまでももうこの天三神様というのは、いまでもずっとこれだけは考えているけど。「これだけわかったら、よし、もうヌルのね、あれは出られる」と、この人が、あれしよったの。

もうこれでね、戦争が来て、戦争で自分の病気もなんとなく治って、もうこれから病気ということはぜんぜんしないわけさ。…これからもう病気もしない、何もしなくて、風邪も引かない。これがちょうど、いまの中学はないから、高等一年といって、つぎは高等二年卒業して、すぐこの道に出たわけよ。出たからはなんのあれもなくて〔笑う〕。

1944年10月10日、沖縄列島は初めて米軍機による空襲を受ける。備瀬の浜辺から望める伊江島の飛行場もまた標的にされた。この日はちょうど、千代さんの長兄たちがお宮で「兵隊餞別（ビータイシンビチ）（入隊の報告）」の拝みをする日にあたっていた。

〈十・十空襲で喘息が消える〉〔11-08-26〕

ヌル：12（歳）に病気して、…もう戦争さーね。戦争までは生きるか死ぬかの病気かかっていたわけさ。喘息で歩いたらもう息があれするし、やったけどこの空襲が来たでしょ、一回で治りよった。うん、治った。

聞き手：空襲が来たら？

ヌル：空襲、もう十・十空襲が来たでしょ。アッサヨーイ（感嘆詞）、このときはね、ゆっくり浜にいてよ、この飛行機、みんな見た。〔大きな声で〕アーッサもう、ほんと話できないぐらいの飛行機だった。…

うちの兄さんが、長男兄さんが、いま入隊しなくて、軍服着けて、もういま入隊はしなくて。備瀬では兵隊さんが入隊するときには、銘々弁当つくってこの人の歓迎しよったわけ。ちょうどこのときだったわけさ、10月の10日。もう入隊するよというときに、アッサーイもう、この飛行機ほんとナァ、ぶつからないかねーと思うくらいの飛行機がね、もう備瀬、伊江島の上から、もう備瀬の上にね、やって来て。これがだんだん下にさがってきてね、また日本、あんなたくさんの飛行機、アメリカの種類わからんさーね、日本が勝ったといってみんなもう喜んでいるがよ、浜で見て。これがだんだん下にさがってきて、伊江島にもう爆弾がボンナイ、落としたわけ。これから逃げて、防空壕に行った。この空襲ね、ハイ伊江島残るかねーと思うくらい、爆弾。ほんと、戦争というのはこんなかねーと思った。

で、これからね、うちの病気がよ、〔治った〕。で、みんなが「なんで治ったね」と言うたから、「わたしに付いていた神様がね、天に昇った」と言った〔笑う〕。

聞き手：空襲でびっくりして？

ヌル：もう神様、わたしから抜けて天に上がったから、わたしの病気が治ったといって、みんなにこう言いおった。もう12になるけどね、12歳だったけど。治ったといってね、みんなに〔笑う〕。もうこのときからはこの喘息というのがね、まるっきり治ったわけ。

聞き手：不思議ですね。

枕元に立って「天三神様」と教えたこの白髭の翁は、「戦争だから自分は天に昇る」と言い残して去っていった。ただ、この人物が神様なのか、神様の使いなのかはわからないという。「そのおじいちゃんが天に昇るときにヌルさんの病気も持って行ってくれたんですね」と彼女に投げかけると、「うちもそう思っている」と応えた。

戦時中、千代さんは家族と一緒に嘉津宇（かつう）の山に避難した。１９４５年４月に本部半島が米軍に占領されると、「日本は戦争に負けた」と書かれたビラが飛行機で撒かれた。備瀬に戻ると、家は焼け落ちていた。伊江島と備瀬のあいだの海には無数の米軍艦船が浮かんでおり、それらを目がけて体当たりしようとする「友軍（日本軍）」の特攻機が打ち落とされるのを彼女は何度か目にしている。そのときの泣くような弱々しい音がいまも耳に残っているという。彼女は、山に避難したときも、その後に久志村大浦崎の収容所に送られたときも、ニーヤーと実家の位牌をリュックサックに入れて背負っていた。収容所ではその二つの位牌を並べ、一日と十五日にはお茶を供えて手を合わせた。

（4）ヌルとしてムラに出る

すでにふれたとおり、戦前の備瀬は謝花の公儀ヌルが管轄するムラだった。彼女は、謝花国民学校の近くの家に住んでおり、備瀬の子どもたちは、運動会の予行演習のときにはこの「ヌルパッパー」の家に芭蕉の葉に包んだ弁当を置かせてもらうのを常とした。

〈健康のために〉［09-09-08］

ヌル：（前のヌルは）備瀬の人じゃなかった。クージ（公儀）ヌルといってね、備瀬と謝花と掛け持ちしてるヌルさんがいたわけよ。うちはニーヤーだからね、またスマンペーフはうちの伯父さんだから、よくこっちにいらっしゃいよったの。だからこの人が生きているときにね、もうヌルの交代が、ヌルは謝花からはもう別個になるよということだったから。このおばあちゃんなんかがや、「もう、うちもこっち来るのにね大変だから、もう備瀬から出たらいいよ」と言ってね、うちが出る話（が持ち上がって）、いまヌルに出てはいなかったけどね。このあれまでは、このおばあちゃん元気だった。

こんなこんななかったらぜったいうちこの道には、うち出なかったよ。自分のもう健康のためでね、出たんであって。もうこの病気が、ほんとこの病気が治るんだったらや、もう出てもいいということで。うちのもう親はね、あのユタさん拝んだり、このユタさん拝んだり、もう大変だったよ。だから、ナァー、親のことはもうほんと、いくらやってももう。…だから、これに出たんであったら、普通だったらすぐ出なさいと言ったら、ぜったい出なかった。

謝花のヌルがいつ亡くなったのかは定かではないが、沖縄戦前と思われる。戦後、ヌル不在となった備瀬では、彼女がヌルになるべきとマツユタも判断していたが、ムラ全体が納得するためには他シマのユタによる判断と照合させることが求められた。そのため、区長をはじめムラの有力者、ニーヤー門中から出ている男性神役や門中のウクリー（女性神役）たちが、今帰仁の平敷や謝名など、各地のユタのもとを訪ねた。そして、その結果はいずれも彼女が出るべきとの判断だった。しかし、彼女はまだ高等小学校に在学中だったため、両親をはじめ周囲の大人たちは卒業するまでヌル就任を延期してもらうことを望んだ。そこで、「ウヌービ（御延べ、すべきことを延期させること）」ための拝みをした。

ヌルに就任するさい、区長や両親そしてマツユタが揃って、謝花のヌルの墓前にヌル就任の挨拶に出向いた。千代さん自身はその挨拶には同行せず、イモ掘りをしているようにと両親に言われ、ひとり畑に出ていた。北側の海を望む断崖に近い畑だった。

〈鷹の知らせ〉〔13-05-27〕

ヌル：うちの親もね、みんな〔謝花に〕行ったわけ。「あんたはイモ掘っておきなさいね」ということで、イモ掘りに行ったから。アッサイ、鷹が、もうほんとね、もう夢かねと思うくらい、ほんとの話だけどね。ちょうど海の、うちがいま〔耕している〕畑の後ろ側に海あるでしょ。こっちに畑があったわけさ。畑あったからね、こっちでひとりイモ掘っていたからよ。うちこんなして〔頭に〕手拭い被ってるわけさ。そしたら、頭の上でバーンと、ボンメカシて〔ぶつかって〕するから。もう、うち何もわからんわけさ。そしたら、またそば〔の畑〕には二人親子がいたわけさ。あの人が何か、……うちに投げて頭打ったんだねと思って見たら、あの人なんかもう、ぜんぜんうちに向いていないわけさ。だから、上向いたら、鷹が。エー、ほんとかねと思うぐらいだけどね、この鷹はもうまっすぐ行ったらいいけど、うちのところにこんなして傾いてや、ほんと頭下げよった。

聞き手：それ、飛んで行くときってことですか？

ヌル：うん。このままでこんなして〔頭を下げるしぐさをしながら〕飛んで行ったわけさ。うちの親なんかは謝花行ってるからや。〔鷹が〕こっち向いて見たから、もう、うちはイモも掘らないで、掘ってるだけ持ってきて、怖いからね。こっちはあまり海の上だから人もいないあれ〔畑〕だから。もう怖くて大変といって帰ってきたわけさ。

帰ってきてからね、イモ掘ってないでしょ。だから親に怒られるかねと思って、帰ってきてじきに話したわけよ、うちは。話したから、このときにはユタさんも、お家に来て。…みんなが揃ってるなかで、うちなんかが話したわけさ。もう大変だったということで話したらね、ユタさんが「ほんとはあんた連れて行くべきだったのに、うち、何考えたのか、ごめんね」と言ってよ、頭下げられたこと、もう、いつも覚えている。…

ほんともう、信用しないはずだけどね。ほんともう自分がやってね、初めて、だからいまでもね、このことはもう忘れられない。…ほんと大きなもん（鷹）だったけど。これが、アッサヨー、ほんと夢かねと思うぐらい、もう。いまでもナァー。

聞き手：その鷹は何だったんでしょうね？

ヌル：そうね〔笑う〕。ユタさんはね、「あんた、どこ向いてこの鷹は行きよったね」といって聞くわけさ。だから、「東（謝花の方角）向いて行きよった」といって話したら、「あんたは、ほんとあんたが来て向こう行って、向こうのヌルさんのところまで行ってやるべきだったのにね」と言ってよ。うち、もう、ほんともう、このときにこの鷹が来てやったのはや、夢かねと思うくらい。

この後マツユタは、鷹が当たった衝撃でマブイヌギ（魂脱げ、魂を落とした状態）になったことを心配して、魂を込めなおすマブイグミの儀礼をしてくれたという。

そして1947（昭和22）年、千代さんは、高等小学校を卒業した翌日にムラのヌルとなった。ムラの神役を引き受けることは「ムラに出る」と表現される。このときには、実家から始まって、アサギ、グシク、ニーヤーなど、備瀬の拝所すべてを巡り拝みをした。それからニーヤーの庭で盛大な祝宴となった。

当時、ムラの祭祀組織は一六名の神人によって構成されていた［図２－１］。彼女は年の若さもあってヌル就任当初は「恥ずかしい」という気持ちを抱えていたという。

〈恥ずかしさ〉［12-03-07］

ヌル：もう若いときには、ちょっと恥ずかしいと思っていたけどや、いまは何もない。このときまではほんとヨォー、もうちょっと恥ずかしかった。だけど、このおばあちゃんなんかがね、もうほんとね、行事、行事のときにはね、もう敬って、もう大変だった。うちは17、18でしょ。

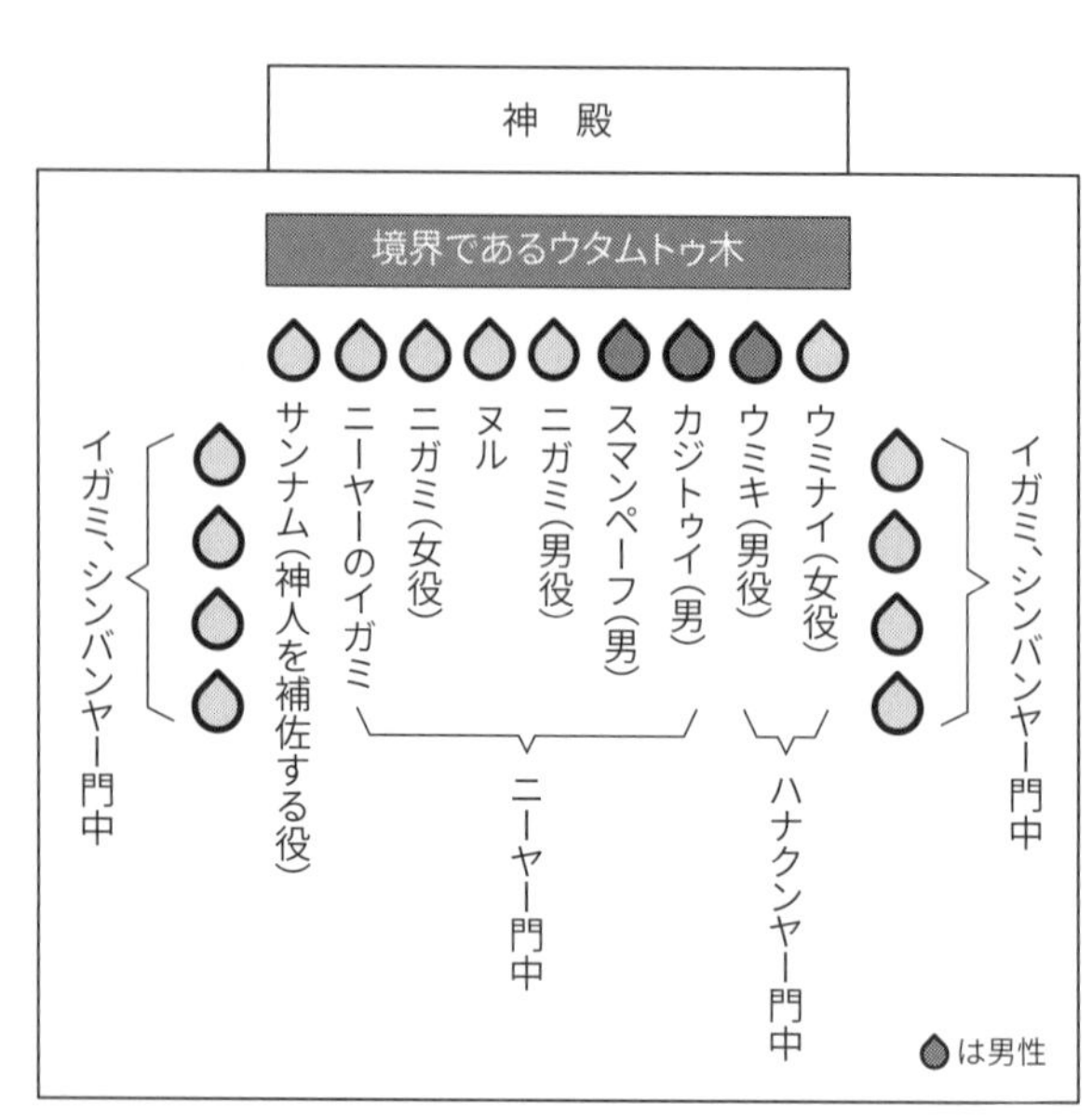

図２－１　拝殿での座順（1950〜60年代）

ほんと言葉遣いもや、年寄りに話しするようにしよった。こんなにしなくてもいいよと言うけどや。ワラビ（子ども）だからと言うけど、「うちなんかとは位変わるからや」と言って、ほんとナァ、備瀬の年寄りの人は大変だったよ、敬って。もういまはあれだけど、このときまではもうほんと。

聞き手：その恥ずかしくなくなったっていうのはどれぐらい、いつごろから？

ヌル：そうね、もう出て時期は16、17までは、あれやったけど。もう四、五カ年してからはね、なんとも思わなかった。みんなが敬うからね、敬うからや。

聞き手：そういう存在なんだと、なるほど。

ヌル：いろんなことガミガミ言ったらあれだけど、こんときまではもうほんと、もう立派に敬ってしよったからね。こんときからはなんとも思わなかった。

ムラ人たちから深く敬われる体験を繰り返すなかでヌルとしての自覚が定着し、やがて恥ずかしさは消えていった。ムラの人びとのまなざしや接し方が、ヌルとしての彼女を育てていった。

（5）結婚

20歳のころ、千代さんは隣家に住む二歳年上の栄さんと結婚した。当時、ヌルが嫁いだ夫は早死にするなどと言い伝えられていた。しかし二人は周囲の声に臆することなく一緒になった。

〈結婚への意志〉〔09-09-08〕

ヌル：もう大変だったよ。ヌルは旦那も、人とただひとりの子だけは産めるけど、嫁いでこのお家に行くということはぜったいダメといってね、もう昔から伝えられていたの。だけど、わたしはまたこんなこと考えなかった。ムラの行事はね、旦那が理解あってさせるんだったらや、いいことであるしや、また自分の子どもできないということはもう大変さね、後ないから。…

聞き手：じゃあ、昔のヌルさんは、よそに嫁いで、というのは?

ヌル：嫁ぐのはね、早く旦那が死んだり自分が死んだりするということね、もう…結婚はできなくて。〈あ、できないんだ。〉誰ひとりかとね、自分の後継ぐ子どもは、〔産む〕ことはできるんだけど、…人のお家に嫁いで行くのはぜったいダメといってよ、早く旦那が死ぬといって。もうこれが、伝えがあったわけよ。…だから、〔夫婦間の〕いざこざなくて、うちがやるように、ムラのこともいろんなことさせるんだったら、結婚してもいいとわたし自分で思ってたわけ、自分で。もう、よそからはもうぜったいできないといって、よそからはガミガミだけど、大変よーといって。またうちの旦那もね、「なんで結婚してね、早く死ぬんだったらいいよ」と、いうことで、やったわけさ。だから、いま〔夫も〕もう80もなるさね〔大きく笑う〕。

聞き手：いやー、そこは二人ですごい勇気だったんだねぇ、いい話だ〔互いに笑いあう〕。

ヌル：うちも、うちの旦那も勇気がなかったらね、ぜったいできなかったと思う。…もう自分よりね、旦那がね、「いいよ、なんで早く死んでもいい」という意志があって、やったからね。だから、〔夫もいままで〕もうなんの文句も言わないで行事ごとはぜんぶやっているんだから、これでいいかねと。

聞き手：えー、すごい話だ。

ヌル：〔笑いながら〕昔の人はね、大変だったよ、うちが結婚するということになったらね、大変よという、よそからね（口出されて）大変だったよ、やめなさいといって。だが、これが一人子どももできて、二人できてするあいだにもう。うち、長女とね、長女、次女、長男、次男するまでね、（結婚して七年間は）自分のお家だったよ。実家にいて、向こうに嫁いだのはね、その子ども（四人）できてあと。また瓦のお家、自分で造って（から）、向こうに行って、やって。いまでももう、行事ごとは（夫から）なんの文句なくてやってるんだから。

結婚して千代さんが30歳を迎えるまでに、夫婦は二女四男と、六人の子宝に恵まれた。夫は運よく渡久地の造船所に勤めることができ、彼女は夫が退職するまで三〇年余りのあいだ、毎日弁当をつくって仕事に送り出した。

3 ■ 神行事を背負う

（1）ヌル殿内を造る

千代さんがヌルとして出ると、「天三神様」のことを教えた白鬚の翁がふたたび夢に現れ、ムラのヌルとして拝むべき場所を正した。それまでは、ニーヤーのヒヌカン（火の神）を拝んでいたが、ヌルが拝むのはそこではなく、同じ敷地内にあるメーヌヤー（前の家）と呼ばれていた茅葺きの離れという。そこにはトク（床の間）だけしかなかったので、ヌルのヒヌカンとウタナを造りなさいとの指示だった［写真2－3］。

〈ヌル殿内の指示〉［12-08-09］

ヌル：（はじめのうちは）この（ニーヤーの）位牌、トク、向こう行ってウタナ（御棚）といって拝みよったわけさ。拝んだけど、うちがちょっといろんなことわかるようになったからね、もうこの水戸黄門さんの、東野英治郎だったかな、あの人にそっくりな人が、毎晩うち手引いて連れて行くのは、ニーヤーなわけさ。向こう行って、…向こうは茅葺きで戸開けて、昼はもうぜんぶ戸開けてやったから。この人が来てね、「ヌルさんはどこ拝むね?」と言ってね、「ヒヌカンさんよ」（と聞くわけ）。だから「こっち」と言って、もう自分が（ニーヤーの）拝む

写真2－3　ニーヤーとヌル殿内（正面と右手、1989年の門中の御願）

ところ言うわけさ、この人に。したらまた、「仏壇は」と言って、「仏壇はこっち拝む」。またウタナ、あれはウタナというのは（先祖の）上にお通しするところだから、「向こう拝む」と言って話をしたら、もうこれだけ終わるわけさ。「もう今日の話はこれで終わり」と言って。

また翌日いらっしゃって、また拝んだら、また（今度は）ヌル殿内に。このときまではヌル殿内といってわからんわけさ、ただメーヌヤーといって、こっちに造られていた。…この男の方がいらっしゃってね、またうち手つないでよ、こっち連れて行くわけさ、いまのヌル殿内に。「このイジョー（掛け軸の絵像）は何ね」と言って、掛け軸は女の人がね、白い着物、着物じゃなくて白い洋服よ、もう床まで長い。…だから「こっちはなんねー」と言ったら、こっちはトク。掛け軸はトクといってわかるからね、「トク」と言ったら、「じゃあ、（あっちの）ヒヌカンは門中と、ニーヤーでしょ。あんた（ヌルのヒヌカン）と一緒にできるね？」と言って、この人が聞くわけ、わたしに。うちから、ぜんぶ話させるようにこの人が聞くんだから、返答はするわけさ。だから向こう（ヌル殿内に）連れて行ったから、すぐこっちにはヒヌカンして、こっちにはトク、こっちにはまたウタナがある。この人が「よし、よし」と言って。で、これからヒヌカンとウタナを造ったわけ。

聞き手：ヒヌカンとウタナ？

ヌル：ウタナ。トクはありよったからね、掛け軸はみんな戦争でなくなしてわからんけど、（いまの）掛け軸はただ七福神の、ただあれやったんであって。ほんとは女の人がね、きれいな女の人がこんなして手を合わして、女の人が（描かれていた）。描く人がいないわけよ、だから（いまは）この七福神ただ飾ってあるんであって。このおじいさんが教えなかったらいまこのヌル殿内はなかった。教えたのぜんぶ実行して。

ヌル殿内を造るまでのいきさつについては、病床に現れた翁が「天三神様」を示したエピソードとともに繰り返し語られた。ヌルになってからふたたび夢に現れた翁の指示は、ニーヤーのヒヌカン、ウタナ、トク、そして仏壇はあくまでニーヤー門中が拝むべきもので、ムラのヌルとしてはヒヌカン、ウタナ、トクを備えたヌル殿内を造り、それらを拝みなさいというものだった[11]。つまり、ヌルの出自はニーヤー門中だが拝むのはあくまでムラ全体のことだから、そのことをきちんと区別しなさいということを教えたのだった。マツユタも、この指示とおりにするようにと彼女の実行をうながしている。その後しばらくして、ヒヌカンとウタナを備えたヌル殿内は、ムラの神行事にはかならずニーヤー出自の神人たちが集まって行事開始の拝みをする場所となった。

(2) 生活環境の変化

1964(昭和39)年に松枝さんが両ニガミのひとりとしてムラに出るさい、その過程を千代さんはヌルとして懸命に支えた。当時、松枝さんは27歳、ヌルさんは32歳だった[写真2-4]。このときから現在に至るまでの五〇年間、二人は互いに支えあいながらムラの神行事を担い続けてきた。つぎの語りあいは、ムラ人の多くが自給的な生活を送っていたころの食事の場面を描写している。話題に出てくるイモも粟も、そして豆腐をつくる大豆もすべて、自分たちの畑でとれたものだった。

〈自給の暮らし〉［12-01-25］

ヌル：夏のときには、いちおうお昼ご飯、イモ食べるでしょ。食べて、夏はちょっと休憩して畑に行きよったから。かならずしもまた3時にはね、イモたくさん持って行って、ニンニク塩漬けしたり、また砂糖漬けしたの、かならずこれ持って行ってね、食べよった。

松枝：隣のおばあちゃんたち、皆集合して。

ヌル：これもね、お家の中じゃないよ。木の下、…また、ぜんぶ集まりよったよや。…いまはナァー、扇風機もあるからもう外に出ないけど、アッサーヨーイ、粟の時期なったら、このアワメー（粟飯）食べるために、ぜんぶ庭に出てやー、食べて。

松枝：夕食食べるときよく庭に出よったね。

ヌル：夕食はぜんぶ庭で食べて。また、天気のよいときにはこっち寝ておって。星眺めて、あの星ティーチ（一つ）、ワンティーチ（わたし一つ）、…叫んでね。あの星ターチ（二つ）、ワンターチ（わたし二つ）［笑う］。

写真2-4　ムラの神人たち（前列中央が千代さん、右隣に松枝さん、1968年ごろ）

松枝：あの星一つ、わたし二つ、星二つ（と数えた）。みんな何か、結婚式とか何かあるときに、「お豆腐をお願いします」といって。豆腐、隣に各豆持って行ってね、「豆腐をつくってちょうだいね」というふうにして、集められよったのよ。そしたら、このお豆腐つくったら、身（豆腐そのもの）はもうあっちのものだから、預かったところに持って行かないといけないから。この上のクンスといって汁、汁をよ、「豆腐煮えたよー」と言って、隣近所皆呼んで。

ヌル：また、このカスはイリチャー（炒めもの）してよ、ハーッサヨイナァー。

松枝：またイモ囲んで、この上の、うわ汁を飲みながら、おしゃべりしょった［笑う］。…

ヌル：いろんなや、昔のこと考えたらいまはナァー。

松枝：ああいう光景っていうのは、たいへんよかったような気がする。「おばあ、クンス煮いとんどー（煮えてるよ）」と、隣のおばあも呼んで、みんなでこうして。

生活環境をめぐる変化は、当然、ムラの神信仰にも影響を与えた。遠い山に取りに行った薪は、各家庭で石油コンロが使われるようになると必要がなくなり、井戸への水汲みは、ムラの各家庭に水道が引かれることによって不要になった。旧暦5月5日には、井戸水の恩に感謝してムラ内のいくつかの井戸を巡るハー（井戸）拝みという神行事がある（5章参照）。その行事を終えた千代さんは、水事情にまつわる変化をつぎのように語った。シリガーは正月の若水を汲む井戸でもある。

〈井戸の拝み〉［13-06-14］

ヌル：（シリガーに集う人はかつて）いっぱい、いまはこれだけだけど（このときの参加者は神人三人および区長と手伝い二人だった）。もうほんとや、このおばあちゃんが亡くなって、いまの時代はもう水道ができたから、もうこの井戸の恩はわからんわけさ。だから、おばあちゃん時代には、ほんと南のほうもシンバーリ（北）からもね、もうほんと、銘々お重つくって、いっぱいだったよ。ずっと向こうのお家の道のところまでいっぱいだったのに。うちが（他の井戸を）拝んで来るのを待っていたの。…いっぱいだったのにナァ。このおばあちゃんたちなんかが亡くなったからもう。いまはもう、井戸の、水のご恩はわからん。みんな、銘々のお家に水道があるでしょ、だから。うちなんか、（正月の）若水はぜんぶ向こうから取ってきて。

1960年代までは、4月と6月の大御願そして9月のミャーラ御願のときには、ムラが用意した舟（サバニ）に乗ってナカリューグの下の浜からミーウガンまで渡った。波が強くてミーウガンに舟を着けられないときには、渡しの男たちが腰まで水に浸かりながら神人たちをおぶり渡してくれた。しかし、いつしか舟を出してもらうことが期待できなくなると、潮の満ち引きを考慮に入れて、自分たちで歩いて渡れる各月20日の午後にこれらの行事をおこなうことにした。

（3）新宗教と海洋博

1960年代になると新たな宗教が、ムラから中南部に働きに出た人を経由して持ち込まれ、神信仰とのあいだに摩擦を生じさせるようになった。

〈備瀬という根元〉〔10-08-26〕

ヌル：いろんなもう、A会信仰している人なんかがね、初めては大変だったよ。うちなんかにもう、どこかの先生といって〔連れて〕来て、もう一時間ぐらい、もういろんな話、ヌルが死んだら成仏しないとか、なんとかかんとかもう、大変だったよ。だったけど、うちはもう、うちの宗教があるからね。「死んでからは誰がもわからんからいいよ」と言って、うちのオヤジがもう帰したよ。「帰りなさい」と言ったら、「一時間はこっちにいるもん」と言ってね、もう大変だったけど。いまはもうどうもない。

ハッサヨー、大変だったよ、やってはじめては。もういろんな、うちなんかどんなに怒られたか。この人、男の人がやっていたわけよ。うちによ、「あんたは備瀬のヌルさーね、わたしはA会のコレ〔親指を立てる〕だからね、二人勝負しよう」と言うわけさ。「なんの勝負?」と言ったら、「誰が成功するか勝負しようね」と言ったから、「うちなんかはね、備瀬の氏神信仰して根元あるけどね、おじさんなんかはどこから持ってきたのかわからん。ただ備瀬の部落に持ってきただけで、こっちに根元はないからね、根元ない宗教は風が吹いたら飛んでいくよ」とうちが言ったわけさ。だから、この人がお経を唱えながら、ずっとうちがこう言ったから、〔うちの周りを〕回るわけさ。で、またもうひとり信仰してる人が来てよ、〔そんなことをするなとそのおじさんが〕怒られているわけさ。…大変だったけど、いまはもうあまり、信仰してる人はいるけど、もう、うちのこと言わない。「ヌルは死んだら成仏しない」と言ったけどよ。

聞き手：ひどいこと言うんですね。

ヌル：「死んだら誰がもわからないから、成仏しないかするかはわからんけど、いいよ」（と返した）。大変だったよ。いまはもうなんともないけど。…うちなんかは、備瀬という根元があるさーね。神様もこっちにいらっしゃるからもうやってるけど、「ナッター（あなたがた）は、あんたがたはなぁ、どこから来たのかわからなくて、ただ備瀬に来ただけで、こっちに根はないさね、だから、エー、ハジぷきーばやー（風が吹いたら）飛ぶんどー、飛んでいくよ」と言ったよ、この人に。だけどもう、この人なんかもう屋敷も売って。

聞き手：飛んでいったんだ。

ヌル：飛んで。アーサッイもう、だから信仰してもね、銘々の信仰さーね、だから人の信仰のもんには文句も言わないで、自分の信仰。うちなんかはうちの信仰があるから、これでいいわけだけどよ。なんで、あんなに言うかねと思うけど。うちなんかは、ぜったいこんなことは言わないけど。

1975年に開催された沖縄国際海洋博覧会[12]は、本部半島の先端にあって幹線道路からも外れていたこのムラの環境を大きく変えることになった。この国家的イベントを契機としてムラの外へと働きに出る女性たちが増え、多くの家庭が農の営みを中心とした自給的な暮らしから賃労働を頼りにした消費生活へと移行していった。つぎの区長とのやりとりは、神行事をめぐるかつての状況と現在とを比べた内容となっている。海洋博開催のとき、千代さんは43歳だった。

〈昔と今〉［11-12-18］

ヌル：ほんとナァ、いろんなことありよったけどや、いまは形だけ。この、うち出て始めのもの考えたらや、いまは形だけ。拝みもなんでも。

聞き手：形だけか。

ヌル：シニグのときにはね、アッサイモー、こっちいっぱいだったよ。エー、シニグの場合や、こっちミカンも何もない時季だからね、具志堅（隣ムラ）なんかからね、（ミカン）売りに来よった。…いっぱいだったのに、売り物する人。…このとき考えたら、いまはただニセモノよ、いまの行事は。…このときまではナァー、お宮の前から［力を込めて］いっぱい。…ほんとや、いま自分が出始めといまと考えたらな、天と地の差あるよ。

区長：この六〇年、そうとう変わってですね。

ヌル：エー、このウンサフムチモーレー（サグンジャミ）はね、夜に始まいせーやー（始まるさ）、翌日の10時すぎまで（かかった）。…ワハムンシンカね、半分ずつ分けて寝かしよったよ。翌日の男のハシチ（の準備）があるから。これ考えたらや、ハイサイもう、夢みたいよ。またあの四月大御願、六月大御願になったらね、みんな参加する人、お重つくってくるさーね、かならずしもね、お重と酒持ってきて、酒でうちに、健康（願い）あれしてや、またご馳走もや。ぜんぶいくらか受けよったから、もう来る人が置いたらお膳のいっぱいありよったよ。これ食べきれない、もう［笑い］。ナァーこのときまではもう考えられないぐらいのね、行事だった。いま16、17（歳）だから恥ずかしいさーね、けど、自分の務めだがら、この人なんかの盃もしないと。また盃、ひとりの人はね、うちの口に、飲みなさいと言って（勧めた）。

区長：〔笑いながら〕悪い教育やさ。

ヌル：〔ため息をつくように〕ほんとナァー。

聞き手：ほんとそういう行事が形でなくて実質があったというのはいつごろまで?……

ヌル：エーあれからなくなった。

区長：海洋博。

ヌル：海洋博来たから、この海洋博前まではありよった。海洋博来たからね、このみんな、お母さんなんかがぜんぶあれ、海洋博に仕事出たさね。もうこのときからちょっともう崩れて、だんだん崩れていった。〈そうか、海洋博の仕事。〉もうみんな、ぜんぶ仕事出てるからや、もうこのときからはちょっと、だんだんなくなったわけ。

このころ、穀類の稔りに感謝する行事にあわせて各家から一合ずつ徴収して供え、ヌルの労に報い捧げる「ヌルブチ（扶持）」という慣習が途絶えている。

（4）亡兄のヌジファ（抜魂儀礼）

終戦から一年ほどたったとき、宜野湾の「石部隊（第六二師団）」に入隊した長兄が「首里方面」

で戦死していたとの知らせを受けた。その後しばらくたって千代さんが30代のときに、夢にその兄が現れて、自分の魂を故郷の墓まで連れて行ってほしいと懇願した。生前、兄はヌルを務めることになる妹をいつも敬っていたという。そんな兄だからこそ、ヌルとなった自分に夢で居場所を教えたのだと彼女は考えた。

千代さんの夢に出る兄は、自転車に乗ってやってきて、自分が亡くなったのは浦添ようどれ（浦添市字仲間にある英祖王稜、ユードゥリと発音）近くの壕だと伝え、その壕に至る道順まで夢の中で具体的に示した。この夢のことを母に伝えると、すぐにでもその場所に行き兄の魂を連れてくることを望んだ。しかし、当時は子どもも小さく車もなかったために実行に移せなかった。だから、墓参りのときにはいつも「兄さんのことはいつか立派にやるからね」と手を合わせ続けてきた。亡き兄の願いを叶えるために現地でヌジファの儀礼をおこなうことができたのは、戦後四六年が過ぎた1991年、千代さんが59歳のときだった。

ヌジファとは、「居住地以外の所で客死したり戦争や事故などにより非業の死を遂げるなどした場合、死場所に憑着する当該死者の霊魂を抜きとり実家の墓地まで導き寄せて埋葬する巫俗儀礼」である。ユタなどの主導によって執行される場合が多く、死亡の場所を特定してから現地で丁重な供養儀礼をおこない、「死霊の憑依する小石や土塊を回向した線香とともに郷里へ持ち帰り、元祖代々の墓郭の中に納める」[13]。

〈夢で見せた道をなぞる〉［12-09-07］

ヌル：戦争はね、この（昭和）20年だった、だったよね、戦争は。これやって、アイナー、一カ年ぐらいなりよったかな。戦争のね、戦死といって来ていた。
聞き手：（亡くなったのは）どこだか、わからない？
ヌル：首里、首里方面といって書かれていた。だから首里方面といって。…だから、夢でよ、夢だけど、うちの兄さんがね、「わたしの遺骨はないけど、どこどこに葬られているから、こっちから、ヌジファというのがあるでしょ、やって」と言って、お願い（をした）。うちの兄さんが自転車から乗ってきて、わたしにお願いする夢見たわけさ。だから、このときまでは、うちの子どもなんかも小さいし。またどこどこの浦添のユードゥリの、もうほんとよ、夢だったけどや、（後でじっさいに行ってみたら）もうこれがほんとに自分が見たようになっているわけさ。
「あれ向こうのユードゥリのね、こっちから入ったらずっとの上に登ったら、こっちに碑文（石碑）があるから、碑文の左側に下りていったところに大きな壕があるから。向こうからわたしのね、魂もって、墓にあれして（納めて）ちょうだいよ」…と言ってよ、夢見たわけさ。だけどもう、子どもも小さいし行けなくて。
何年前になるかね、うちの姉さんもいたし、うちの妹もいて、弟なんかもみんないたからや、「まず行ってみよう」りちゃ（と言って）。「これは確かめてから、向こうからやろうね」と言って、（まずは下見に）行ったわけ。このユードゥリというところ、行ったわけさ。だから、「あんたがたは、わたしの後ろから付いておいで。わたし見たことがあるから」と言ってよ。このユードゥリから上に、大きなグスク（浦添城跡）、山だけど、道があるわけさ。この道ずっとしたら、こっちに碑文があるわけ。自分が見た碑文があるわけさ。碑文から、碑文越えてこっちの行く左にね、下りていったら壕があるからと。もう、ほんとありよった。

聞き手：〔ため息をもらす〕…

ヌル：碑文あって、碑文のそばから下りていったら、〔声を潜めて〕ありよった。もうこれほんとよ、夢ではあるけど、この自分が見たように、〔語気を強めて〕立派にありよったからや。ほんとこれナァー、うちの兄さんが魂をあれして、自分の墓に連れてあれ（欲しいと願っていたの）だねーと思ってよ。これだけはもう、どうかわからんけど、わたし、自分で見たもんだから。

聞き手：そうですね。

ヌル：これだけはほんとナァー、これたまにはあるんだねと思ってよ。

千代さんの語りを手がかりにして、私もまた、浦添市字仲間の現地を訪ねた。彼女が夢で見た碑文は「浦和の塔」と名付けられた慰霊塔だった。まさに、その塔の左手を回るようにして下っていったところ、デイゴの巨樹が枝葉を広げている下にガマ（洞窟）の入り口があった。このガマには、ディーグガマ（デイゴガマ）という名が付けられていた。入り口の案内板には、この塔が浦添村（当時）内の戦没者の霊を慰めるために村民の浄財によって1952年に建てられたこと、そして納骨堂には村内で亡くなった軍人および民間人5千人余柱が安置されていることが記されていた［写真2-5］。

兄の並里幸敬が所属した石部隊は首里西北部や中頭の防備にあたった。1945年4月1日に北谷、嘉手納、読谷あたりから沖縄島に上陸した米軍が、しだいに日本軍の司令部がある首里方面に南進してくるのにたいし、石部隊は各地で激しく抗戦しながらも後退を余儀なくされ、24日には首里に近い「仲間－前田－幸地」の浦添丘陵地に防衛ラインを敷いた[14]。その後、5月25日まで首里攻防戦が展開され、そのさなかに千代さんの兄もまた命を落としたとみられる。戦没者名簿には、同年5月22日に陸軍現役兵・歩兵として浦添の地で亡くなったことが記されている。

ヌジファをおこなうため、千代さんたち一行は日を改めて現地を再訪した。そのとき、実家の兄の位牌にこれからヌジファに向かうことをまず伝えてから浦添に向かった。そして現地に到着すると、確認ずみの壕に直行するのではなく、近くの集落（字仲間と思われる）のニーヤーを訪ね、土地の神様に来訪の意図を伝えて許しを得るための拝みをしている。その後、偶然、車を止めたところがニーヤーの前だったという。その後、供物を抱えた一行は、兄の魂を招く儀礼をおこなうために壕に向かった。

写真2-5　ディーグガマ（上部にあるのが浦和の塔、2013年）

〈ヌジファ〉[12-09-07]

ヌル：向こうのあれも通さんといかないからや、こっちニーヤー、向こうのお家も通さんといかないから。で、井戸の水ももらってきて、やった。

聞き手：その井戸はどこにあったんですか？

ヌル：あの井戸はね、もうカラなって（涸れて）いたからね、このニーヤーからね、ちょっとお水もらってきて、「やって来ましたよぉ」と言ってお兄さんのところに報告。またお重つくってね、向こうからの水ないわけ。このお家の人が教えたわけさ、どこどこといって。このお水とるんだけど、お

（壕で供えた）線香みんな（備瀬の墓に）持ってきてやった。

聞き手：お重をつくって行ったんだ。それお供えして。

ヌル：だから、うちの兄さんはタバコは吸わなかったけど、吸わなかったけど、もう兵隊さんもこっちに、たくさんいらっしゃるでしょ。だから、「タバコ吸う人はね、このタバコ吸ってちょうだい」と言ってよ、もうタバコみんなあげた。……

聞き手：その壕のところの、タバコ吸う兵隊さんもいると。

ヌル：うん。だからこっちから、自分のあれ（墓まで）にヌジファしていった人はあれだけど、こっちに残ってる人もいるはずと思ってよ。また、タバコもね、そのままやったらまたこっちに残るかといってよ。みんな火つけて銘々ね、吸ってちょうだいと言ってやった［笑う］。

聞き手：あーそうなんだ。そうか、そうだよね、その兵隊さんたちはいままでお兄さんと一緒にいて、今度はそこからお兄さんは帰っていくわけだからね。

ヌル：こっちにまた別れといって、またお重つくってね、「もうお兄さんはまたこっちから連れて行きますから」と言ってよ、このあれして。またうちなんかは、ウチハビ（打ち紙、紙銭）、グソー（あの世）のお金といってね、ウチハビあるでしょ。これみんなもう、このジーチ（土地）の神様、またこっちに残ってる人ね、みんな分けてちょうだいといってよ。たくさんまた、これもやってきたよ〔笑う〕。

聞き手：じゃ、あれなんだ。ご馳走も、そういう意味もあるんだ。その残された、そこから別れていく人たちに向けて振る舞う、供えるという意味もあるんですか。

ヌル：うん。

聞き手：なるほど、そうか。その土地の神様と、別れていく人たちと、タバコもね。

ヌル：タバコもね、またグソーのお金もぜんぶ〔笑う〕。…うちはこんなにやると思っているから、自分が思うように、タバコもやったし、またグソーのお金、これはグソーのお金と決まっているから、これもたくさんあげて。お重つくって、別れ。「今日は本部のどこどこにもう連れて行くから」と言ってね、別れ御恩といって、これみんなやってきた。

聞き手：そうか、そうか、だからもう出てこないんだね、夢にね。

ヌル：もうこのときからは、ぜんぜん見たことない。

聞き手：なるほど、そうか。そのヌジファというのは本人だけじゃなくて、そこから別れてく人たちに向けても拝むんだ。

ヌル：別れしないとね、この人なんかが、人間のようにうらやましくもやるかわからんけど、もうこれでお別れしようといってよ。ウチハビもたくさんやったしや、線香もやった。またお重も立派につくっていってね、もう今日の別れですよといってね、やった。
聞き手：それで満足してくれたんだね。
ヌル：〔笑いながら〕満足したか、これはわからんけど、これからはぜんぜん。
聞き手：出てこないというのは、そういうことですよね。
ヌル：ぜんぜん見ない。……沖縄では、これが、もうほんと、しないとグソー極楽通らんといって。いつも人（よそ）のシマで苦労させている。人のシマでいるのも、苦労させるといってね。もうだから、もっと前にやるべきだったけど、もう子どもも小さいし車もないし。もういまは、自由に銘々の車もあるから、もう行けるあれにやって。

備瀬に戻ると、壕の中で供えた線香とそこで掬った土、そして彼の地のニーヤーで汲んだ水を先祖の墓に供え、兄の魂をその墓に納める拝みをした。
千代さんたちにとってヌジファは、たんに、亡くなった場所に在る兄の魂だけに関心が向けられていたわけではなかった。兄の魂と別れ、残されてゆく者たちにも関心が向けられていた。タバコに火を点け、あの世で使うお金であるウチハビをふんだんに燃やし、そして手づくりのご馳走を詰めた重箱を供える。そうすることによって、その土地の神様や壕で亡くなった他の兵士たちの霊魂に兄との別れを納得してもらい、羨望の感情が湧きあがらないようにと細心の注意が払われていた。死者たちも、生身の「人間のようにうらやましく」思う存在として想念されていることがわかる。その具体性が一連の儀礼に反映されている。

〈思いを届かせる〉〔14-05-18〕

ヌル：亡くなった人なんかが、夢で見せたりするのはね、この人の、心の思っていること立派に拝みでやったらね、このときからはもう、この人は見えない。これさせるために亡くなった人なんか、また見えるんだって、神様もまたいろんなことするんであってね、これもう教えて、立派に自分の思ったのを通したらね、もうこれからはぜんぜん見えない。幽霊もいるかいないかということは、うちなんかでないけど、わからんけどね、この人の思いさえ通したらね、見えないよ。わたしはこう思ってるから〔笑う〕。

聞き手：お兄さんのこともね。

ヌル：もうこんな思ってるからね、うちの兄さんのこともやってあげたから、もうぜんぜん、このときからはうちの兄さんもうぜんぜんなんのあれもないからね。この人の思い届かしたら、もうこの人は、もうほんと極楽行って、…と思ってるけど。

聞き手：そうか、その思いをね、その人の思いを、通すんだ。…

ヌル：だから、うちの兄さんのもんも、うちがこれだけやってあげたから、もうぜんぜんお兄さんのあれも見えない。だから、（亡くなった人が）いろんなことして、何言うよといって、いろんな人が言うのはね、この人の思い届かさないからいつまでも見えるんであって、思い届かしたらぜったい見えません。うん、わたしはこう思ってる〔笑う〕。

聞き手：はい。思い届かせることが大事なわけですね。

（5）神のこころで行事に臨む

神行事に臨むさいに千代さんが心掛けていることは、神様の前ではぜったいに怒らないということである。行事に参加する神人がまだ多かったころ、いつも融和的に行事を進めることができたわけではなかった。なかには自分のやり方の正当性を一方的に主張して、ヌルやニガミを非難する者もいた。そんなときには「神のこころ」で臨むという姿勢をつらぬいた。この姿勢でいれば、相手の理不尽な主張も受け流すことができ、喧嘩にもならない。これは神様から教えられたことだという。

〈神のこころ〉［11-08-26］

ヌル：神様にね、行事ごとに行くときには、神のこころ、カミグクルもちなさいといってね。神様は怒らんて。だから、このこころもって拝んだら、誰が言ってもね、もうカミグクルもっていたらね、誰が言っても聞かない。だから喧嘩もしない。何もしないでね、通るから、カミグクルもって。……こころが悪かったらもう、あの人ともあの人とも喧嘩するさ。だからもう、行事ごとはね、備瀬の行事のときにはいろんなあれ、備瀬ではいろんな行事があって、いろんな人がいらっしゃるさぁね。だからこのときにはね、もうかならずしもカミグクル、神のこころ、カミグクルむっちー（もって）、お祈りはしなさいって。人のヤナグチ（悪口）は聞かないでといってね。これ聞いたら、また悪くなるさーね。もう聞かないで、〔手を軽くパンパンと二度叩き、合わせる拝みしぐさをしながら〕神のこころもちなさいって。

聞き手：カミグクルっていうんだ。

ヌル：カミグクル。

聞き手：いいことばですね。

ヌル：ちゃー、カミグクル、もたしみそーれーりちゃ（いつも神のこころもたせてくださいと言って）。…何ひとつ、ヤナグチ、オオグチ（大口）ってあるから、これしないで、神ごころもって、行事はしなさいといって、こう教えられてるからや。神ごころはいいもんだったか、これもわからんけどね、神ごころもたせてちょうだいと言って。よその人のヤナグチ、オオグチは聞かないで。だから、もう、行事ごとには冗談はして笑うけどね、あれはしない。人とのいざこざはしない。

聞き手：カミグクル、もたしみそーれー、いいことばですね〔ヌルさん、笑う〕。…

ヌル：だから、また、行事ごとに人といざこざしたら大変さね、神様の前で。

聞き手：そうですよね、神様の前だからね。

千代さんは、つねに神のまなざしを感じながら自分自身の行動を律している。たとえ誰も見ていない状況であっても、神様だけは見ている。このような神様のまなざしは「頭に刻み込まれている」から、悪いことはできないと力を込める。

〈欲はもっても悪はとるな〉〔12-08-09〕

ヌル：うちが考えたら、ほんと神の信仰するんだったら、なんの欲もなくて、もうほんと立派にやるのが神様信仰した手本と思ってるけどよ、なかにはもう悪い人もいるよ。自分も悪い人かわからんけどね、こんな人がいる。

聞き手：うーーん。……

ヌル：だからもう、ほんとは人間はね、誰がも見なくても神様は見ていらっしゃるんだから、あまりナァー、欲張りなことはするなよ〔笑う〕。

聞き手：そうですね、はい、はい。

ヌル：ほんとよ。

聞き手：そうですね。そうですよね、神様が見てるんですよね。

ヌル：誰がも見ないけどね、神様は見るんだよ。信仰しない人は、もうどう思ってるかはわからんけど。もう自分は悪いことしたら、神様が見ているよ、見ていらっしゃるよという、もう頭に刻み込まれているから、ぜったい悪いことしない。だから、子どもなんかにも、「欲はもっても悪はとるなよ」と〔笑う〕。もうだいたいの人、欲のあるところはあるでしょう。でも、悪というものもう大変でしょ。悪はとるなよ。

聞き手：なるほどね、欲を完全になくすということ人間なかなかね、できないでしょうからね。

ヌル：うん。

ひとりの人間も、ひとつのムラも、善も悪も抱え込んでいる。だからこそ、悪への傾きを抑制するためには倫理が必要となる。倫理は信仰によって導かれる。ヌルさんにとって信仰は、生活の土台を築いてくれた先祖を敬い、自然に宿る神々に手を合わせる神信仰である。神々や先祖のまなざしをつねに感じることで、自分の振る舞いを省み、律する。その気配を身近に感じながら自分の歩むべき道を定める。

かつて一六名の神人たちによって構成されていたムラの祭祀組織は現在三名となり、千代さんたち残った神人は「後継者はもう出ないかもしれない」と口を揃える。いまの時代、相談事に応えることで収入が得られるユタになる人はいても、なんの報酬も見込めないムラの神人になる人はいない。そう嘆きながらもヌルさん自身は、これまで神信仰をしなければよかったと思ったことはないと強調する。

〈神信仰のこれから〉［14-01-25］

ヌル：どこにもない拝み（行事）がもう備瀬ではいっぱいあるから。

聞き手：そうですねぇ。

ヌル：何ひとつ昔のもの、やめたのはないけどね。もうどうなるかわからんけど［笑う］。

聞き手：だからね、ぜひね、ほんとに続けていただいて。

ヌル：うちが、いるまでは続けていくはずだけど、もう三名が、元気のときにはできるけど、もう後々、出る人も、いないかいるか、もう。〈ねぇー。〉もういまの人は、こんなもんに出なさいといったら、もうお金儲かるユタさんにみんなが行くからや、もう出る人いないよ。…もういまの人は出ない。ユタさんには出るけどね、これには出ない。

聞き手：そうか。

ヌル：うちはもう、ほんと病も喘息もやって、もう歩けないくらいやって初めて（ヌルとして出た）。もうこのときまではユタさんということもあまりわからんから。

聞き手：小さいからね。

ヌル：やったんだけど。ほんと学校歩くときからもうこんな、〔笑いながら〕いま考えたらもう、できるかねぇと思っていたけれどね。お家の人がね、親がね、やらんとぜったいできない。もう、うちのときまでは、区長、このときまでは、みんな信仰が強かったから、区長さんなんかもね、ぜんぶユタンヤー（ユタの家）行ったり、いろんなこと拝んできてやりよったけど、いまなったら、できない。ほんと自分のやったことを考えたら、もう入院したり、ナァー、いろんなことやって初めてやったんだから。だけど、もう健康で〔笑う〕。これやって、やらなかったほうがいいかねーと思ったことはない。もうやって、家庭が円満で、あれしたらね、もう、これでいいと思ってる〔笑う〕。

聞き手：そうですよね、もうヌルさんたちがこうやって拝み続けてるから、備瀬は備瀬なんですよね。そう思いますよ。

ヌル：だから、備瀬の人なんかが、よく文句も言わないで、うちに、「ヌルさん」と言ってやるんだから。文句言われたら大変だけど、誰ひとり文句言う人もいないで、もう、うちが言うのスムーズにやっているんだから、これでいいと思ってる〔笑う〕。もう神信仰しない人がはどう考えてるかはわからないけれどね、ほんとナァー、目にも見えないで手にも取れないことだけどね。

ムラは神行事にかかる費用を祭典費として字（区）の予算に組み入れてはいるが、神人たちはその他に、手づくりのお重を持参して供え拝む行事も多い。これらにかかる労力と費用は自前である[15]。彼女の神信仰についての語りにはいつも、夫をはじめ、家族の支えと協力があってこそ現在まで続けることができたと感謝のことばが繰り返される。

〈家族の支え〉［11-08-26］
ヌル：こんなに（病気を）やってるんだから、この神様にいまでもやってるんであって、普通何にもしないではぜったいしなかったはずよ。もう自分に、もう見せられていろんなことやってるんだから。これに出て、なんの一銭の給料もなくて、自分持参で弁当もつくっていってやるんだから、もうほんと、うちのオヤジ（夫）がよっぽどだからできるんであって、なかなかだはずよ。
聞き手：いやー、ほんとですね。栄さんがね。
ヌル：また自分の子どもなんかも、小さいときからナァーあれだけど、夜の（行事）、こんなやったらご飯も自分で食べさせて、やって誰ひとり、親に向かってなんとも言わないからね。
聞き手：そうなんだ、みんなね。
ヌル：家族が理解あるからやるんであって、何ひとつあれしたらできない。

4■ムラが生み、ムラを守る神人

(1)ムラの意志を導いた夢

千代さんがムラで生まれヌルとしてムラに出るに至った1930~40年代は、かつて国の制度に組み込まれていた公儀ヌルの伝統はまだ残りつつも、その権威がしだいに薄まりゆく時代状況にあった。備瀬の場合、それまでムラの祭祀を管轄していた謝花の元公儀ヌルが亡くなったのをきっかけとして、ムラの祭祀組織が一気に弱体化する可能性もあった。しかし実際にはそうはならず、ヌルの不在は解消されるべき事態として受けとめられ、ムラのヌルを送り出すという方向にムラの人たちの思いが集約されていった。戦中戦後の混乱状態のなかにあったがゆえに、ムラ人たちは神信仰を拠り所にしたのかもしれない。彼女は、こうしたムラの強い神信仰に支えられて、公儀ヌルの時代の後に備瀬のヌルとなった。

また、ムラ自前のヌルとして彼女を送り出すという方向にムラの意志が収斂していったのは、この結着を予感させるような雰囲気がすでに醸成されていたことも大きく作用していた。そしてその雰囲気がムラ全体に浸透するきっかけをつくったのは、夢という媒体だった。まずは、千代さんを身ごもった母親が見せられた夢であった。流産が続いていた母親は、お腹の中の赤子を堕ろそうとする一歩を踏み出したとき、夢の中で「備瀬の人ぜんぶから拝まれる女の子ができるから流産させるなよ」という声を繰り返し聞いた。心配になった母親が相談したマッユタも、「夢で見せられたとおり、流産させるな」と助言した。そしてお腹の子が無事に生まれたとき、神のことに敏感な老婆が母親の見た夢に呼応するかのように、「シマの人に拝まれる子ができた」とムラ中にふれまわり、マッユタもまた「この子は後々ヌルになる子だからあまりやたらに扱うな」と忠告した。これら一連の出来事を通して、生まれ落ちた女の子は将来ムラのヌルとなるという見立てがムラの人たちに撒かれた。

そして二つ目の夢は、病床にあった彼女自身が見た夢だった。小学五年生になった彼女は、原因不明の手のむくみやじんま疹に悩まされ、さらには「生きるか死ぬか」というほどの喘息に苦しめられた。続けざまに現れる彼女の身体不調を受けて、マッユタは「ヌルとしてムラに出なければ後は大変になる」と言い、この病はヌルになるべき知らせであると告げた。千代さん自身もまた、神信仰に篤い人が見舞いに来ると一時的に病状が収まることを体験して、自分の変調が神信仰と関連があることを感じていた。

病に苦しむ夢枕に現れた白髭の翁は、「天・三・神・様」と一晩に一文字ずつ読ませ、「これだけ読めたらヌルに出られる」と言い残し、戦争になると天に昇っていった。彼女は、この翁のことばを神様のお告げと受けとめ、ヌルになることを受け入れた。それは何より病から解放されたいとの一心で、病気が治るのならばヌルに出てもいいと考えたからだった。彼女は、病気にならなければ「ぜったいヌルに出なかった」と幾度も強調した[16]。ともあれ、彼女を襲った身体の変調をたんなる病気として片付けるのではなく、ムラのヌルになるべき予兆として受けとめる周囲のまなざしのなかで、この夢を見せられたといえる。親は娘の病にたいして、ユタにハンジを求めるだけでなく、サンジンソーによる伝統治療を試みたり、隣村の近代病院に入院させたりするなどのさまざまな対処行動をとっている。そうした試行錯誤を経て、これは医者にゆだねるべき病気というよりもムラのヌルになるべき知らせである、との見立てを受容していったにちがいない。こうして、彼女の病は個人内に閉じた現象としてみるのではなく、カミゴト[17]として、またムラ全体にかかわるムラゴトとして、位置づけられていった。

ムラのヌルを生み出す産婆役として、マツユタが果たした役割の大きさは改めて指摘するまでもない。しかし、彼女をヌルとして送り出すことをムラの総意とするには、事情に通じたこのユタの判断だけでは不十分であった。そのため、区長をはじめとするムラの有力者たちは、ニーヤー門中から出ているムラの男性神役や門中のウクリー（女性神役）とともに、近隣他シマのユタを訪ねてハンジを求めた。その結果はいずれも、ニーヤー門中からヌルが出るべきでありそれは彼女を置いて他にはない、というものだった。このような幾重もの確認作業を経てムラの意志はひとつにまとまっていった。

そして彼女がヌルとしてムラに出たのち、「天三神様」を教えた先の翁がふたたび彼女の夢に現れて、ヌルが拝むべき場所を正すことになる。それまで、ムラの行事のさいにヌルは、ニーヤーのヒヌカン、ウタナ、トク、仏壇を拝んでいた。しかし翁の教示は、ニーヤーのヒヌカンなどは、あくまでニーヤー門中のウクリーが拝むべきもので、ムラのヌルはヒヌカン、ウタナ、トクを備えたヌル殿内を造ってそれらを拝みなさい、というものだった。この教示は、ヌルはニーヤー門中から出てはいるがムラ全体のことを拝むのだから、両者をきちんと区別しなければならないという意味だった。マツユタもこの指示のとおりにするようにと彼女の実行をうながしている。

千代さんはこれまで、この「ヌル殿内」の夢を幾度となく語ったが、彼女がこの夢のことにふれるのはいつも、先の「天三神様」の夢について語った後だった。この「ヌル殿内」の夢をいつ見たのかについては特定することはできないが、「天三神様」の夢が戦中期に見られたのにたいし、「ヌル殿内」の夢を見たのは戦後ヌルになってからである。彼女が、時間をおいて見たはずの夢を一連のものとして語るのは、ヌルになる過程においてこの二つの夢がいかに重要であったかということを物語っている。公儀ヌルが配置されていたムラのみにあるヌルヒヌカンを備えたヌル殿内を自分たちのムラに造ったとき、ムラ自前のヌル制度が完成したといえる。

ヌル殿内はいま、ムラの神行事のときにはかならず三人の神人が集まり行事開始の拝みをする場所となっている。ニーヤーでの拝みはニガミとイガミ中心でおこない、ヌルのかかわりはあくまで副次的なものにとどまる。そして、ヌル殿内での拝みはヌルが主導する。ただ、ヒヌカンはヌル、ウタナはニガミ、トクはイガミというそれぞれの担当を決めて、三人すべてがかかわれるような配慮がなされている。毎月一日と十五日のヌル殿内の拝みでは、このウタナからグシク山とミーウガン（竜宮）にお通しをする。

（2）周囲の変化と神のまなざし

ヌルとしてムラに出た当初、千代さんは、神行事に集まってくる年配の女性たちが年若い自分をたいそう敬う姿勢に戸惑いと気恥ずかしさを感じていた。こうした感情は、敬うべき存在として自分を位置づける周囲の認識と十代半ばだった彼女自身の自己認識とのずれから生じていた。しかし、行事のたびにムラ人からの盃を受け、それぞれが持参した重箱のご馳走を自分のお膳に載せてもらうといった、ヌルとして敬われる経験を重ねるなかで、やがてムラのヌルという自己認識が定着し、そうした感情は消えていった。周囲のまなざしを受けとめながらヌルとしての自分を形成していったといえる。一方で彼女が、従来のヌルのイメージに倣うだけではない強い主体性を発揮したのは、結婚という人生の重大局面だった。「ヌルは結婚したら夫や自分が早死にする」という俗信に従うことなく、周囲の反対を押し切って好きあった者どうし一緒になった。そして、二人の「勇気」あるこの決断の行方は、六人の子を産み育てながら瓦屋根の家を建てるといった堅実な家庭としてムラ人たちに示された。こうした一連の歩みは、ムラ共同体がいくつもの手順をふみながら彼女がヌルになるべき存在であるとして認め受け入れ、彼女もまた自分の意志をつらぬきながらムラ共同体のヌルであることを引き受けるという相互承認が成り立ってゆく過程といえた。こうして、ムラのヌルとして生きるという彼女のアイデンティティが確立されていった[18]。

ところが、1970年代あたりを境にしてムラの生活環境が変化するにともなって、周囲のまなざしにも変化がみられるようになった。外来の宗教というヨソガミを信仰する人たちが現れると、ムラ人の総意でヌル扶持を捧げる足並みにも乱れが生じ、この慣習はやがて途絶えた。また海洋博を契機にムラ外に職場を求める女性たちが増えると、ムラ内での農の営みを中心とした職住一体の暮らしを営む人は少数派となり、離れた住居と職場とのあいだを車で往復するような生活スタイルが主流になっていった。その結果、ムラの稔りを土地の神に祈る姿勢も薄らいでいった。後続の世代はしだいに神信仰を相対化するまなざしを身につけ、神信仰でムラがひとつにまとまるという一元的な世界が崩れていった。したがって、神人たちが嘆く後継者が出ないというムラの現状は、神信仰を支える社会的基盤が失われつつあるなかで生じてきた事態といえる。

〈まなざしの変化〉［13-08-26］

ヌル：六月（大御願）にはね、かならずお重（をみんなが持ってきた）。盃して、またお重も自分のもんから一つ二つ、うちに、あのお膳に載せてよ。ほんともう、いらっしゃる人ぜんぶだから、お膳のいっぱい、みんな…あげよったのに。ほんともう、このときまでは、ほんとの神の信仰というのね、このおばあちゃんなんかがほんともう、神信仰ありよったけど。いまはもう、ない［笑う］。

神行事のときに神人を補佐する輪番制も乱れていった。ムラの年配女性が順番で担うサンナムは、年間を通して一人が務めたが、いまは引き受け手を探すのが困難になった。一週間続く七月行事のときに神人の手足となる雑用係のシニグワハムンは、仕事を理由に断る人が多くその人選には区長がいつも頭を悩ませている。このような変化のなかで、神人たちは行事の進行そのものを司るだけでなく、その準備段階にも献身的にかかわることで、年間二〇を超える行事を途絶えさせることなく、また従来のやり方をできるだけ変えずに続けている。もちろん、千代さんが幾度も強調した家族の理解と協力がこうした営みを支えている。

それでも、神人たちが背負う神行事にかかわる費用はいまも、祭典費としてムラ（備瀬区）の予算に織り込まれ、供物代はムラ人が平等に負担するかたちになっている。四月や六月の大御願のさいには、以前に比べれば参加者はずいぶんと減ったが、二〇人余りのムラ人たちが思い思いの重箱や弁当を持参して集まってくる。かつてとは違い、「おばあちゃん」たちよりも中高年の男性たちの参加がむしろ目立つのが最近の大御願の傾向である。だから、ヌルをはじめとする神人たちに向けられる敬いのまなざしは以前に比べだいぶ薄まったとはいえ、消えてしまったわけではない。千代さんは、神信仰について以前とは「天と地の差」があるとしながらも、「備瀬の人がよく文句も言わないで、うちに、「ヌルさん」と言ってやるんだから。文句言われたら大変だけど、誰ひとり文句言う人もいないで、もう、うちが言うのスムーズにやっているんだから、これでいいと思ってる」と、自分に言い聞かせるかのように語る。

いま辿ってみたように周囲の人びとのまなざしに変化はみられても、千代さんを揺るぎなく支えているもうひとつのまなざしがある。それは、彼女の深いところに内在化された神様のまなざしである。彼女は、「誰も見ていなくても神様は見ているということは、頭に刻み込まれている」と言う。行事のときは神様を見習って「カミグクル（神のこころ）」をもって臨み、神様の前ではけっして怒らないようにと心掛けている。神様のまなざしはつねに彼女の振る舞いを律し、とるべき行動をときに夢の中で伝えてきた。千代さんは、神様のまなざしを受けとめながら、いまもヌルとしての務めを果たし続けていることへの自負を口にする。「備瀬は昔からの行事はひとつも捨てたことはない、ぜんぶやっている。いつまで続くかわからんけど。だけど、自分が生きているあいだは立派にやる」。

(3) 根の場所をなぞる

いま、千代さんには神様のまなざしがしっかりと内在化されていることを指摘した。彼女が、神様が自分を見ていることは「頭に刻み込まれている」と言うとき、いつどこにあっても神様のまなざしを感じているとそのことばどおりに理解してよいのだろう。しかしその一方で、神行事のさいに「神のこころ」で臨み、「人といざこざしたら大変さね、神様の前で」という姿勢からは、たんに神様のまなざしが彼女の中に取り込まれているというだけではなくて、時と場所に応じて神様の存在が濃淡を変えながら感受されていることが伝わる。すなわち、神衣装を着けてムラの拝所に臨むときこそは、他の場面よりも強く神様のまなざしや気配が感じられている。

ムラの神行事は、それぞれの行事によって巡るべき拝所が定められている。たとえば、年頭の初御願と年末のプトゥチ(解き)御願のとき、神人たちはヌル殿内に集まって行事開始の拝みをすると、グシク山→アサギ→ナカリューグと順に拝み、クビルからミーウガンを遥拝(お通し)して、ふたたびアサギに戻り、ヌル殿内で結びの拝みをする(それぞれの位置については図1-1、14頁を参照のこと)。4月や6月の大御願では、ヌル殿内からアサギ→ナカリューグと拝んでからミーウガンに渡って島内三カ所の拝所を巡り、クビルで神人たちを待つムラ人たちと合流する。こうしておもだった神行事のさいに拝む場所をなぞってみてわかるように、アサギを中心として、グシク山、ナカリューグ、ミーウガンという四つの場所は、いわばムラの根っこともいえるような神々と深くつなが

写真2-6　ナカリューグの神人たち（2015年初御願）

る拝所である［写真2-6］。

　そして年間二〇を超える神行事全体を見渡せば、神人たちが拝む場所はさらに多彩である［表2-1］。しかし、これらすべての場所が以前と変わらない姿をいまもとどめているわけではない。井戸の拝みの最後に拝むシリガーの周囲は土地改良事業によって畑の形が変わった。かつて引き潮のときに飲み水を汲むことのできた浜辺の井戸（パマガー）は、海洋博のときにイノーを埋め立てた人工ビーチが造られるとコンクリート枠で囲われ蓋をされた一角となり、こんこんと水が湧いていたというかつての面影は完全に失われた。また、七月行事の初日ウプユミマーでニガミはマーウイ（馬場）下の浜で舟を漕ぎ出す所作を繰り返してから手を合わせるのだが、この浜はコンクリートの護岸によって海と分断された。大御願のさいミーウガンでの拝みを終えて神人一行を迎えるクビルは、かつては砂地の広場だったがアスファルトが覆う観光客向けの駐車場へと姿を変えた。マーウイもその後を追った。ウイガーやガンヤーガマのある段丘崖の周辺は、海洋博のさいに遊園地となり、さらに近年12階建てのホテルの

表2-1　神行事の場所

旧暦	日	行事名	拝みの場所
1月	1日	正月	ニーヤー→アサギ（お宮）→ナカリューグ（中竜宮）
	3日	初御願	アサギ→グシク山→ナカリューグ→クビル
2月	15日後の吉日	二月ウマチー	アサギ
3月	23日	ムラシーミー（清明）	ガンヤーガマ（アサギンシリー）の墓2カ所、タマサ（ニーヤー）の墓
	15日後の吉日	ウバンジュミ	ヌル殿内→ニーヤー→アサギ
4月	20日	四月大御願	アサギ→ヌル殿内→ナカリューグ→ミーウガン（3カ所）→クビル
5月	5日	ハー拝み	アサギ→井戸①ニーガー②パマガー③ウィガー④シリガー
6月	20日	六月大御願	アサギ→殿内→ナカリューグ→ミーウガン（3カ所）→クビル
7月	26日	ウバンジュミ	ヌル殿内→ニーヤー→アサギ
	20日	ウプユミマー	アサギ→アサギ庭→マーウイ下の舟揚場
	22日	サグンジャミ	アサギ→集落内の各家をまわる、最後はニーヤー
	23日	男のハシチ	アサギンシリーでハシチを炊く→男はアサギ庭、神人はヌル殿内
	24日	女のハシチ	ニーヤーでハシチを炊く→アサギ→ニーヤーとヌル殿内
	25日	シニグ	アサギ、①ニーヤー②ミチルバヤー③ヤマグシクヤー④アサギンシリー
	26日	タムトノーイ	アサギ→ニーヤーとヌル殿内→アサギ
8月	10日	神御願	アサギ
	日取り	彼岸	グシク山の墓所（かつては桃原・浜元方面の墓所も）
9月	20日	ミャーラ御願	アサギ→ヌル殿内→ナカリューグ→クビル
10月	20日後の吉日	キトウ御願	マーウイ（馬場）、ミジパイ（排水溝）で男が芭蕉葉で作った舟を流す
11月	冬至前の吉日	ウンネー	アサギ→男はウンネークブ→アサギ
12月	24日	プトゥチ御願	アサギ→グシク山→ナカリューグ→クビル

注：各行事において、ヌル殿内で開始と終了の拝みをするが表中では省略

建つ敷地としてふたたび囲まれた。しかし、このように周囲の景観が変わっても、千代さんを中心とする三人の神人は変わることなく行事のたびにそれらの拝所に足を運び、手を合わせている。彼女たちが拝み続けるその行為によって、これらの場所に込められた意味が瀬戸際のところで伝えられてきた。

行事のたびに神人たちがムラ内の拝所をなぞり続けるこれらの行為によって、ムラの神々や先祖とのつながりを感じられる場所がそのたびに整えられ、近代的な所有とはまた別のかたちでムラの共同の場所（コモンズ）[19]としての位置づけが保たれている。ムラの人たちはこれらの場所に包まれながら、他のどこでもないこの土地に生きる「ビシンチュ（備瀬の人）」としての日常を送ることができている。

注

[1] 高梨一美（2000）「ヌル」福田アジオ・新谷尚紀・湯川洋司・神田より子・中込睦子・渡邊欣雄（編）『日本民俗大辞典・下』吉川弘文館、299頁。

[2] 宮城栄昌（1979）『沖縄のノロの研究』吉川弘文館、153頁。

[3] 前掲『沖縄のノロの研究』、483-494頁。

[4] 伊波普猷・東恩納寛惇・横山重（編）（1940）『琉球資料叢書・第二』名取書店、454-466頁。

[5] 本部町は、18世紀初頭以降の本部間切時代から存続する古集落が15ある。これらを対象にして年中祭祀の執行状況を把握するための聞きとり調査を実施した。その結果、以下の三タイプに分類できた（2018年現在）。I型：神人が祭祀を主導（備瀬、伊豆味、辺名地、渡久地、瀬底、崎本部、謝花の七集落）、II型：神人不在のため区長や書記が

代行（浜元、具志堅、伊野波、並里の四集落）、Ⅲ型：神人が不在のため住民が輪番で執行（浦崎、健堅、石嘉波の三集落）、その他、嘉津宇については未確認。調査前には、神人が不在となると年中祭祀の衰退が加速することを予想していたが、Ⅰ型以外でも一部省略を含みながら、現時点では祭祀を継続する集落がほとんどであった。

[6] 社会心理学分野からユタを対象にした包括的研究に、大橋英寿（1998）『沖縄シャーマニズムの社会心理学的研究』弘文堂、がある。

[7] 桜井徳太郎（1973）『沖縄のシャマニズム』弘文堂、143-144頁。佐々木宏幹（1980）『シャーマニズム：エクスタシーと憑霊の文化』弘文堂、143-144頁。

[8] 桜井徳太郎（1979）「沖縄民俗宗教の核――祝女（ノロ）イズムと巫女（ユタ）イズム」沖縄文化研究6、107-147頁。

[9] 前掲『沖縄のシャマニズム』、29-59頁および138-141頁において、生前の玉城マツを含む備瀬在住のユタの巫業について紹介されている。

[10] 島尻勝太郎（1983）「程順則」『沖縄大百科事典・中』沖縄タイムス社、840-841頁。安田和男（2009）『名護親方・程順則の〈琉球いろは歌〉』ボーダーインク、を参照。

[11] 『琉球国由来記』（1713年）によれば、公儀ヌルが配置されなかった備瀬には「巫火神」（ヌルヒヌカン）はなく、「根所火神」において「謝花巫」（謝花ヌル）が祭祀をおこなうと記されている。前掲『琉球資料叢書・第二』、461頁。

[12] 1975（昭和50）年7月20日から6カ月間、本部半島で開催された国際博覧会（特別博）で、メインテーマは「海――その望ましい未来」。備瀬の南端も会場となり、1973年3月から始まった建設工事によって周囲の景観は大きく変容した。本部町における15歳以上の全就業者数および建設業従事者数（構成比）の推移をみてみると、海洋博前の1970年には6725人中394人（5・9％）だったが、海洋博開催時の1975年には8240人中751人（9・1％）へと急増し、さらに1980年には6473人中951人（14・7％）となっている。なお、海洋博の会場は、会期後に国営の海洋博記念公園として整備、運営されており、現在では2002年に開館した新水族館を目当てに多くの観光客が訪れる。

[13] 桜井徳太郎（1983）「ヌジファ」『沖縄大百科事典・下』沖縄タイムス社、144-145頁。
[14] 玉木伸哲（1983）「石部隊」『沖縄大百科事典・上』沖縄タイムス社、179頁。
[15] リーブラは1962年の時点において、カミンチュがしだいに一般の支持を得られなくなったムラでは、儀式にかかる諸経費をカミンチュ自身が負担しなければならない、と記している。W・P・リーブラ（崎原貢・崎原正子訳）（1974）『沖縄の宗教と社会構造』弘文堂、106頁。
[16] 津波は1982年の報告において、沖縄島北部名護市の川上集落ではカミンチュ全員が「体の健康のため（カラタヌタミ）」にカミンチュとなったことにふれている。津波高志（1990）「祭司組織の変化と民間巫者」『沖縄社会民俗学ノート』第一書房、125-149頁。
[17] 沖縄社会においては、危機的状況にある病者に対して、「イシャゴト」（医者の領分）とみる眼と「カミゴト」（ユタの領分）とみる眼が、家族や近親者のあいだで、また個人の中で併存することにより、多様な対処行動がとられる。「ヘルス・ケア・システムをめぐる病者と家族の対処行動」前掲『沖縄シャーマニズムの社会心理学的研究』弘文堂、461-549頁。
[18] E・H・Erikson（1968）*Identity: Youth and Crisis.* W. W. Norton & Company. p.22.（エリク・H・エリクソン（2017）『アイデンティティ』中島由恵訳、新曜社、12頁）
[19] イリイチは、産業化による商品経済の波及にともない、コモンズが囲い込まれることによって資源へと変質することを指摘している。I・イリイチ（1999）『生きる思想』桜井直文監訳、藤原書店。

3章 都市とムラを結ぶ踊りの輪――2009〜15年のシニグ

1 踊り手たちのシニグ

(1) 2007年のシニグ

本章ではふたたび七月行事を取り上げる。1章では神人たちの営みに密着したが、ここでは行事の山場である神前舞踊の輪をつくる女性たちの動きを追いたい。はじめに一連の調査に着手する前の2007年のシニグの様子を紹介することからはじめよう。

旧暦7月22日の午前中、付き合いの長いフミさん(86)を訪ねると、座敷でひとり椅子に座っていた彼女は、「寂しかったからよかったさ。寂しいのがいちばんの病」と笑顔で迎えてくれる。蒸かした紅イモをご馳走になりながら、つれづれなるままに話を伺う。やがて彼女は三日後に迫ったシニグを話題にして、那覇に住むミエ子さんが来られるかどうか確認するための電話をかけるようにとうながした。電話口のミエ子さんは三人姉妹揃って参加すると答えたので、その旨伝えると、フミさんは嬉しそうな表情を見せた。彼女もまた数年前までウシデークの熱心な踊り手だった。

この年のシニグは、ムラで不幸が続いたこともあって、大正から昭和一桁生まれのウタムチ（シニグ節の歌い手）の参加があまり見込めず、フミさんが「シニグの親分」と呼んだ玉城チヨさん（89）もまた、姉を亡くして踊ることのできない身にあった。そんな事情を受けて彼女は、ミエ子さん（87）が参加するのかを気にしていたのだ。前章の冒頭にも登場したミエ子さんは、那覇の新天地市場で衣料品店を営む傍ら備瀬の神人を務めてきた人で、しばらく那覇の郷友会婦人部の面々をシニグにつなぐ役目を担ってきた。そして当日、ミエ子さんは妹たちとともにシニグに参加した。

9月6日（旧暦7月25日）シニグ当日

午前中のアサギでは、本番のことを案じるキヨさん（80）たち四人の姿があった。お昼時にヌル殿内で、シニグ節を吹き込んだテープを使っての歌合わせをする。チヨさんという指導役が不在の中、ニガミの松枝さんが手踊りを指導する。

14時前にふたたびアサギに出向くと、ミエ子さんたちが到着していた。歌、チヂン（柄の付いた小太鼓）を合わせる練習を始める。よきモデルが不在のため、それぞれが見よう見まねで手を上げバチを叩くため、なかなか合わない。一時散会して皆着替えに行く。17時前、アサギでの拝みの後、ニーヤーで本番が始まる。庭にできた輪はチヂン四人でウタムチは不在、その周りで踊る人たちを合わせても一五人と少なかった。午前中には姿を見せなかったチヨさんも駆けつけ、踊り手たちの白いマンサージ（鉢巻き）を締めるのを手伝う。踊りが始まると、合わないチヂンに業を煮やしたチヨさんが自らチヂンを持って輪に入り先導する。結局、輪の中央に一人座ってウタムチを担当した彼女の歌だけでは間に合わず、テープをかけて太鼓と踊りを合わせる。最後にアサギモウ（お宮前の広場）での踊り。ここでも見かねたチヨさんはチヂンを持って輪に加わり、手本を示す。周囲で見ていた先輩のおばあたちの歌声が大きくなり、心許ない踊りを加勢する。

かつてのシニグを知っている私としては、ウタムチ不在でテープの助けを借りるといった思いがけない展開を前にして動揺していた。

（2）ムラの伝統行事を受け継ぐ

シヌグは、一連の祭祀の最後にムラの女たちが神前で輪をつくってウシデーク（臼太鼓）を踊るといった流れをとるところが多い。備瀬を含め、本部町各集落（旧村）のシヌグを調査した仲田（2003）によれば、この行事は町内一三の集落において簡略化を含みながらも継承されており、そのうちウシデークを舞うのは九つのムラ――瀬底、崎本部、辺名地、渡久地、伊野波、並里、浜元、具志堅、備瀬――である。祭祀の時期は旧暦7月20日前後に集中しており、期間はそれぞれ三日から八日間と幅がある[1]。期間中の一連の行事全体を指してシヌグと呼ぶことが多いが、備瀬では一週間続く行事のうち、神前舞踊を中心とした7月25日の祭祀のことをシニグと呼んでいる。また、この舞踊は備瀬でもウシデークと呼ばれるが、舞踊そのものを指してシニグと呼ぶ場合もある。

備瀬のウシデークは、旧家やアサギモウなど四カ所で、女たちが二重の輪をつくり、ゆったりとした曲調の歌に合わせて、反時計回りに巡りながら踊る。現在、この踊りに参加するのはムラに住む人だけでなく中南部や名護といった都市部に住むムラ出身者も多い[2]。したがって、この行事の場を考察するためには、ムラ内だけでなく、中南部で編まれた同郷コミュニティの動きを把握することが必要となる。

ちなみに、ムラ在住者と出身者が共同で年に一度のシニグを営むというのは、備瀬に限ったことではない。遠藤（2006、2012）は、国頭村安田集落でシヌグのさいのウシデークが那覇の郷友会の女性たちによって支えられてきたことを報告している[3]。具体的には、郷友会の参加は1975年に開催された沖縄国際海洋博覧会における芸能祭への出演を契機とし、その後はシヌグ歌を吹き込んだテープを用いて月に一度の練習を定例化し、また「音取い（ニートゥイ）」と呼ばれる歌のリーダーが郷友会のなかから誕生したことなどがふれられている。興味深いのは、ムラでウシデークの練習を始めるのは行事の一週間前からとしてきたが、郷友会側はこのムラの慣習から離れ、月に一度の練習をするという独自の動きをみせている点である。林（2012）の報告もまた、国頭村奥集落のウシデークに那覇の郷友会からの参加が重ねられてきたことを伝える[4]。奥郷友会は1988年からウシデークの練習に取り組みはじめ、その後月に一度の練習をおこなうようになった。2007年のウシデークに参加した三一名のうち、郷友会からの参加は一六名だった。

本章では、社会心理学が重視する形成論的視点に立って、ムラに住む者と都市の同郷コミュニティの成員とが共同でムラの伝統行事を受け継ごうとするその過程を考察する。より具体的には、備瀬のウシデークのこれまでの歩みを辿ったうえで、現在この行事を支えている担い手たちの動きを丹念に追い、こうした共同の営みが個人やコミュニティレベルに及ぼす影響について探ることを目指す。なお、本章の記述はおもに２００９年から２０１５年まで七回にわたるシニグの場への参与観察と、備瀬、那覇、中部で実施した担い手たちへの聞きとりにもとづいている。本章で取り上げるおもな人物を表３－１に示す。

2 あるウタムチが体験してきたシニグ

(1) シニグの輪に加わる

はじめに、備瀬のシニグの歩みについて、ひとりのウタムチの語りを通して辿ってみたい。２００９年の七月行事が始まる前、90歳を迎えてなお現役のウタムチだった玉城チヨさんを自宅に訪ね、シニグ行事へのかかわりを中心に生活史を聞かせてもらった。何度か重ねた聞きとりのさい彼女はいつもドリップ式のおいしいコーヒーを淹れてくれた。

チヨさんは、五人きょうだいの末子として、１９１９（大正８）年に備瀬で生まれた。１９３４（昭和９）年、数え16歳のときに山口県の宇部紡績に働きに出たのを皮切りに、しばらく旅暮らしが続いた。20歳で帰郷すると今度は、当時多くの同郷人を集めていた沖大東島（ラサ島）に渡り、燐鉱

表3－1　おもな登場人物

名前	生年	
神人とユタ		
マツユタ	1894	戦後、ヌルの誕生とその後を支え続けたムラ内のユタ（巫女）。1992年ごろ没。
ヌルさん	1932	数え16歳でヌルとなり、神行事の中軸を担ってきた。夫婦で畑仕事も続けてきた。
松枝さん	1937	26歳で両ニガミ（根神）のひとりとなり、ヌルとともに神行事を担い続けてきた。
トシ子さん	1930	ユタであると同時に、イガミ（居神）として神行事に参加してきた。
ミエ子さん	1920	60歳のとき神人（ウミキ）になる。那覇の郷友会婦人部をシニグにつないだ。2009年没。
シニグシンカ（踊り手）		
ミーヤーグゥーのおばあ	1868	戦後の復興期にウシデークの指導役を担う。ユタでもあった。
チヨさん	1919	30代から参加し、50歳にはシニグ節を習得。晩年はその継承に懸命に取り組む。2013年没。
幸子さん	1930	ミエ子さんの妹。1980年代より那覇の郷友会婦人部のメンバーをまとめ、シニグに参加してきた。
トシさん	1936	ウタムチ三人組のひとりで、高い声がよく通る。30代後半から20年ほど大阪で暮らす。
久子さん	1941	ウタムチ三人組のひとり。トシさんの妹。姉妹でシニグ節を先導する。
初枝さん	1942	ウタムチ三人組のひとり。チヂンと手踊りの指導役を担う。ミーヤーグゥーのおばあの曾孫。
照子さん	1937	2000年代から、中部郷友会およびホタル会のメンバーをまとめ、シニグに参加してきた。
ナエ子さん	1937	中卒後15歳で大阪に出る。70歳で沖縄島中部に移り、照子さんたちとシニグに参加。
和恵さん	1945	チヨさんの次女。母の三年忌を終えて参加。ムラ内の踊り手をまとめる声掛け役を担う。

石の鉱山で土担ぎや炊事の仕事に就いた。父親の葬儀のため一時帰郷した折りには、それまでの稼ぎで屋敷を買い、先祖の墓を造っている。しかし戦争で家屋は焼失した。1940年に長女を産むと郷里の母親に預けて働き続け、1945年には旅先で次女を出産した。後に、この次女の和恵さんがシニグの輪に加わることになる。

〈旅暮らしから定住へ〉[09-09-07]

聞き手：（終戦後に）帰ってきたときの備瀬っていうのは？

チヨ：よくも来たら、こっちにうちの母が小さなお家を（建てて住んでいた）。一人からは何間（なんげん）いうて、みんな材料配当して造っていて。それからわたしはもう、苦労が始まったわけ。小さいでしょう、お家が小さいから、茅を刈りてきて台所造ったり、いろんなことして。それから商売始めて、酒をつくってから、一人じゃなくて二人連帯して、酒を運んで今帰仁のホテルに持って行ったり、米を買って石川（現在のうるま市石川）まで持って行ったり、いろんなことした。それからわたしが30歳ぐらいのときに普天間に行って。普天間で二カ年いて、それで帰ってきて。畑もみんな（米軍の）滑走路になったところ、畑もみんな耕してから、それからはもうずっと備瀬。

聞き手：普天間では何をやられたんですか。

チヨ：設営隊（普天間飛行場を建設する工作隊）の炊事に働いていたわけ。あのときは苦しい、苦しい生活だったから、わたしは母もいたし娘二人もいたから、お母さんに預けて働かなければもう四名の生活ができないので、働いて、いろんな仕事をして。普天間（工作隊）が解散になったので向こうが。それでお家に帰って来てから、それからこの備瀬の部落のいろんなことがわかったわけ。そのときまでわからなかったわけ、ずっともう旅の生活だから。

普天間から戻ったチヨさんはまもなく、シニグ節を稽古する輪に加わった。当時、ウタムチの中心は明治前半生まれの年配者たちで、大正生まれは彼女だけだったという。

〈稽古の輪に加わる〉〔09-09-10〕

チヨ：アサギにみんな集まってきて、「こっちはこうしなさい、太鼓はどんな持ちなさい」いうて、〔語気強く〕うんともう、練習させよった。…この昔のおばあちゃんたちが、七、八名いたんじゃないかね、そのぐらい、わたしが出始まりに。北〔5〕のほうが多い、ウタムチの人。わたし、太鼓のこのブイ（バチ）で、〔笑いながら〕頭叩かれたことがある。…あんなに厳しかったよ。…あのときまではもう、おばあちゃんたちがたくさんいた。昔の明治のおばあちゃんたちが。…この人たちが教えよったわけ。歌は、ミーヤーグヮーのおばあさんが教えよったけど、手なんか、太鼓の持ち方なんかは、足の踏み方なんか、このおばあちゃんたちが「どんなにしなさい。なんでこんなする。こういうふうにしなさい」いうて、とっても厳しかった。…いまはもう簡単。

当時、シニグ節の稽古の中心にいたのは、この語りに登場する「ミーヤーグヮーのおばあ」だった。ミーヤーグヮー（新家小？）というのは、この老婆が住む家に付けられた屋号である。名前は具志堅ムタといい、１８６８（明治元）年辰年の生まれで、このときにはすでに80代半ばになっていた。90歳をすぎるまでシニグ節の指導を続けたという。この人物は、ユタ（巫女）でもあった。かつて八重山で生活していたが、長男夫婦を亡くすという不幸に見舞われて、１９３７（昭和12）年ごろに孫二人（兄と妹）とともに帰郷している。しかし、この孫のうち兄のほうは親となってのち米軍上陸のさいに命を落とした。このとき遺された幼い娘が初枝さんで、彼女は現在シニグを支える中心人物のひとりになっている。

チヨさんが加わったときのシニグは、踊りの輪は三重だったという。

〈シニグに出始めのころ〉［09-12-27］

聞き手：いちばん最初にシニグをやったころっていうのは、踊る人、歌う人はどれくらいいいたんですか？

写真３－１　1950年のシニグ（アサギモウ）（兼次辰也氏提供）

チヨ：はぁー、輪がもう二、三（重）。歌（ウタムチ）は二重にして。若いのは真ん中、その他は二重のとこはウタムチが、外周りは踊る人が。三重にもなっていたから。…若い人はね、マンサージ被ってから、真ん中になりよったわけ。…まだ嫁に行かない人なんかよ。ウタムチは二重になって、両方になるわけ、南と北と両方に（別れて）こっちがやったら（歌ったら）向こうがペーシ（囃し）する、向こうがやったら（歌ったら）こっちがペーシする、あんなにして。踊りは外周り。だから二、三重の周りだったわけよ。

写真3-1は、終戦後五年目にあたる1950（昭和25）年のシニグで、チヨさんが加わる数年前とみられる。お宮前のアサギモウ（アサギ庭）で、踊りは二重の輪をつくっている。内側の輪に注目すると、チヂンを持つ人たちが二組に分かれているのがわかる。チヨさんの語りに照らすと、それぞれが北と南のウタムチたちで、歌と囃しを交代しながら務めていたのだろう。ただ彼女の語りとは異なり、輪は二重で、若い踊り手だけの輪はない。彼女が加わったころにはウタムチが増えて、若手はいちばん内側の輪をつくっていたのかもしれない。そして目を引くのは、踊り手の輪を囲む見物人の多さである。とくに子どもたちが目立つのは、現在とまったく異なる光景である。踊りをじっと見つめる人びとの姿勢からは当時のシニグの求心力が伝わってくる。

（2）シニグ節を受けとる

各地からの引き揚げ者を吸収して急激に膨れあがったムラは、1950年代に入ると一転して、流出の時代を迎える。女たちの場合、那覇の新天地市場と呼ばれる衣料品市場への移動が目立つようになった。

〈新天地市場への流出〉［09‐09‐10］
チヨ：（ミーヤーグヮーの）おばあちゃんのお家で（シニグ節を）習う人がたくさんいた、いたんだけど。もう三〇名ぐらい、もうこの庭のいっぱいいたんだから。それでもう、一人抜け二人抜けしてから、それからミシン（で衣料品をつくって売る商い）が盛んになって、（那覇が）復興しはじめてからどっと行って、残ったのが（同世代で）わたしひとりだったわけ、最後に。

戦争で夫を亡くした妻たちに援護金（遺族年金）が支給されるようになると、それを元手に那覇で商売をしようとする人が続いた。チヨさんもまた、中学を卒業した長女が同郷人の元で縫い子として働きはじめたこともあり、家族で那覇に移ることを考えた。迷いのさなか、遠縁にあたるニーヤーのおじいさんから、「ただ簡単に考えていくと、どん底に落ちていくような感じになるよ。こっちで農業したら生活に困らないんだから」と言われる。この一言で彼女は備瀬に踏みとどまり、農業で生活を立てながらシニグへの参加を重ねた。そして、まだ一人前のウタムチになる前の40歳のころ、不思議な夢を見ている。髪を足下まで長く伸ばした女の人がお宮から出てきて、彼女にシニグ節を教えるといった内容だった。

〈一人前のウタムチになる〉［09-12-28］

チヨ：（夢の中で）お宮から出てきて教えたのが、自分がまだ若い40歳ぐらいかね、そのときだったはず。珍しくて。（しばらくたって）わたしがぜんぶ歌を受けとったときには、「えー、こんなこともあるんだ」と、自分ひとりの心の中に、思ったよ。ヌルさんがわたしに歌を教え、お宮の中から出てきて、もうこの髪を自分の足下のように（ところまで）長くて、歌を教えたのは珍しくて。わたしに歌を教えたのはほんとヌルさんだったのかね。お宮のなかから出てきよったけど、珍しいいうて。あのときはもう、見たときにはとっても珍しかったので、（後に）自分が一人前になって歌をうたうようになったから、「あー、これはほんとだ」いうて。それで、お宮に行って、いろんな拝みしたのは42、43歳のときから。もう50歳のときにはもうすでに覚えていた、ぜんぶ。

当時、ウタムチたちは7月18日からミーヤーグヮーに集まり稽古を始めた。20日の夜にはウプユミマーの行事を終えると、お宮の前で嘉例付けをして、22日の晩に神人一行が集落内を巡るサグンジャミのさいにも、お宮の前で稽古をした。男女のハシチである23日と24日の午前中には、ニーヤーの敷地内にあるヌル殿内で稽古をしてから、お宮でウタムチの御願(ウグワン)をおこなった。25日シニグ当日の午前にもまた、ヌル殿内で嘉例付けをしてからお宮で三度目のウタムチの御願をした。なお、これらの拝みのときに供えた酒は「ウタムトゥウグシー」と呼ばれる。

〈ウタムチの御願〉［09-09-10］

チヨ：（23日には）昔はニーヤーに朝9時から集まって、そこで稽古して。三回はそこでニーヤーで踊ってから、そこからミチジュネーの歌（道行きの歌）してお宮に行って、この太鼓をウタムトゥ（神殿と拝殿の境に置かれたウタムトゥ木）に置くわけ。そのときにヌルさんたちが、ウタムトゥウグシーといって、ムラから出るわけ。お神酒が出るわけ。そのお神酒を、今年の七月の行事が始まるからいうて、お祈りするわけ、ヌルさんたちが。それで、「神人衆（かみにんじゅ）とシニグワハムンとの協力で、今年の25日まで立派に、足もブラブラさせないで立派にさせなさい」いうて、ヌルさんたちがトートト（拝み）するわけ。わたしたちもウコー（線香）持ってトートトするわけよ。それから始まるわけ。23日から始まって、24日、25日、（最後の）26日はタムトノーイでしょう。…神人衆とシニグワハムンと、太鼓持つ人何人かと、「もう今年は無事にすませました」ということを祈るわけ、また。ご馳走つくって。

23日から25日当日までの稽古のさいには、お宮に入りきれないくらいの踊り手たちが集まり、あちこちからおにぎりやイモの天ぷら、飲み物などの差し入れがあった。年配のウタムチたちは泡盛で喉をなめらかにして歌った。

(3) 歌に込められたムラの風景

現在歌われているシニグ節は五曲で、歌う順に上げると、「首里の玉節(首里天加那志)」、「天の群星」、「打豆節」、「くびる並松節」、「はんた廻い節」である[6]。チヨさんによれば、かつては七曲歌っていたが、難しい曲は抜け落ち、この五曲が残ったという。彼女による歌の解説には、歌詞にはないムラ固有の場所が数多く登場し、それらの場所に包まれたムラ人たちの日々の営みが具体性を帯びて立ち上がってくる。なお、じっさいの歌は長く伸ばしたり、囃しが複雑に入ったりするために覚えづらく、また歌意をつかむのは至難である。

首里の玉節

一 首里天加那志百歳までちゃわり
御万人ぬまじり 拝りしりら

二 また何時が夏なやい あさぎ庭に出て
玉黄金 みとぅざ 手取て引ちゅら

三 玉黄金みとぅて さしたりぬ
玉黄金 みとぅざ 手取て引ちゅら

踊り手は、ゆっくりと拝み手を繰り返しながら巡る。一番と二、三番とでは曲調が変わる。一番には「ユイサー」という合いの手が入る。

チヨ：一番は、首里の王様がいついつまでもお元気でという意味。いついつまでも、みんなに拝まれてください。そして二番は、また夏がやって来て、アサギの前にみんな揃ってシニグをやりましょうという意味じゃないかね。出だしの「首里天加那志〜」のところが長くて、とってもやりにくい歌だけど、これがすんで「また何時が夏なやい〜」からは歌いやすくなる。ここからはちらし[7]で、みんなが歌えるようにしてあるんじゃないかね。

天の群星

一　天の群星や　数みば数まりしが
　　親ぬ言し事や　数みやならぬ

二　あぬ星と月と　見並びて見りば
　　あぬ星や薄しさ　月や美らさ

三　月ば月ともて　明けぬ夜や知らぬ
　　肝長げさ　里が遊び長げさ

手踊りは、左の押し手から右、さらに左、そして拝み手。囃しは「イササ、サァーサー」と入る。

チヨ：一番は、天の星は数えようとすれば数えられるけど、親が伝えてくれる教えは多すぎて数えられない。二番は、あの星と月とを比べてみたら、星は薄いけれど月はきれい。星は照らすのが薄いという意味。三番は、月夜に旦那さんが遊ぶのに夢中になってしまって、夜が明けるのも知らなかったというわけ。奥さんがいるのに遊んでいるから、奥さんが待ちくたびれてしまったという話。

打豆節

一　打豆(うちまみ)やよ　主(す)が豆
　　村ぬ豆てんど　主が豆てんど

二　海ぬ魚(いゆ)やよ　此(く)ま魚
　　てるしがまよ　此ま魚てんど

三　へいまぬ　間渡中(まとなか)
　　汗流(あしは)てる漕(く)うじゅる

手踊りは、前傾して下に出した右手を大きく振り上げる所作が特徴的。囃しは「アシィーチュイー」と「シィーチュイー」と掛け合う。

チヨ：この打豆節というのはぜんぶ税金（租税）の話らしいよ。いついつまでに税金を納めなさいと連絡があったらしい。一番は、村の豆は、村の豆であって主の豆、王様の豆ということ。二番は、ミーウガン（備瀬崎の小島）に灯台があるでしょう、この下に大きな岩があって、この岩場の中に魚が入ったらまとめて捕ったという話。昔の人の話では、これも塩に漬けてから、税金として出したらしい。この岩場に入ったらもうザルに入ったのと同じだよと。「海の魚はこっちだよ」と。

三番の「へいまぬまとなか」の「へいま」は八重、「まとなか」というのは（リーフの外の）黒潮のところ、だから八重の潮路ということ。これは、伊江島までの海を渡る様子を歌っている。本部間切になる前の今帰仁間切の時代、備瀬は伊江島に近いから、何月何日には税金は何々出しなさい、いうて知らせるために、舟で向こうに漕いで行かしよったらしい。渡るときには、竜宮神（ナカリューグ）にお重を二つ重ねて、「無事に帰ってこられるよう、いかなる波風も静かにしてください」と、ヌル、ニガミが拝みしてから行かしよったらしい。この打豆節は備瀬のものだから、かならずやるわけ。

くびる並松節

一　くびる並松　黄金灯籠下ぎて
　　うりが明いに　いもり里主

二　小浜備瀬　真中に　黄金森造て
　　小浜備瀬　若者ぬ　並い美らさ

三　たまさ並松　黄金灯籠下げて

うりが明いに　いもり里忍(さとしの)ば

右手に持ったジンビョーシ（銭拍子、30センチほどの踊り棒）を右肩に当て、それから両手で持って前に差し出す所作をする。合いの手は「ユイサー」。

チヨ：これは、北山城であった薩摩戦争（17世紀初頭の薩摩侵攻）の後のことの歌らしい。みんなそう言うてるから、そうかなって思うわけ。一番のクビルは備瀬崎のこと。クビルの東側にはきれいな松が岩の上に三本ぐらい生えてたけど、海洋博が来たころにみんなとられてなくなってしまった。このクビルに、北山城から逃れてきた男の人が来て、松明に火を点けて上げたり下げたりして、自分の無事をミーウガンに隠れている女の人に知らせるわけ。「クビルに明かりが灯ったら元気という合図だから、忍んで会いにおいで」と。ミーウガンには、女親と娘二人の遺骨があるという言い伝えがあって、これを、ヌルさんたちが大御願(ウプウグワン)のときに拝んでいる。

二番は、小浜と備瀬［8］の真ん中に黄金森を造って、娘たちが揃ってきれいということ。黄金森というのは、アサギンシリー（旧家）の後ろのほうで、ニーヤーの西側のところ。こっちはうちが小さいころまで森になっていたわけ。三番のタマサは（戦没者）慰霊塔の北側のところ。向こうも終戦まで松があったらしい。ここに明かりが灯ったら女が男を忍んで行くということ。クビルとタマサ、北と南と、よく作ったもんだ。この歌の意味は、ミーヤーグヮーのおばあから聞いてわかるようになったわけ。

はんた廻(みぐ)い節

一　はんた廻い廻い　木綿機(むみんばた)廻い
　　廻い合わして　我(わ)ちゃ遊(あし)ば

二　七葉(ななは)ある煙草(たばく)　はしらぐみひちょて
　　里と畑隣(はるとな)い　行逢(いちゃ)ばでむぬ

三　潮汲(うす)みが行きば　下(ひちゃ)ぬ湾泊(わんどぅま)い
　　水汲(みぢ)みが行きば　山田平安座(へんざ)

四　石なぐぬ石　石ぬ大石(うふし)なりまりん
　　うかきぶさみせ　我御主(わうす)がなし

右手、そして両手のこねり手をしながら舞う。「サーサ」の合いの手が幾度も入る。

チヨ：これも恋歌。はんたは機、これは木綿機（糸車）の話だよ。木綿の糸を紡ぐのに廻して使うもの。これがすんだら遊ぼうという意味らしいよ。昔の人、うちの姉なんかがよくこの糸を紡ぎよったけど、木綿を買ってきて。この歌を聞くと、うちの姉のことが想い出される。二番は、葉っぱのタバコを大事に乾燥させて、ていねいに重ねて、恋人の畑は隣だから畑で会ったときにそれをそっと渡す、という意味。三番は、昔は潮で豆腐をつくったので、潮水を汲むときの歌らしい。備瀬は水があったけど、桃原（隣ムラ、ここでは現在の字石川周辺をさす）なんかは備瀬に来て水を汲みよったわけ。南のハマガー、ウイガー（井戸の名前）には桃原の人も水汲みに来た。水汲みに行きながら会いましょうということ。四番、これは君が代と一緒で、石なぐの石、小さな石が大きな石になるまで拝まれなさいと。この石というのは備瀬のお宮のことじゃないか。この歌は三番までしかなかったらしいけど、ミーヤーグヮーのおばあが来てからこれをちらしとして、一番しまいとしてやったという話だけど、あんまりわからない。

3 ■ 加勢する郷友会

（1）1980年代以後──那覇郷友会婦人部

沖縄海洋博覧会の前後からムラ外で働く女性が増えるようになり、彼女たちの姿が踊りの輪から減っていった。こうした状況を受けて、新たに加わるようになったのが郷友会の女たちだった。まず1980年代から1990年代にかけて、那覇郷友会婦人部（現在は女性部）による参加が活発となり、2000年代に入ると中部郷友会が続くことになる。

1980年代にまとまってシニグに参加した那覇郷友会婦人部の面々は、青年時代にシニグを踊ったことのある世代である。たとえば、1928（昭和3）年生まれの孝子さんは戦前に二度、シニグに参加しており、腰の曲がったおばあさんたちが髪を結い上げた姿がきれいだったことが印象に残っていると語った。若いときに踊っていたおかげで、中年期にシニグの輪に戻ってきたときにも体が踊りを覚えていた。孝子さんより二歳下の幸子さんは、終戦後に疎開先の熊本から戻って初めて踊りの輪に加わり、当時は各家庭からひとりはシニグに出るものという雰囲気があったという。

彼女たちはまた新天地市場に向かった世代でもある。その先駆けのひとりであるミエ子さん（1920年生まれ、本章の冒頭で紹介した人）が市場に出たのは1952（昭和27）年ごろだった。妹の幸子さんはその翌年23歳のとき家族で那覇に出て、やがて姉の元でミシンを踏みはじめた。このころ、那覇の備瀬郷友会が十数世帯八〇名ほどの規模で結成されている。そして、孝子さんもまた家族で那覇に移り住み、同郷人の縫い子として働き出している。こうして生活の拠点を那覇に移した彼女たちは、しばらくのあいだシニグから遠ざかることになった。シニグ節は行事のとき以外には歌ったり踊ったりしてはいけないとの言い伝えを強く主張する先輩たちがいたこともあって、郷友会の集まりでもふれる機会はなかった。

そして、この世代の人たちがふたたびシニグの場に戻ってくるきっかけとなったのは、リーダー的存在であったミエ子さんが、1980（昭和55）年60歳のときにムラの神人に就任したことだった。彼女が神行事のたびに郷里に通うようになると、最も重要な行事であるシニグの場を盛り立てようと、郷友会婦人部の有志がまとまって駆けつけ、踊りの輪に加わった。当時、妹の幸子さんたちが婦人部の中軸を担っていたこともあって、参加をまとめやすかった。1983年には、あるウタムチがノートに筆記していたシニグ節の歌詞集をコピーして配布している。そのなかには、現在まで継承されている五曲を含む九曲が収められ、歌と囃しがカタカナで表記されている。

ミエ子さんは、1989年に婦人部がシニグに参加したときの様子を綴った文章を郷友会四〇周年記念誌に寄せている[9]。

備瀬の神行事のひとつであるウシデークの歌を若い方々が習いもせず、これから後のことについて悩みを訴えられた私はさっそく、那覇在住備瀬郷友会婦人部に話しかけて、皆さんが習うことに決まりました。私は直ちにウシデークの歌をコピーしてテープにとり、婦人部の皆さんに配りましたが、わかりにくいとのことだったので、先輩の仲村渠ハナさんを先生として頼み、一カ月にわたって与儀公園で練習しました。ウシデークの日にはすぐ本番にぶっつけ、歌や太鼓を打ち鳴らし、踊りも上手にできましたので、地元の方々もとっても喜んでくださいました（句点等を一部追加）。

文中には明記されていないが、ミエ子さんに悩みを訴えたのはムラの神行事を司るヌルさんで、神人どうしという間柄において持ちかけられた相談だった。

私が初めてシニグの場に立ち会った1993年のときにも、那覇郷友会婦人部の面々が貸し切りバスに乗って駆けつけ、踊りの輪に加わっている。このとき二重の輪をつくった踊り手は四六人を数えた。しかし、那覇郷友会婦人部によるシニグ参加はこのころが最も盛んで、その後は正座が辛くなったミエ子さんが神行事から遠ざかったこともあって、まとまって参加する機会が減っていった。

（2）2000年代以後――中部郷友会とホタル会

2000年代に入るころ、那覇郷友会の婦人部の動きと入れ替わるようなかたちで、中部郷友会によるシニグ参加が活発になる。なかでも、「ホタル会」と名付けられた同級生模合（もあい）[10]に集うメンバーがその中心となった。彼女たちは1937年生まれで、小学二年生のときに沖縄戦に遭遇し、そして終戦後のシニグを見て育った世代である。一九名のメンバーのほとんどは中学校卒業後に中南部や大阪で就職しており、大阪に渡った四名はいずれも同郷人経営のメッキ工場で働いた。彼女たちは、子育て期を経て50代に入るとふたたび同級生どうしで集うようになり、月に一度の親睦模合を重ねてきた。

このホタル会のまとめ役を担う照子さんによれば、メンバーがまとまってシニグに参加したのは62、63歳というので、2000年前後のことのようだ。参加のきっかけは、那覇郷友会の婦人部と同様、ムラの神人からの投げかけだった。模合の席で、会の一員でもありムラのニガミを長く務めてきた松枝さんから「シニグの踊り手が少なくなっているので力を貸してほしい」と声をかけられた。照子さんは、それまではシニグに関心が向かなかったが、元来世話好きの性格も手伝って、いとこでもある松枝さんの頼みを受けとめ、参加者をまとめる役目を引き受けるようになった。60歳を過ぎてちょうど、「田舎が恋しくなっていたころ」でもあったという。

照子さんたちが小学生のころに見たシニグは、とても活気に満ちていた。ムラ内だけでなく近隣からもたくさんの人が見物にやって来た。若い人たちも多かった踊りの輪のなかで、カンプー（髷）を結ったおばあさんたちがとてもすてきだったことが印象に残っているという。また、通りにはミカンやサトウキビを売る店がたくさん出ていた。照子さんたちが中学一年のときのシニグ［写真3-1、133頁］をもう一度見てみると、サトウキビを売る店とそれを手にする子どもたちの姿が確認できる。大阪暮らしが長く70歳になってから沖縄に戻ってきたチエ子さんは、中学卒業後の離郷までに踊りの輪に加わったことはないが、家の敷地内で実ったミカンを親がフクギ並木の下で売っていたという思い出を話してくれた。美津子さんもまた中学を卒業するとすぐに普天間に働きに出たため、青年時代に踊ったことはない。それでも、小さいころに見ていたシニグの音色が何十年たっても耳に残っていたから、60代で初めて踊るようになっても、すぐに入れたと語る。

〈耳に残っていた音色〉［14-03-07］

美津子：この歌は記憶にあるから、この歌の音色いうの、これは耳に残ってるから。だから入りやすかったはず。この踊りもたいがい（同じような手が）あるし。小さいときにね、聴いた音感いうのはね、不思議ね、いつまでも残ってるね。何十年もわたし向こう（大阪）にいてあれだのに。小さいときの、この音感いうのは、やっぱし聴かしておくもんだね、ずーっと何十年って記憶に残ってる。…この歌詞はいまでも難しくて意味もわからんぐらいだけど。…ちょうどあのカチャーシー始まったら、どんな人でも手出すというみたいな感じで、この何回か小さいときに見たの、あれがそのまま耳に残ってるさ。だからすぐ入れてるわけ。

照子さんとチエ子さんに、このところ毎年欠かさずシニグに参加していることを問いかけると、まずチエ子さんが「出なあかんという気持ちになるよね」と語ると、照子さんも「踊るのが楽しいいうよりかさ、何か気持ちが行きたい。気持ち的にもう、むこう向いてる」と応じた。この掛け合いから、シニグの場を盛り立てることを自分の役目として引き受ける彼女たちの姿勢が伝わる。中部から毎年一〇名近い参加者が出ているのは、まとめ役を引き受ける照子さんの献身的な働きとそれに応えるチエ子さんや美津子さんたちの姿勢がある。

4■シニグの現在

（1）受け継ごうとする人たち

2007年のシニグは冒頭に記したとおり、ウタムチがいないため録音テープで代用するという展開となった。ところが2009年には、備瀬の七月行事が地域文化財として映像記録されることになり、ムラが各郷友会に協力を依頼した結果、大正生まれのウタムチ三名を含む六五名の踊り手たちによって大きな三重の輪ができた。その後のなりゆきが気になり、2015年現在まで毎年シニグ通いを続けてきた。七年間にわたる参与観察を通して見えてきたのは、トシさん、久子さん、初枝さんという昭和10年代生まれの三人組がウタムチとして育っていく過程であり、照子さんを中心とした中部郷友会の面々の継続的なかかわりだった。

トシさんは、1936（昭和11）年生まれ、2015年現在79歳。16歳で那覇に出たこともあり、青年時代にウシデークを踊ったことはない。38歳のときに一家で大阪に移ってからは沖縄民謡を毎日のように聴いていた。59歳で帰郷。2000年のシニグで初めて会ったとき、「64歳になって初めてチヂンを持った」と嬉しさと不安の交じった表情で話していた。現在は、ウタムチの中心として、艶のある高い声でシニグ節を引っ張る。また、踊りを終えてのカチャーシーには率先して加わり、盛り上げ役も担う。

トシさんの妹である久子さんは、1941（昭和16）年生まれの74歳。備瀬で育ち、那覇で暮らした後、1975年の海洋博を機に30代半ばで備瀬に戻った。以前はもっぱら手踊り専門だったが、姉が参加するようになってからはチヂンを持つようになった。「シニグは年配の人たちと一緒になるから嬉しかった」と振り返る。彼女も民謡を歌うのが好きで、姉妹の高い声が響きあうとなんともいえず心地よい。

初枝さんは、1942（昭和17）年生まれの73歳。チヨさんがシニグ節を習ったミーヤーグヮーのおばあの曾孫にあたる。幼いときはこの曾祖母と一緒に暮らし、シニグ前に稽古に集うウタムチたちの歌声を聴いて育った。結婚後に十年間那覇で暮らしたのち1975年に帰郷。子育てが一段落してから琉球舞踊を習いはじめ、最高賞を受賞するまで極める。50代はこの踊りの腕前を活かしてムラの婦人会活動に打ち込んだ。シニグには本腰を入れて参加することはなかったが、60歳を過ぎて曾祖母の跡を継ぎたいという思いが強くなったという。背筋の伸びた立ち姿が美しく、手踊りの指導役を担う。

那覇郷友会婦人部のシニグ参加を牽引してきた幸子さんは80歳をすぎ、立ち通しで踊るのが辛くなり、2012年には見る側に移った。そして、調査期間における郷友会からのシニグ参加は、すでにふれたとおり、照子さんを中心としたホタル会や中部郷友会が目立っていた。

シニグは、身近に不幸があった場合、「忌み」と呼んで参加を控えるのが習いになっている。喪中で祝いの場に出ては神様に失礼になるからと説明される。ただ、「身近」とはどのような範囲を差すのかはかならずしも明確ではなく、故人との関係の近遠や経過した時間、または死亡時の年齢などを考慮して判断される。たとえば、夫を亡くした場合には三年忌を終えるまで、つまり亡くなって丸二年たたなければまず参加しない。亡くなったのがいとこでもまだ四十九日を過ぎていなければ、出ない。他方、きょうだいなどの近い関係でも、天寿を全うしたとみなされる年齢で亡くなり、しかも亡くなって数カ月以上たっているような場合には、本人の気持ち次第で踊ることもある。ただ、本人の気持ちといっても、「周囲のまなざし」をどう意識するかによって左右される心境ということになる。

(2) 継承のかたち——2010年~15年

2009年が撮影班に対応したいわばよそ行きのシニグという面があったため、その後の展開こそが重要と思われた。ここでは、2010年から2015年にかけての踊り手たちの動きを追う。20

10年に限り、行事期間全体の流れがわかるように記述している。日付はすべて旧暦、年齢はその時点でのものである。なお、ウタムチの中軸であるトシさん、久子さん、初枝さんについては共に行動することが多いこともあり、「トシさんたち三人組」あるいはたんに「三人組」とも記している。また、那覇郷友会と中部郷友会の参加者については、それぞれ「那覇組」「中部組」と記す場合もある。

・2010年

この年、参加が見込める大正生まれのウタムチはチヨさん(91)とウメさん(88)の二人だった。近づいてきたシニグについて初枝さんは、「年配のおばさんたちがまだたくさんいるときは、自分たちが出ると遠慮して出なくなると思い、出たり出なかったりした。でも最近はウタムチがいなくなるかもしれないと心配になってきた。先輩の方々には輪の中で座っていていてほしい。いるといないのではぜんぜん違うから」と語った。トシさんに「シニグをやらないと落ち着かないのでは」と投げかけると、「そんなことはない。チヨおばさんなんかはそう言うけど」と返された。彼女は、チヨさんの娘である和恵さんから家に来て母からシニグ節を習ってほしいと呼びかけられているが、機会がつくれずそのままになっていると付け加えた。

20日、ウプユミマーのさいの嘉例付けには、トシさんたち姉妹が来ていたが、シニグ節を録音したテープが見つからず、けっきょく歌えなかった。

23日、男のハシチ。14時半、ヌル殿内で神人三人と、トシさん、久子さん、ヨシさん(80)で歌を合わせる。チヨさんは疲れているということで現れなかったが、ウメさんは途中から手押し車でやって来た。彼女が歌に加わると、にわかにみんなの声の調子が上がった。やがてテープを止めて歌う。お宮に移ってウタムチの御願をし、ウタムトゥウグシー（酒）を回した後にも小さな輪をつくって三曲歌う。テープなしでしっかり歌いきった。

24日、女のハシチ。約束した10時にチヨさんを車に乗せて一緒にヌル殿内に行くが、まだ誰も来ていなかった。しばらく待っても誰も姿を見せず、チヨさんがしびれを切らしたころにトシさん姉妹が現れた。神人も一緒にヌル殿内の中でチヂンを打ちながら歌う。チヨさんは歌うペースを指導したり、合間に「はんた廻い節」の「はんた」は糸を紡ぐ機のことだと教えたりしていた。庭に出て踊った後、お宮に移動してウタムチの御願をしてから13時前まで稽古を続けた。

〈場面1：シニグ節を伝え、受けとる〉

15時すぎ、チヨさんが娘の和恵さんの運転する車に乗ってふたたびお宮にやって来た。トシさんたち三人組も揃い、稽古を始める。つぎの世代に伝えよう、受けとろうとする気が充満した密度の濃い時間が流れる。合間にトシさんは、「90歳を過ぎたチヨさんと70歳前後の自分たち、その間の世代がもっといればつながりやすいのに」ともらす。「カジマヤー（97歳の祝い）まで出て指導してください」と頼む三人に、チヨさんは「勘弁してほしい」と苦笑い。その後、初枝さんの曾祖母でもあるミーヤーグヮーのおばあについての思い出話が続いた。現在は歌われなくなった「散山（さんやま）」を復活させると初枝さんは意気込み、チヨさんからシニグ節を受けとる覚悟を口にしていた。

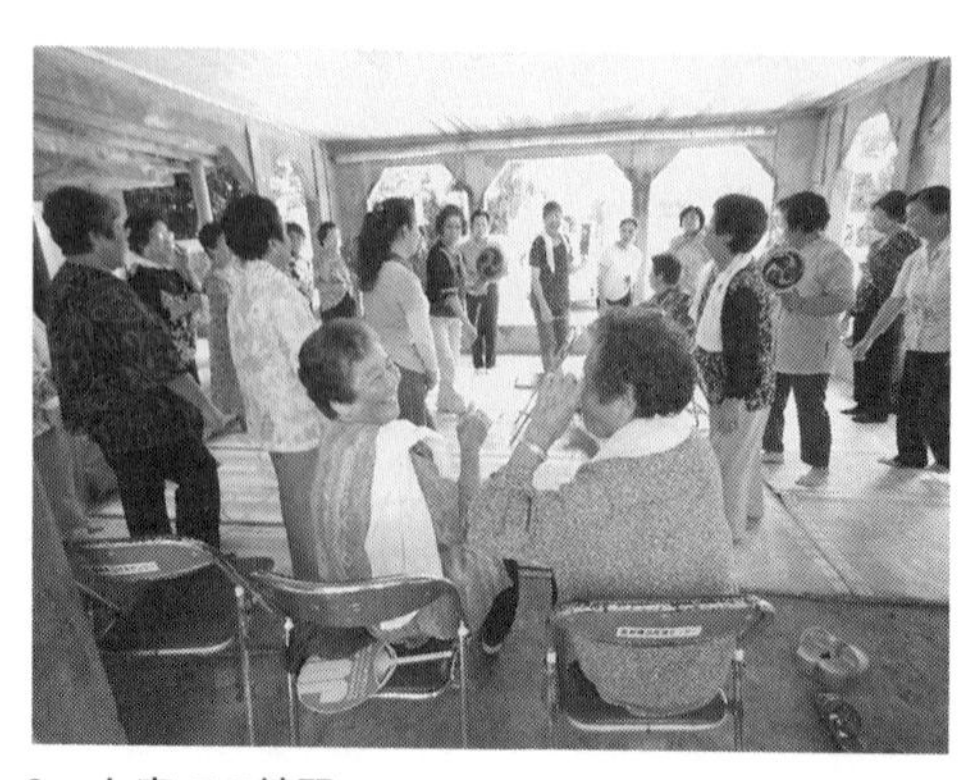

写真3−2　お宮での練習（2010年、手前の二人がヌルさん（左）とチヨさん）

このときのチヨさんには、上の世代から受けとったシニグ節を下の世代に受け渡したいという強い意志が伝わってきた。トシさんたち三人も受けとろうとする姿勢で応えてはいたが、チヨさんの思いが強く、やや物足りなさを感じているようにもみえた。

25日、シニグ当日。10時すぎからヌル殿内で嘉例付け。神人三人とチヨさん、トシさん、久子さん、そしてチヨさんを乗せてきた和恵さんが参加する。歌い手が少ないというので、ウメさんとヨシさんを呼びに行こうという話になる。「連れてくるのは石井さんの責任よ」というヌルさんの強い一言を受け、急ぎ走る。家の近くで枯れ葉を掃いていたウメさんを見つけ、皆が待っていることを伝えると「後で行くよ」との返事だった。ひとまずヨシさんを車に乗せてお宮に戻る。ニーヤーの庭で、椅子に座ったチヨさん、マツエさん（86）、ヨシさんの三人を囲むようにして小さな輪ができる。チヨさんはときおり立ち上がって足の運び方、バチの打ち方を指導する。お宮に移動しての練習ではウメさんも合流する。彼女の高い声が加わると全体の歌にも張りが出た。

歌とチヂンの合わせがひと段落したころ、中南部の郷友会組が到着する［写真3-2］。合流しての練習を始めるさい、忌みのため本番には出られないマツエさんが席を立つとウメさんも場を離れた。ヨシさんはもうひと頑張りすると言って、チヨさんとヨシさんを囲む二重の輪ができる。三曲合わせた後、「もう帰ろう」と言うヨシさんを車で送る。

16時前、シニグ本番のためヨシさんを車に乗せてニーヤーに顔を出すと、紺地の着物を着けた女性たちが集まってくる。チヨさん、ウメさん、ヨシさんの三人が真ん中で椅子に座ってウタムチを務め、その周りに二重の輪をつくり踊る。つぎの場所に移動するさいに歌う「道行きの歌」は省略されて三々五々移動する（去年はテープの歌を流していた）。ミチルバヤー、アサギンシリー、そしてアサギモウで踊る。最後のカチャーシーには踊り手がつぎつぎと加わった。

26日、タムトノーイには、神人三人とトシさんたち三人組が参加した。トシさんと久子さんは「去年よりずいぶん歌えた。声が出るようになった」と満足げに話す。

この年、シニグの輪をつくったのは二六名で、そのうち一七名が中南部の郷友会組だった。そしてこのときが、チヨさんからトシさんたちにシニグ節を受け渡す最後の機会になった。彼女はこの後持病の心臓病のため入退院を繰り返すようになった。

・2011年

シニグ節を完全に歌える大正生まれのウタムチたちがいない試練の年となった。

〈場面2：テープに歌を乗せる〉

23日、男のハシチ後のお宮での練習。神人三人とトシさんたち三人組を含む六人が参加する。トシさんの高い声がよく通り、彼女は「だいたい覚えているやろ」と得意げな表情をみせた。久子さんは両胸あたりを痛めていて本番にチヂンを持てるかわからないという。当日は、テープを回しながら歌を乗せていくことにする。歌の指導を頼んだウメさんはけっきょく、現れなかった。

24日、女のハシチ後の練習。神人三人の他に、トシさんたち三人組とチヂン打ちのキヨさん（84）たち、合わせて九人が参加。まずは座ったままで歌合わせをし、それから立ってチヂンを打ちながら手と足の運び方を合わせる。「首里天加那志の出だしのところが難しくてできない。同じ曲でも一番と、二番、三番とではずいぶん違う」とトシさん。「もう明日が本番だからこれ以上はできない。仕方がないからこのままでいこう」と久子さん。この日もトシさんの高い声がよく通っていたが、本人は「チヂンを叩きながらだと声が出ない」ともらす。「（ウタムチは）90代のチヨさん、ウメさんからいきなり飛んでわたしらやもん」といつもの弱音がもれた。

チヨさんやウメさんが不在となった状況では、「テープに歌を乗せていく」という進行は現実的な選択といえた。「首里天加那志」の一番は、二、三番と違い曲調がゆっくりで歌いづらいというのは、チヨさんも指摘していた。

〈場面3：形見の着物〉

25日、シニグ本番。那覇からはマイクロバスで一五名が駆けつけ、そのうち一一名が踊りに参加した。そのなかに幸子さん（81）もいた。四日前に那覇での模合の席で会ったときには、「踊りたいけれど、もう長く立っていられないから出られない。代わりに妹を踊らせる」と話していたので、着物姿の彼女を見つけたときには少し驚いた。最後のアサギモウでのみ、内側の輪に入って踊っていた。無事に踊り終えて帰途に着くとき、「（２００９年に亡くなった姉の）ミエ子さんも喜んでいるでしょうね」と声をかけると、自分の着物を指しながら、「これ、姉の形見を着て踊りました。妹にさせようと思ったけど来られなかったので、自分で踊りました。休み、休みしながら」と語った。

この日、形見の着物を着けて踊ったのは、姉の三年忌を終えたばかりの幸子さんだけではなかった。同級生の和子さんも母の着物を着けていたと教えてくれた。またこの場面から、シニグの踊りはゆったりとした手足の運びのため、体の動きが多少緩慢になったとしても参加できることがわかる。

26日タムトノーイでは、トシさんと久子さんが「去年よりずいぶん歌えるようになった」と嬉しそうに口にすると、ニガミの松枝さんが「来年に向けてふだんから練習してください」と投げかけていた。トシさんは「いつも行事が始まるころになって練習しだす。時季が近づかないと練習する気が乗らない」と応えた。去年も似たようなやりとりがあったことを想い出す。

•２０１２年

この年は四年に一度の豊年祭が翌月に控えていたため、踊りの指導役を務める初枝さんは連日公民館での稽古に詰めていた。20日ウプユミマー後の嘉例付けと、23日および24日の男女のハシチ後のお宮での練習をトシさんと久子さんが主導し、初枝さんは豊年祭の稽古を抜け出して合流した。トシさんは練習の合間に「シニグ前になったらしぜんとシニグ節のテープをかける」と話していた。和恵さんは、入院中のチヨさんをシニグ当日には車椅子で連れて来たいと言っていたが、叶わなかった。

〈場面4：同級生どうしの再会〉

25日、シニグ当日。午前中にニーヤーでの嘉例付けを終え、もうそろそろ中部組が来るころだというので、神人とシニグシンカがお宮に移動する。ほどなくして中部組の面々が到着すると、そのなかのひとりがヌルさんの姿を認め、「千代！」と名前を呼びながら駆け寄ってきた。気づいて振り返った彼女は声の主を見つけて笑顔になり、二人は手を上げカチャーシーを舞った。

シニグは離れて暮らす者どうしが再会する機会でもある。懐かしい顔に久しぶりに会って喜びあう姿が毎年みられる。この年、中部組の参加は九名で、那覇組は幸子さん姉妹のみだった。そして、幸子さんは見る側にまわり踊らなかった。

〈場面5：健康願いと囃しの声〉

中南部組がお宮に合流すると、健康願いの祝儀袋をヌルさんや松枝さんに手渡した。二人は殿に向かい、ひとりひとりの名前を読み上げて神前に捧げ、拝んだ。歌合わせは、弁当を食べてからということになった。…13時、お宮で五曲を二巡り、歌合わせをする。「くびる並松節」では、押し手を右から出すのか、左から出すのかにまごつく。「はんた廻い節」では、ほとんどの人は歌詞がわからず声が出なかったのに、「サーサ」という合いの手だけ大きくなるのがおかしくて、皆で笑いあう。完璧に歌うだけでなくこのような継承のかたちもあるのだと感じ入る。

シニグに加わった踊り手たちは、自身の健康願いとして「お賽銭」を供えることが習いとなっている。神人は、各自に手渡された線香を受けとって殿の香炉に立て、全員の名前を読み上げ健康を祈願する。シニグは、今年もまた健康で踊ることのできる喜びと感謝が表現される場でもあり、ムラの神様に手を合わせることでこの土地と自分のつながりを確認する。

・2013年

シニグの前の月にチヨさんが94歳で亡くなった。初枝さんは義弟を亡くし参加できなかったため、トシさん、久子さん姉妹がすべての場を仕切った。

〈場面6：母親の跡を継ぐという決意〉

明日から七月行事が始まるという19日の午前中に、先月亡くなったチヨさんの霊前に手を合わせに行く。玄関の掃き掃除をしていた娘の和恵さんは、毎日泣いているような顔に見えた。線香を立て、遺影に手を合わせる。亡くなるときの様子を少し聞かせてもらう。帰り際に、「何年かしてウシデークの輪に加わってください。チヨさんもそれを待っているはずですから」と声をかけると、彼女は「三年忌を終えたらやるつもりです」と答えた。かならずや良き後継者になると思う。

翌年、和恵さんは神酒づくりの裏方を担い、そして三年忌を終えた2015年には、本人のことばどおり踊りの輪に加わった。

〈場面7：丑年の同級生〉

25日、シニグ当日。中部組の参加は例年並みの九名となった。松枝さんは、「ウシンチュー（丑年の人）の同級生が来てくれるとホッとする」と嬉しそうだった。到着した中部組の中にいとこの照子さんを見つけた彼女は、声をかけ抱き合い喜んでいた。本番前、彼女と照子さんとの思い出話にしばし立ち会う。照子さんが、志願兵だった兄が伊江島で亡くなったこと、そして戦後になって母親が毎日、海の向こうのその島を見ては泣いていたと語る。それを受けて松枝さんが、「おばさんの戦後は、本人が亡くなったときにようやく終わったんじゃないか」と返す。照子さんの母親は戦中に夫も亡くし、女手ひとつで六人の子どもを育てた。松枝さんもまた、伯母が抱えていた悲しみを身近に感じながら育ったことが伝わってきた。

〈場面8：内側の輪に加わる〉

11時すぎ、神人がお宮に入ると、踊り手ひとりひとりに線香が手渡され、皆で拝む。その後、拝殿の中で練習が始まる。トシさんが声を出して場を引っ張り、「曲と曲とのあいだは少し時間をかけて円をまわるようにしよう。そうしないとウタムチが休めなくてきついから」などと声をかけていた。また、中部組の敏子さん（83）はチヂンを手に取りながら「前からこれやりたかった」と言い、内側の輪に加わって踊った。また、外の輪にいた光子さんに向けて、太鼓と太鼓のあいだに入って踊るようにとの声が飛んだ。彼女はその声を受け、内の輪へと移動した。練習の最中、張り切る敏子さんは、ウタムチのトシさん、久子さんにもっと大きな声を出すようにとはっぱをかけていた。

踊りの輪は、内側に熟練者（ウタムチやチヂン打ち、また手踊りが上手な人）が位置し、外側には相対的に経験の浅い人が並ぶ。この配列により、初めて踊りに参加した人でも内側の人を手本にして見よう見まねで踊ることができる。だから、手本が必要な人にとっては、内の輪にはチヂン打ちだけではなく、手踊りの人がいてほしい。光子さんは、そのような手本になる人として内側で踊るようにと声をかけられた。また、敏子さんは長年手踊りをしていたが、いつか太鼓を持って踊りたいという長年の思いをこのとき実現させた。彼女は翌年も太鼓を持って踊っていた。

〈場面9：テープを止めて歌う〉

26日、タムトノーイ。神人三人を前に、トシさんと久子さんがテープをかけながらシニグ節を歌う。最初の「首里天加那志」を終えたところで、ヌルさんが「テープを止めてやってみなさい」と声をかける。二人はテープなしで「天の群星」をほぼ完璧に歌いきった。より難しいとされる「打豆節」では途中詰まるところもあったが、歌い終えた。ヌルさんは、「ほら、できるよ。テープなしでやったほうがいいよ」と二人の背中を押していた。トシさんは「首里天加那志の出だしが難しい。今回は、大阪から子どもと孫が来ていたから、家で歌の練習もできなかった」などと言いながら、まんざらでもない表情だった。

この場面は、テープのないシニグが復活することを予感させる場面ともいえそうだが、事はそう簡単ではない。仮にトシさんたちがシニグ節を完全に歌えるようになったとしても、二人だけでウタムチを担うことは難しい。かつてのように歌と囃しを交互に担えるような人数が求められる。とはいえ、明るい兆しが見えてきたことも確かであった。

・2014年

この年は、トシさん、久子さん姉妹がいとこを亡くして四十九日を過ぎていなかったため、行事の表舞台には参加しなかった。昨年参加しなかった初枝さんも当初、今年までは忌みだから踊れないと言っていた。そのため、ウプユミマーの嘉例付けはテープの歌に神人たちが手を合わせて踊るのみとなった。男のハシチ後の練習には初枝さんだけが参加し、翌日の女のハシチ後の練習でようやく三人が顔を揃えた。シニグ当日は初枝さんの参加を期待する声が多く、彼女自身も迷っていた。トシさん姉妹がおらず、ひとりで参加するのが不安だったのかもしれない。

〈場面10：手本の不在〉

25日、シニグ当日。昼すぎ、中南部組も含めて踊り手たちがお宮に集まり、歌と踊りの手を合わせようとする。しかし、手本となる三人組がいないため、なかなか始められない。「トシ、久子はどうした、初枝はどうした」との声が聞かれたが、初枝さんが合流したのは13時すぎだった。それからテープをかけて五曲を三巡り、歌と手を合わせる。途中、久子さんも練習には加わったが、やはり本番には出られないとのこと。ウタムチは不在、チヂン打ちも初枝さんが出なければ皆を引っ張る人がいない。…16時ごろ、いつもと同じニーヤーから本番が始まるが、初枝さんの姿はなかった。テープを頼りに踊りはじめるが、どこか心許ない。「首里天加那志」を終えるころ、マンサージを締めた初枝さんが現れる。しばらく外からチヂンを叩いていたが、やがてうながされ、覚悟を決めたかのように輪の中に飛び込んだ。初枝さんのチヂンが入ることで明らかに踊りの輪が落ち着いた。トシさん、久子さんがいないため、テープ以外の歌があまり聞こえなかったのは寂しかったが、他の三カ所でも無事に踊りきった。

翌日、タムトノーイの席で初枝さんは、「昨日は余計な心労をおかけしてすみませんでした」と神人たちに頭を下げ、じつは那覇から来た幸子さん（初枝さんの親戚にあたる）から出るようにときつく叱られて決意したと舞台裏を明かした。そして後日、彼女はヌルさんから「あんたが出てくれて涙が出そうになったよ」と声をかけられたことを伝え、出てよかったと話した。

チヂンの先導役を務める初枝さんは最終的には参加したものの、三人組が揃って不在のときの皆の動揺ぶりから、彼女たちの存在の大きさが浮き彫りになった。三人こそが現在のシニグを支える中心であると皆が痛感した場面だった。

・2015年

この年は、三年ぶりにトシさんたち三人組が揃って参加した。また、チヨさんの三年忌を終えた娘の和恵さんがシニグの輪に加わった。他方、ヌルさんは夫の栄さんを亡くしてまだ四十九日が過ぎたばかりのため、ヌル殿内やお宮での拝みだけでシニグ本番には参加しなかった。中部組では、ふたたび大阪に戻ったチエ子さんは、七月行事の期間中、ムラの民宿に滞在して裏方の神酒づくりを手伝った。ウシデークの練習が始まったのはここ数年と変わらず、23日の男のハシチ後からだった。

〈場面11：初めての参加〉

25日、シニグ当日。那覇組のなかに久しぶりに再会したミツエ（73）さんがいた。挨拶を交わすと、「（かつてよく参加していた）ナエの娘ですから、来ました。見るのもするのも初めてです」と言った。昼食後、お宮で練習が始まった。手と足の出し方を確認しながらの五曲をひと巡り。そして、二巡り目に入る。「くびる並松」で使うジンビョーシの扱い方を初枝さんが皆に示すと、ミツエさんがそれを熱心に見入り、「もう一度やって」と声をかけていた。…本番の踊りを終えた彼女に声をかけると、「もう疲れました」と言いながらも満足そうな表情をみせた。

この場面のように、母親の跡を娘が継ぐという例は他にもみられた。また先にふれたように、ウシデークのゆったりとした手足の動きは、初めて参加した人でも内側の踊り手を手本にしながら付いて行くことができる。

〈場面12：シニグを背負う〉

26日、タムトノーイ。お宮で神人三人とトシさんたち三人組がシニグ節を三曲歌う〔写真3－3〕。三人の声がきれいに重なりあい、難しい「打豆節」を完全に歌えるまでもう一息との印象を受けた。歌い終えて、トシさんと久子さんが「自分たちのおばあ（祖母）は目が見えなかったが、きれいな声をしていた」と話せば、初枝さんは「パッパー（曾祖母であるミーヤーグヮーのおばあ）の歌を聞いて育ったけど、自分がシニグ歌を覚えようという気はまったくなかった」と話す。そんななかで、ヌルさんが「ほんと、あんたがた三人がシニグを背負ってくれるよう、お願いします」と声をかけた。それを受けて初枝さんは「ウタムチは、あと二人は欲しい」と言い、その候補になりそうな人の名

写真3－3　お宮でシニグ節を歌う三人と神人（2015年のタムトノーイ）

前をあげた。久子さんは「シニグ節の歌詞集は目の付くところに置いてある」と応えた。さらに三人は「来年に向けてもう一曲できるようにしておこう」と言い、その後すぐに「毎年同じようなことを言っている」と笑いあった。

この年、トシさんは介護の必要のある夫の世話をやりくりしながらの参加だった。タムトノーイという神前の席で、ヌルさんは改めて三人への期待を伝えた。彼女たちが経験を重ねてウタムチとしての力をつけるにつれて、周囲もまた彼女たちこそが踊りを引っ張る存在であると期待するようになる。そして、本人たちもまたその期待に応える姿勢で場に臨むことにより、さらなる成長が導かれる。六年間の参与観察からこうした循環がみえてきた。

5 ■ 踊りの輪に加わるということ

(1) 三重の輪──シニグの身体配列

2015年のシニグ当日に、中部と那覇の面々が合流しておこなわれたお宮での練習場面を改めて取り上げたい。

〈場面13：踊り手の位置が定まる〉

13時半、神人が主導する健康願いの拝みを終えると、そのままお宮の中で踊りの練習が始まった。五曲を二巡りするうちにメンバーも整い、三巡目に入るときには、内と外それぞれの輪に位置する踊り手が定まった。内側はチヂンを持ったトシさんたち三人組と手踊りの熟練者五人で、すべてムラ在住者だった。外側は一七人から成る手踊りの輪となった。

この場面からも、踊りの輪は図3－1のような身体配列[11]となっていることが確認できる。つまり、③内の輪は、太鼓を打ちながらシニグ節を歌い手踊りの手本を示す熟練者の輪であり、②外の輪は内側の踊り手を参照しながら踊る経験の浅い人の輪といえる。場面8にあった光子さんの例が示すように、手踊りの熟練者が外の輪で踊っているときには、手本を求める人たちによって内の輪へと送られる。また、場面11のミツエさんのように、外の輪にはまったくの初心者で

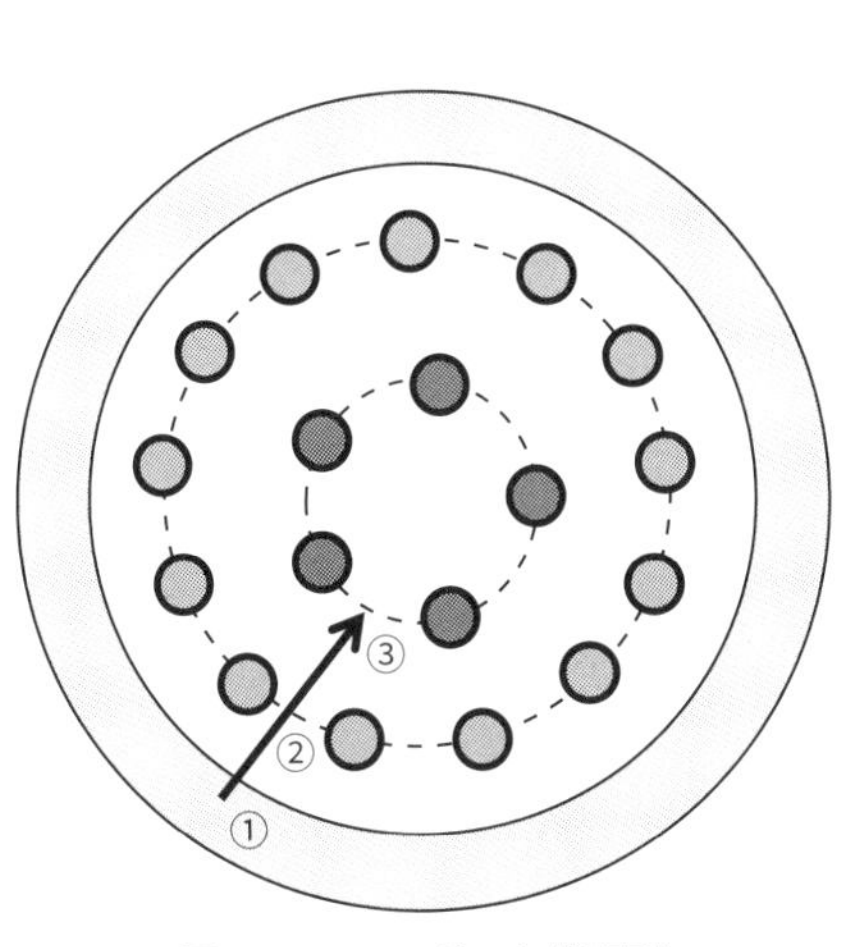

図3－1　シニグの身体配列

あっても、当日の練習を経て加わることができる。手踊りは曲ごとに決まったパターンが繰り返されるため、初めての人でも手本を真似ながらなんとか付いていけるし、どの歌もゆったりとしたテンポなため、見よう見まねでワンテンポ遅れていたとしてもさほど目立たなくてすむ。未熟練者や老年者の参加を容易にしているこの敷居の低さが、昔とは違う現在のシニグの特徴といえるだろう。

ところで、身体配列という観点からかつての踊りの輪［写真3-1］を眺めてみたとき、現在は失われたもうひとつの特徴について指摘できる。それは、二重の踊りの輪を取り囲むようにして見物人たちの輪が分厚く形成されていた点である。とくに、この輪には多くの子どもたちが交じっていたことに大きな意味がある。踊りの外の輪に若い娘たちが多く、内の輪に太鼓を持った熟練者が位置していることをふまえれば、この三重の輪には、①幼いときに踊りを見ていた人が、②青年になって輪に加わり、③長年の経験を積み重ねて中・老年期にはウタムチを務めるようになる、といったライフサイクル全体にわたる社会化の過程が織り込まれていることに気づく。ここで、孝子さんと照子さんが子どものころのシニグにふれて、「髪を結い上げたおばあさんがきれいだった／とてもすてきだった」と同じような印象を語ったことを思い起こしたい。チヨさんの例にみるように、ウタムチとしてシニグ節を完全に身につけるまでには長い年月がかかる。それゆえ、内側の輪で太鼓を持ってシニグ節を歌う年配者たちは、周囲から尊敬のまなざしを受ける眩しい存在であった。二人が用いた「きれい」や「すてき」という表現には、こうしたまなざしの質が反映されている。

現在、内の輪はトシさんたち三人組をはじめとしてムラ人が中心となり、外の輪は中南部から加勢に来た郷友会の人たちによって支えられ、いずれも中・老年者が大半を占めている。そして、これら踊りの二重の輪を取り囲む見物人の輪はずいぶんと薄くなっていて、その年齢層も踊り手たちと変わらない。そこに子どもの姿は見当たらない。シニグ行事は、ムラ人と都市に住むムラ出身者を結びつける得がたい機会になっているものの、かつてのようにすべての年代の人が参加する場ではなくなっている。

身体配列から読みとれる以上のようなシニグの場の構造をふまえると、この行事を末永く継続させるためには、青壮年者たちを踊りの輪に誘うとともに、子どもたちに踊りを見せるための工夫を凝らす必要がある。老年期の踊り手たちが語ったように、年に一度の見る機会を重ねることで歌が身にしみ入って記憶に残り、いつかこの輪に入りたくなるかもしれない。こうした三重の輪を取り戻すことが、踊りと歌の継承を潤滑にする鍵となるように思う。

（2）変化のなかの連続性

チエ子さんは、中学卒業後の15歳（１９５２年）のときに同郷人が営む大阪のメッキ工場に働きに出た。そして、年を重ねるごとにふるさとの同級生が恋しくなって、70歳（２００８年）になると沖縄に帰ってきた。ただ住むところは、ふるさとの備瀬ではなく、沖縄市にある姉の家の近くにした。同級生も、備瀬に残っている人は少なく、中南部に居を構えている人が多いという事情も働いた。そして、沖縄に戻った翌年には、新天地市場で絣の着物を買い求め、照子さんたちとともにウシデークの輪に加わった。

久しぶりのふるさとはさぞ懐かしかったでしょうと、チエ子さんに投げかけてみたところ、意外にも彼女は、「現在の備瀬を歩いてみても昔の面影はぜんぜん浮かばない」と答えた。そして、「目をつぶってはじめて子どものころの面影が浮かぶ」と付け加えた。そう語った彼女には、大阪にいるときに頭の中から消えないふるさとの光景があったという。それは小学生のとき、日差しが強くて畑に出られない日中に、屋敷内の木陰に敷いた筵（むしろ）に集まってきたおばさんたちとのふれあいのひとときだった。

〈筵の上でのシラミ取り〉［13-08-07］

チエ子：わたしら小ちゃかったでしょう、まだ（小）学校行ってるぐらいやから。子どもたちに（髪の分け目のところにいる）シラミをこうして（かき分けて）取らしよったんです。そういうのもひとつの集まりだったし。で、昔はテレビも何も、楽しいもんも何もないもんやから、けっきょくおばあちゃんたちが集まって、ぐちゃぐちゃ、ぐちゃぐちゃ世間話とかやって、楽しみがあったんですよ。

それをね、わたしは大阪におるときですよ、そういう面影が、もう頭の中から消えないわけ。で、沖縄帰ったらそういう光景もまた見れるんかなぁ思うて、思ったんですよ。それがいま、何にもないです、そういうこと。おばあちゃん連中がみんな、いなくなったのか。みんなあっち、マチ（那覇や中部に）出てしもうて、おばあちゃんばっかり。で、おばあちゃんらもみんな亡くなって、けっきょく屋敷も空屋敷になってますわね。だから、そういうようなことね、〔語気強く〕ほんと、ないでしょ、ほんとに、どこ行っても。

チエ子さんは、屋敷に集まったのは「おばあちゃんたち」と表現したが、じっさいには自分の母親たちの年代の「おばさんたち」であったらしい。ともあれ、彼女が語る、小学生の女の子に近所のおばさんたちが頭のシラミを取らせているといった光景は、大人と子どものふれあいが醸し出す穏やかで温かな雰囲気を伝える。彼女は、沖縄に戻ったらそんな光景がまた見られると期待していた。しかし、ふるさとを不在にしていた五〇年余りのうちに、多くの人は都会に移り、なじみのおばさんたちも亡くなり、そうしたふれあいの光景はムラから消えていた。その現実を前にしたときの嘆きがここで表現されている。端から見れば、五〇年余りのあいだにムラの景観や人びとの暮らしぶりが変わらないはずがないと思うだろうが、彼女は、遠く離れた土地で暮らすあいだも変わらずにこの面影を抱き続け、ときにこの面影に支えられながら生きてきたにちがいない。むしろ五〇年を越える年月のあいだにこの面影は彼女の中で純化され、「頭の中から消えない」光景として定着していった。だから、現在のムラの変貌ぶりを目の当たりにした彼女が、その面影の喪失に衝撃を受けたのも当然だった。ふるさとを不在にしていた者は、変化の渦中を体験できず、出郷と帰郷という二つの時点の断絶に直面させられて戸惑うほかはない。

チエ子さんの同級生の美津子さんもまた、22歳から二〇年間の大阪暮らしを経て沖縄に戻ってきた。この間に沖縄は、人の情けが薄くなっていたことに驚いたと話す。彼女は大阪に出て、きょうだいどうしの仲が薄いのに驚いたというが、久しぶりに戻ってきた沖縄もまた人の情けが薄くなっていた。それは、自給自足の暮らしから給料生活になったからだと彼女は考えた。「給料生活だったらがむしゃらでしょ。それでみんな欲が出て個人主義になって、きょうだいはじめ、みんな（仲が）薄れていくさ」。ムラに、そして沖縄に、「情けが薄くなった」との受けとめは、ふるさとを離れ長く都会に住む人たちが抱く共通の心情といえる。チエ子さんたちより六歳年上の和子さんは那覇に住み、備瀬に帰る機会はけっこうあるが、以前のように「ゆっくりお茶を飲んでいきなさい」と声をかけてくれる人もいなくなり、味気なくなったと嘆いた。そして、海洋博以降のふるさとの変わりようには戸惑うばかりで、自分たちはまるで「浦島太郎のようだ」と笑った。

備瀬というムラはいまも、暴風から家々を守り緑陰をつくるフクギ並木に包まれ、昔ながらの集落景観を残していると紹介されることが多い。しかし、ここで子ども時代を過ごした彼女たちにとっては、「昔ながらの」ムラはもはや存在していない。そんな彼女たちが年に一度のシニグという伝統行事の場に駆けつけ、踊りの輪に加わることにはどのような意義が込められているのだろうか。

和子さんは、2011年のシニグで、ウタムチを長く務めた母親の着物を着て踊ったと教えてくれた。幸子さんもまた、ムラの神人であり、那覇郷友会の婦人部の面々をシニグの場につないだ姉のミエ子さんの着物を着けて踊ったと話した。和恵さんは、大正生まれの最後のウタムチとなった母チヨさんを亡くした後、喪の期間を経てその跡を継ぐようにしてシニグの輪に加わった。70歳で沖縄に戻ってから六度のシニグを体験したチエ子さんは、2014年11月、娘の住む大阪にふたたび戻った。そして2015年のシニグには大阪から帰ってきてムラ内の民宿に泊まり、神酒づくりの裏方を務めながらウシデークを踊った。同じ年、神戸に住む姉を亡くしたばかりの照子さんは、自分は踊れないにもかかわらず、いつもどおり同級生たちをまとめてシニグの場を盛り立てた。

青年期にムラを離れ移動先で年を重ねた彼女たちは、子ども時代のふるさとの面影と現在のムラの姿とが重ならず戸惑いを抱えながらシニグの場に足を運んでいた。景観も人も変わるなかで、この行事もまた変わった。シニグ節を完璧に歌えるウタムチはいなくなり、テープの助けが欠かせなくなった。そして、踊りに参加するムラ人も減り、郷友会からの加勢がなければウシデークの輪はもはや成り立たなくなった。しかしそれでもなお、シニグはいまも続けられている。この日に備瀬に駆けつける彼女たちにとって、古い先祖の代から連綿と受け継がれてきた踊りの輪に加わることは、子ども時代とは大きく変わったふるさとのなかに連続性を見出し、自分をその流れに位置づけようとする営みのようにみえる。

注

[1] 仲田善明（2003）「備瀬のシニグ」『本部のシヌグ』沖縄学研究所、257-282頁。

[2] 各年のウシデーク参加者数は以下のとおりであった。2010年26人（うち那覇4、中部9）、2011年36人（那覇11、中部9）、2012年27人（那覇1、中部9）、2013年26人（那覇4、中部8）、2014年21人（那覇5、中部6）、2015年28人（那覇4、中部9）。

[3] 遠藤美奈（2006）「安田郷友会のウシンデーク活動」『ムーサ：沖縄県立芸術大学音楽学研究誌』7、9-21頁。遠藤美奈（2012）「安田郷友会とシヌグの「ウシンデーク」」『民俗音楽研究』37、25-28頁。

[4] 林秀佳（2012）「国頭村字奥のウシデーク――奥郷友会のウシデークの事例を中心に」『在那覇奥郷友会創立60周年記念誌：郷愁』、132-158頁。

[5] 備瀬はアサギ（お宮）を境に南と北の地区に分けられる。千代さんの家は北にある。

[6] シニグ節の歌詞については以下の各資料を参照した。「凌ぐ節綴」（手書き。1952年に当時の仲村信助区長・兼次長完書記他が、「ミーヤーグヮーのおばあ」こと具志堅ムタ（85）、仲村ウシ（77）他から採録した旨が記されている）、仲田栄松（1984）『備瀬史』本部町備瀬区事務所発行、「備瀬村のシヌグ節」（手書き。1985年、浦崎芳子作成。比嘉カメ（85）、玉城千代（65）他から採録）、武藤美也子（1994）「備瀬のシニグ歌」高阪薫・秋山紀子・武藤美也子・神野富一編『沖縄祭祀の研究』翰林書房、294-301頁、仲田善明（2003）前掲書。

[7] 歌詞の進行が速く軽快となる箇所。小林公江・小林幸男（2014）「沖縄本島北部の臼太鼓」『京都女子大学研究紀要（宗教・文化研究所）』27、35-59頁。

[8] 備瀬はかつて、小浜村と備瀬村に分かれていた時期があった。

[9] 那覇近郊在住備瀬郷友会（1995）『40年のあゆみ　郷友』、52頁。

[10] 模合は元々、相互扶助的な金融の仕組みである頼母子講の一種だが、現在は親睦目的で結ばれることが多い。

[11] 菅原は、身体配列のパターンは社会関係を具象化したものであることを指摘している。菅原和孝（2004）『ブッシュマンとして生きる』中央公論新社。

4章 自然との交わりの記憶 ――2012～16年の大御願

1 イモと裸足の世代が集う神行事

(1) 畑の稔りと海の恵み

備瀬ムラには年に二回、旧暦4月と6月に大御願(ウプウグヮン)と呼ばれる神行事がある。神人によれば、イモ神酒をつくって供えることからイモを中心に豊作を祈願する行事である。かつてこのムラはイモを主食としていた。大御願はまた、ミーウガンと呼ばれる離れ小島に渡って洞窟の竜宮神を拝むことから、豊漁と海の安全を祈願する行事でもある。ムラの東には畑地が拓かれ、西にはイノーと呼ばれる浅瀬(礁湖)が広がる。ムラ人たちは畑の稔りと海の恵みを受けて世代をつないできた。

1929(昭和4)年生まれの同級生どうしであるトミさんとミヨさんが戦前の子ども時代のことを教えてくれたつぎの掛け合いも、海と畑と密接に結びついた生活を伝える。イモを三食食べていた当時、ギシチュミ(ムラサキ貝)と呼ばれる二枚貝はイモとの相性が抜群だった。

〈貝とイモ〉［15-02-20：福女会］

トミ：（薪を取りに）山行ったり、海行ったり。リーフの内側の海があるでしょ。昔は海洋博がない、自然の海が広がっていたもんだから、ウニ、いま本土にもこんなおいしいウニはないはずよ、昔のウニ。ギシチュミといってもあった、親指の長さぐらいの貝。あれは誰でもザル持って行ったら採れた。

ミヨ：また、おいしかったからね。

トミ：そして採ってきたらそれで終わりじゃなくて、毛（貝に付いた藻）をこするの。一生懸命これ、一時間ぐらい、それ以上かな、石にこするわけ。貝に付いてる毛を。これをこすって（とって）。それから蒸したりおつゆに使ったり、しよった。もうどこの家庭でも、わたしたちの年代はみんなやっている。イモとこれがあればもう申し分がなかった［笑う］。イモとこれがあれば、ほんと。

ミヨ：イモが主食だからね、ご飯はないから。

トミ：もうご飯はね、ヒチビ（節日、祝日）にしかなかったわけよ。年に多くて五回ぐらいかね、多くて五回ぐらい。米でもね、（炊くときに）ぜんぶ米使う家庭はエーキンチュー、金持ち。何か粟混ぜたり、いろんなもの混ぜて、自分たちみたいな貧乏家庭は、何か混ぜていた。また、学校に行くでしょ、風呂敷に本は包んでこっちに腰に巻くでしょ。で、手が空いてるでしょ。学校行きながらザルに肥やし入れて、頭に乗せて、畑に置いておけば（後から親が）やるよと。学校に行きながら腰に本は巻いて、頭に乗せてザルは。そのまま畑にポンと置いて学校に。そういう生活。

ここには、イモを食べる日常と粟や米にありつける節日が語られている。また、貝を採って食べられる状態まで手を加えたり、登校時に肥やしを畑まで運んだりといった内容からは、家庭の日常を支えるために子どもたちもしっかりと役目を果たしていたことがわかる。トミさんより八歳下となる1937年生まれのチエ子さんは、小学二年のときに沖縄戦に巻き込まれて妹を亡くしている。父や兄を亡くした同級生も少なくなかった。つぎの語りは終戦直後のムラの暮らしを伝える。

〈戦後の生活〉［12-09-05］

チエ子：あの当時（終戦直後）の人、旦那みんな亡くしてね、ほんとに遊ぶことも知らんしね、ただ子ども育てるだけが精一杯で、もうほんとにもう、子どもなんて放ったらかしですよ。畑行って、雨が降ればまたカズラの先（イモの苗）切って植えて、そっからイモができるように。それするか、そんで前に植えたイモのほうはイモ掘りに行って、それを炊いてやるか、もう食べるもんもほとんどないです。そやから子どもたちが海行って貝拾ってくるとか、またそのイモ炊く焚きもん（薪）もないから、薪もないから、また山行って、それをまた子どもたちが取ってくるとか。

で、親はご飯こしらえたり、ご飯といっても、米（でない）。イモというの、炊くのに火がいりますやん。長いこと、中まで炊こう思うたら、それがまたね、なんとか方法なかったのかね、あんな大きなイモ炊くのには薪がいる。薪取るいうたら、山何里も、…何キロも行って、焚きもん頭に乗せて持って帰ってくる。持ってきたかて、こんな一日イモ炊いたらもうすぐになくなりますやん。

それの繰り返しですよね、何十年かね。いつごろか、こないちょっと進んだ世の中になったか、それがわからない。

トミさんもチエ子さんも、学校へは裸足で通っている。チエ子さんよりさらに十歳下の善久さんは1947年の生まれで、いわゆる終戦後の団塊世代にあたる。ムラの同級生は男女合わせて九〇名以上もいたが、その四分の一ほどは中学校を卒業するまでに中南部に転校していった。彼の記憶では、小学五年生（1958年）ごろまでは裸足で過ごしていた。靴底がすり減ってもったいないからと靴を履くのは運動会のときだけだったという。小学生のときはイモ中心だった食生活は、中学生になると三食米飯となった。このころ、自給用のイモや粟を育てる畑が減り、換金作物であるサトウキビの畑が広がっていった。裸足から靴を履くようになり、畑で育てたイモを食べる日々から購入米を食べる日常へと変わってから、半世紀余りの月日が流れた。本章では、この変化の渦中に身をおいた世代に着目し、大御願の現在と自然との交わりの記憶を重ねてみたい。

（2）大御願

神人たちが司るムラの神行事の多くは、主要作物の稔りに対応していた[1]。自給的生活を送るムラの人びとにとって、これらの稔りによって命が支えられているのだから豊穣への願いは切実だった。暦（旧暦）の順に行事をあげてみよう［図4-1］。2月15日後の吉日を選ぶ二月ウマチーは、麦が実

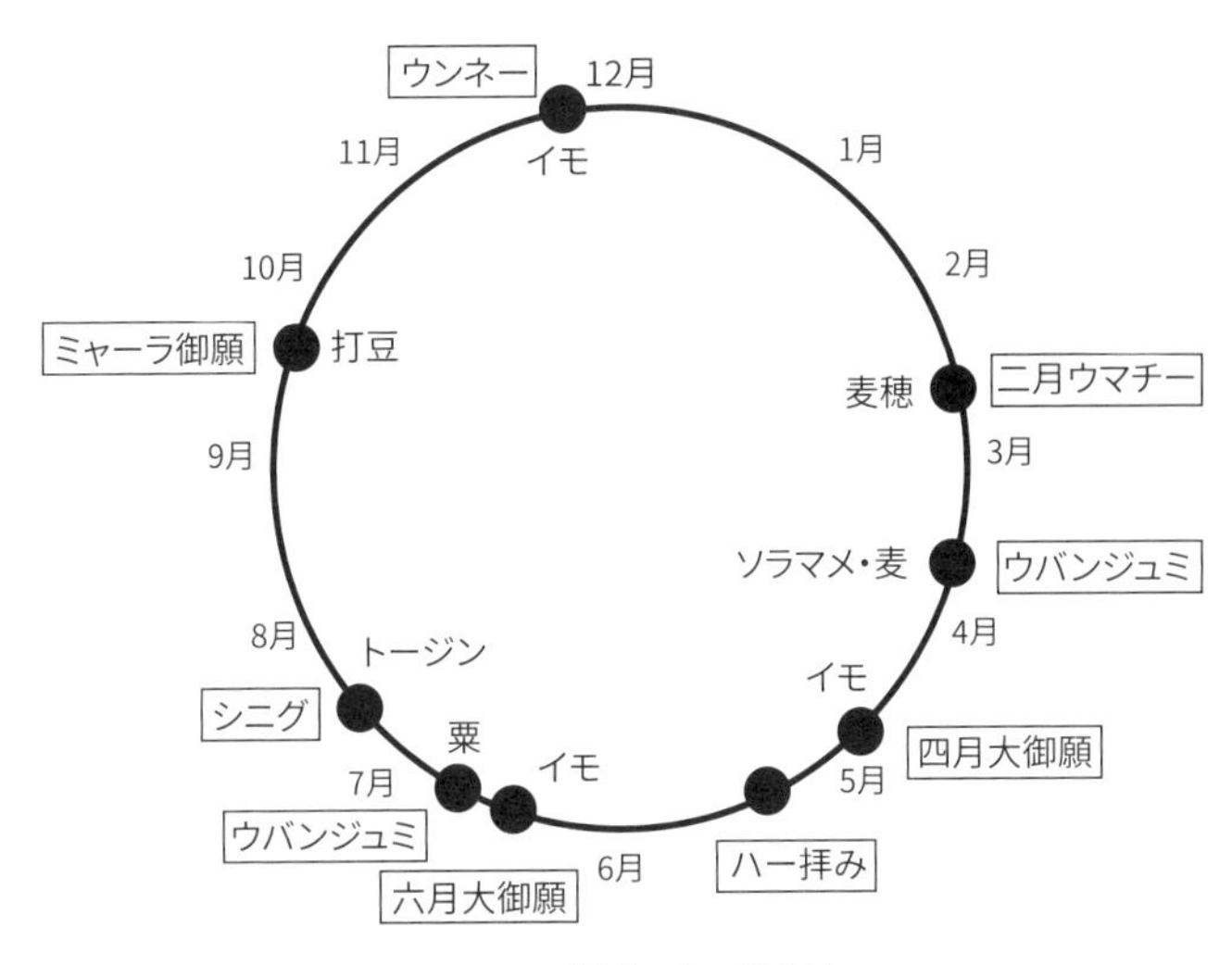

図4－1　農耕周期と神行事

を結ぶ時季で麦穂を供えてその豊作を祈願する。3月15日後の吉日におこなうウバンジュミは、収穫したトーマミ（ソラマメ）と麦を炊いて供え、その稔りに感謝する。かつてはこの豆で味噌をつくった。4月と6月それぞれの吉日を選ぶ二つの大御願では、イモの神酒が供えられる。このあいだはイモの苗を植え付けるのに最も適した梅雨の時季と重なり、イモを中心とした豊作と豊漁を祈願する。四月大御願では、イモとはったい粉（煎った大麦を挽いた粉）でつくった丸いプチムチーも供える。6月25日の綱引きの翌日にある二度目のウバンジュミは、収穫しはじめの粟やチミアワ（もち黍）でアワメー（粟飯）を炊いて供えた。7月に一週間続くシニグ行事では、イモや粟の神酒、イモとトージン（モロコシ）の餅、粟のハシチ（現在では米の強飯（こわめし））などを供える。9月吉日のミャーラ御願では、収穫したばかりの打豆（ウチマミ）（下大豆、沖縄在来の大豆）など五穀の稔りを感謝する。打豆は祝い事に欠かせない豆腐になる。11月冬至前の吉日におこなわれるウンネーではふたたびイモの神酒をつくり、イモを牛汁とともに供える。牛の角のように大きなイモができるようにとの願いを込めた豊作祈願である。

かつての主要作物のうち、いまもムラの畑で目にすることができるのはイモのみといってよい。そのイモも自給用というよりも、限られた農家が換金作物として栽培するものに変わっている。ムラの神人は現在でも、供物を購入米などで代用しながらこれらの神行事すべてを遂行しているが、参与観察を通してわかったのは、神人と手伝い役以外の参加があるのはシニグと大御願に限られることだった。そこで本章では大御願を取り上げる[2]。年に二回の大御願に参加する人たちの多くは、イモが主食だった時代に育った人たちである。この行事ではいまもムラの畑でできたイモを用い、昔と変わらぬ手順でイモ神酒をつくり、離れ小島の拝所に供えて拝んでいる。昔ながらのやり方で進められるこの行事が参加者たちに何をもたらしているのか。また、暮らしの自給的側面が失われつつあるなかにあってムラの豊作と豊漁を祈願するこれらの行事を続けることの意義は何なのか。これらの問いに迫る。ムラの伝統行事がうながす人と人との交わりとともに、人と自然の交わりにも目を凝らしてみたい[3、4]。

2012年から2016年にかけての五年間で十回おこなわれた大御願のうち、八回で参与観察を実施した。そのうちの二回は前日のイモ神酒づくりから参加し、それ以外は当日のみの参加だった。拝みの場では神人や参列者の後ろで一緒に手を合わせ、語りあいの輪にも入れてもらった。

2 ■ 大御願の現在

（1）拝みの場所

イモ神酒づくりを含む行事の進行について、時刻、場所、担い手、行為内容を表4‐1にまとめた。この表からわかるように、行事はいくつかの場所を巡りながら進められる。1章で紹介したアサギやヌル殿内以外の主要な場所について紹介する［図序‐1、2頁を参照］。

a　ナカリューグ（中竜宮）

アサギ（お宮）前から浜辺に抜ける手前、海を望む高台にある拝所。浜辺からは坂を上ったところにあるためサンケーバンタ（参詣坂）とも呼ばれる。コンクリートで弧を描くような形で固められた台座の中央には方形の小さな祠と香炉が据えられており、神人たちが拝むときには海とは反対の山手の方角に向かうことになる。その後、区長を中心に男たちが海を望む場所にある香炉に移動して手を合わせる。男たちが主導するのは、海に出るのは男だからと説明される。昔は、租税などの伝令舟がこの下の浜から伊江島に向かったという。また、1960年代半ばまで、神行事のさいに参加者を乗せた舟がこの浜からミーウガンに向けて漕ぎ出した。以下は神人二人の掛け合い。

〈舟でミーウガンに渡る〉[12-01-25]

松枝：ほとんどここ（ナカリューグ下の舟着き場）から、わたしが（ニガミとして）出てからも舟で竜宮に渡したんですよ。…

ヌル：ここから舟出してね。

松枝：ここから向こうには、灯台の下の祠（洞窟の拝所）のところまでは舟でみんな渡しよったんですよ。あのころの（備瀬区の）事務所で書記さんしている方々はちゃんとサバニを用意してね、行事ごとに。神人五名乗って行きよったかな。三名とおじい二人と、五名乗せて。もう、いつも渡して。波の荒いときはおぶられて、あの人たち、この辺（腰）まで波に浸かっていて。ちょっと舟がすぐ砂場まで着けられないときは、途中からおぶって、…渡してくださったんですよ。それだけ関心があったわけね。で、いまボートがあってもみんな仕事だし、関心も薄れたから20日の日取り

表4－1　大御願の進行

日時	場所	担い手	行為
前日午前・午後	公民館の炊事場	神人と手伝い①	神酒づくり （イモを炊いてつぶす）
当日午前中	公民館の炊事場	神人と手伝い②	神酒づくり （練りイモを濾す）
当日14時ごろ	ヌル殿内 アサギ ニーヤーとヌル殿内	神人③ 神人と参列者 神人④	行事開始の拝み イモ神酒を供え拝む イモ神酒を供え拝む
15時ごろ	ナカリューグ	神人と参列者	イモ神酒を供え拝む
16時ごろ	ミーウガンに渡る 洞窟 墓所 ムンジュクイ浜	神人と参列者	 イモ神酒を供え拝む 重箱を供え拝む 海に向かって拝む
17時ごろ	クビル	神人と参列者	重箱を供え遙拝
18時すぎまで	同	神人と参列者⑤	共食（直会）

とったのは（潮が引いて歩いて）渡れるから。

松枝さんがあげた五名の神人というのは、ヌルと両ニガミ、男性神役のスマンペーフとカジトゥイのことを指している。ヌルさんによれば、舟で渡ったのは神人たちに限らず「はじめは神人が行く。後からは希望する人がぜんぶ行った」という。当時はむしろ、舟を寄せやすい満ち潮のときに渡った。ムラ人たちの行事に寄せる関心が薄れるなかで、神人たちは自分たちで歩いて渡れる日時（各20日の干潮時）に行事を設定するという対応をとった。

b　ミーウガン

ミーウガンとは、備瀬崎の先端に位置する離れ小島を指し、海の神である竜宮神と交感する聖域とされる。ムラ人たちは行事のとき以外にはこの島に足を踏み入れることはない。またグシク山同様、この島の木や石を持ち帰ってはならないという禁忌がある。大御願のときに巡るのは、①島の先に位置する自然洞窟の拝所、②島の中ほどにある、ヌル・ニガミの先祖の遺骨が納められた墓、③ムンジュクイ浜と呼ばれる海を望む岩場の拝所、である。

①自然洞窟の拝所

洞窟の中には香炉が三つ並び置かれ、中央が備瀬の竜宮神、左手がさまざまな作物の種をもたらした唐（中国）、そして右手は航海安全を込めたヤマト（日本）を象徴する。備瀬崎は波が荒く船の難所であった。ミーウガンの先にある大きな岩はヤマトンニーイシ（大和根石）と呼ばれ、かつてヤマトからの船が付近で座礁したときに船員たちはこの岩に上って助かったとの伝承がある。

以前は香炉の奥に赤土が盛られており、これはシチガナシー（ガナシーは接尾敬称）と呼ばれる聖なる土であった。神人は洞窟に入ると、はじめにこの土を三回盛りながら「今年も豊作でありますように」と唱え、それからイモ神酒を供えての拝みに移った。また、スマンペーフを務めていたニーヤーのおじいは、ムラ入り口の浜辺で拾った七つの丸い石をタオルに包んで持ってきて、その石をムラの作物の七俵に見立ててシチガナシーのところに置いたという[4]。作物を生み出してくれる土に感謝しながらの豊作の祈願だった。

この洞窟はまた、旅立ちの御願（ウグワン）（祈願）をする場所でもあり、シチガナシーは旅に出る人のお守りにもなった。直接本人から聞くことのできた例を二つ示す。

〔事例1〕1910（明治43）年生まれの具志堅実さん（故人）は、1929年19歳でフィリピンのミンダナオ島ダバオに渡り、麻を栽培する農園で働いた。ムラを離れるときから、ミーウガンの土を小さな袋に入れて首から提げてお守りにしていた。日米戦のさなかには、他の備瀬人とともに幼い子どもの手を引きながら山中を逃げ惑った。日本の敗戦後に引き揚げ船で帰郷するとお守りの土をミーウガンに返した。

〔事例2〕1929（昭和4）年生まれの渡久地シズさん（故人）は、夫となる備瀬出身者に呼び寄せられて1956(昭和31)年27歳でハワイに渡った。このとき、ミーウガンの土をお守りとして持って行った。夫はホノルルの街中でガソリンスタンドを経営していた。土は自宅の庭に祀り、一日と十五日には備瀬の方角を向いて拝んでいた。年月を重ね、子どもの代になって放ったらかしになったら大変だからとこの土を返しに来た。このとき、ヌルも一緒にミーウガンに渡り、土を返す拝みをした。

島(ムラ)を離れる者が、洞窟の土をお守りにし、無事に帰ることができたときに感謝の拝みとともに元の場所に返す。かつてムラの人たちにとって、豊穣を祈るミーウガンは回帰すべき母胎のように見立てられていたのかもしれない。

現在、香炉の奥に盛られた土はなく、陽石風の石が立てられている。神人によれば各地から「ユーウガミ(世拝み)」に来た人たちが周辺にあった石を立ててしまったのだという。人びとの出入りが激しくなるなかで、いつしかシチガナシーは失われた。

②ヌル、ニガミ、ウミナイの先祖の墓所

ミーウガン先端の洞窟から岩場を引き返すと、やがて砂浜に出る。アダンが密生するあいだの小道をやや上ったところにコンクリート造りの家型の墓がある。ここには、三人の神女の遠い先祖の遺骨が納められていると伝えられる。それぞれ、ヌルの先祖(祖霊)であるカニバンカミチルー、ニ人のニガミのうち女の祖霊に仕えるクバマウトゥラルー、そしてウミナイと呼ばれる神役の先祖であるカネクウトゥラルーである。ウミナイの先祖はニーヤー門中からハナクンヤー(具志堅)門中に嫁いだ

とされる。墓の前に置かれた二つの香炉のうち、右手がヌルとニガミの先祖、左手がウミナイの先祖に向けられたものである。ここで神人たちは、手づくりの重箱を供えて拝む。ミーウガンには神女たちの先祖たちの遺骨を納めた墓があるのにたいして、グシク山にはムラ立てとかかわる男性先祖の遺骨を納めたとされる墓がある [5]。

なお、ミーウガンにはニーヤー門中出自の神人たちにかかわる墓だけでなく、シンバンヤー（仲村渠）門中の神人たちが拝んできた墓所が二カ所ある。この門中出自の神人が不在となった現在では、大御願のさいに門中本家の人たちが供物を供えて拝んでいる。

③ムンジュクイ浜

墓所から砂浜に戻って少し進んだところに、海に向かうのに好都合なすり鉢状の岩場がある。この付近はムンジュクイ浜と呼ばれる。神人たちはこのすり鉢の中に入り、海に向かって手を合わせる。漁業を生業とするムラ人たちの安全と、備瀬崎の向こうを通って日本本土を目指す船舶の安全の祈願である。

c　クビル

潮の引いた海を歩いて集落側に戻ってくると、ミーウガンをのぞむクビルと呼ばれる広場でふたたび手を合わせる。この拝所は、コンクリートを敷いた2メートル四方ほどの空間に香炉が置かれている。悪天候などでミーウガンに渡れないときはこの場所から遙拝（お通し）する。拝みを終えると、各自持参した重箱の包みを広げ、しばし共食の時間を過ごす。

この広場はかつて白砂だったが、急増する観光客に対応するために２０１０年にアスファルトで覆い、駐車場としてムラが管理するようになった。その周囲はテント場とした。駐車料金は一台あたり一日五百円、テントは一張り二千円となっている（２０１６年現在）。ムラの老人会メンバーが当番で集金兼管理係を担当している。

（2）イモ神酒づくり

ここでは、前日の神酒づくりから参加した２０１３年の四月大御願の様子を紹介することとし、必要に応じて他の回の場面を添えて行事の現状を伝えたい。表４‐２に、参加した八回の大御願についての概略を示した。

表4－2　各回の概略

年　月	新暦・天候	当日午前の神酒づくり	ミーウガン	のべ参加者数（男女内訳）
2012 六月	8月7日（火）曇り	ヌル、ニガミ、他3人	水位下がらず渡れず	15（女8、男7）
2013 四月	5月29日（水）晴れ	ヌル、イガミ、他3人	渡る（神人含め12人）	24（女12、男12）
2014 四月	5月18日（日）曇り	ニガミ、他（未確認）	雨交じりの南風で渡れず	20（女9、男11）
2014 六月	7月16日（水）晴れ	ヌル、ニガミ、イガミ、他3人	渡る（12人）	20（女8、男12）
2015 四月	6月6日（土）雨	ニガミ、他6人	雨のため渡れず	20（女15、男5）
2015 六月	8月4日（火）晴れ	ニガミ、イガミ、他4人	渡る（8人）	18（女8、男10）
2016 四月	5月26日（木）晴れ	ヌル、ニガミ、他3人	渡る（16人）	29（女18、男11）
2016 六月	7月23日（土）晴れ	ヌル、ニガミ、他4人	渡る（14人）	18（女10、男8）

a　前日の下拵え

旧暦４月19日の９時すぎ　公民館に顔を出すと、炊事場ではヌルさんがひとり、盥の水に浸けたイモをたわしで洗おうとするところだった。男が手伝ってよいのか尋ねると問題ないとのことなので、土の付いたイモを洗う作業を手伝う。かつてはイモ40斤分の神酒をつくっていたが、いまは20斤にしていると教えてくれる（20斤は12 kgだが、やや多めの14 kg）。イモはヌルさん夫婦が耕す畑でできたものとのこと。やがて手伝いのキクさん（70代）が現れ、洗ったイモの皮をむきはじめる。三人でおしゃべりしながら手を動かす。ヌルさんは、扇風機がなかった時分、夏に粟を収穫すると、晩には庭でアワメー（粟飯）を食べたことを懐かしそうに語った。男たちは上半身裸で、夜空の月を眺めながらの食事だった。「ふだんはイモばかりだから、アワメーが楽しみだった」。こうした習慣は昭和30年代まで続いたという。

皮をむいたイモは盥の水に浸けておき、アクを抜く。たくさん出たイモの皮は、ヌルさんが、飼っている三頭のヤギの餌にするからとビニール袋に入れていた。

11時前　美枝子さん（77）が来ると、ヌルさんが作業しているのを見て、「なんでもっと早い時間に来るように言わないね」とキクさんを咎めた。ふだんは穏やかな美枝子さんの語調から、神人に難儀させては申し訳ないという思いが伝わってきた。彼女は、神人の手足となって行事を支える役目のサンナムを、75歳で引退するまでしばらく務めていた。彼女もさっそくイモを玉切りにする作業に取りかかった。やがてお昼になったので、14時に再集合ということで一時散会。

14時すぎ　炊事場に戻ると、美枝子さんとキクさんはすでにイモを炊きはじめていた。松枝さん、トシ子さん、ヌルさんと、神人の三人も揃った。イモが炊きあがると二つの盥に半分ずつ移し分けて、すりこぎでつぶす。それぞれおしゃべりしながら手を動かす。イモをつぶす作業が一段落すると、松枝さんが、かつて大御願のときに供えたという「プチムチー」をつくると言って、自宅にはったい粉を取りに行った。戻ってくると、すりつぶしたイモにはったい粉と黒糖を加えて混ぜ、水を少し加えて練り、それを丸めて団子にした。できあがったイモ団子は、イモに麦の風味が加わった素朴な味わいだった。このプチムチーは旧暦3月3日の浜下りのときにもそれぞれの家庭で供えたと教えてくれる。

みんなでプチムチーを味わった後は、明日使う米麹を水に浸して冷蔵庫に入れておく。すりつぶしたイモが入った二つの盥には布巾を被せ、魔除けの左縄（左綯りにした縄）を巻く。16時、「今日はここまで、また明日」ということで解散する。

b　当日午前中の神酒づくり［写真4−1］

翌20日の8：40　炊事場をのぞくとまだ誰の姿もなかったが、ヌルさんがちょうどやって来た。神人たちは当日の朝に行事で供える重箱の用意もしなければならない。彼女もその準備を終えてきたのだろう。さっそく、水に浸けてふやかした麹と伊江島産の麦粉を、昨日つぶしたイモに加え、混ぜる。全体がまんべんなく混ざるようにと入念にしゃもじで返す。ヌルさんによれば、麦粉を入れずにイモだけだと「湧く（発酵する）」のが早すぎてしまい、しかも、おいしくないのだという。

9：30すぎ　合流したトシ子さんとヌルさんの二人が向かい合い、ポリバケツの上に濾し網を置いて、ペットボトルに入れた水を少しずつ加えながら練りイモを濾しはじめる。やがて和恵さん（68）と松枝さんの娘の枝美さん（49）も加わって、二人一組となってイモを濾す作業を進める。和恵さんは神酒づくりに参加するのは初めてということで、わからない点を問いかけながら手を動かしていた。練りイモを濾すと網の上には繊維の塊が残るが、それは取り除く。丸めた繊維には粘り気があるためチューインガムのようだと和恵さんは表現した。作業を進めるうちにやがて、和恵さんと枝美さんがヌルさんに神人としての歩みを問いかけるという流れとなった。枝美さんが「神の道に入っていくのは怖くなかった？」と問うと、ヌルさんは、出生のときの不思議な体験から始まって、六カ年皆勤をもらうつもりでいた小学五年生のときに喘息になり、その後夢でお告げ

写真4－1　イモ神酒づくり（2012年六月大御願）

があってこの道に入ることを決意したことなど、これまでのいきさつを二人に語った。11時ごろにすべて漉し終えると、最後に砂糖を加えて味を調える。昔は砂糖を入れなかったという。神酒ができあがったので、いったん解散となる。

2015年の四月大御願のときには、母を亡くした和恵さんの語りが印象的だった。

〈場面1：亡き母を送る〉［2015年四月大御願］

9時すぎに公民館に顔を出したとき、先に来ていたのは和美さん（60代）だけだったが、やがて松枝さん、枝美さん、和恵さんと加わる。二人ずつ向かい合って座りイモを漉す作業を進める。それぞれ手を動かしながらのよもやま話となり、やがて和恵さんは一昨年に亡くなった母親のことを語りはじめた。病床にあった母がシニグのことをずっと気にかけていたこと、そして亡くなるときには母への感謝の歌をうたって送ったことなどを止めどなく語った。母親のチヨさんはシニグ節のウタムチ（歌い手）として行事の場を長年引っ張ってきた人物だった。和恵さんはさらに、母親が亡くなった後に続いた節目ごとの儀礼や墓の準備など、やることがいっぱいで大変だったともらす。他の三人は手を動かしながら、彼女の話に静かに相づちを打っていた。

（3）アサギとナカリューグ

14時ごろ　ヌル殿内に神人たちが集まり、平服のままで行事開始の拝みをする。ヌルヒヌカン、ウタナ、トクの香炉に線香を立て、この順に拝む。線香がある程度燃えるのを見届けるまで、しばらくその場で待つ。このときに、神人三人での語りあいとなることがよくある。

〈場面2：戦争で亡くなった兄〉［2014年六月大御願］

　三人の神人にとって共通の出自であるニーヤー門中についての話となり、ヌルさんは、戦争中、実家とニーヤーの位牌を背負って離さなかったことを語った。終戦後に手相を見てもらったとき、「お兄さんは若いときに亡くなったね。あんたはお兄さんの代わりに長生きして神信仰しなさい」と言われたという。じっさい兄は沖縄戦で亡くなっていた。ヌルさんの口からはしばらく兄についての思い出が溢れ出し、喘息になったときに遠い病院まで付き添ってくれたこと、妹である自分を神人になる人として敬っていたこと、ヌジファ（抜霊儀礼）をしてからは兄が夢に出てこなくなったことなどを語った。そして、「亡くなった人の思いが残っているときには見えるんであって、立派にその思いを叶えたら、もう出てこない」と繰り返した。話が一区切りしたところで、お宮でみんなが待っているからということで三人は腰を上げた。

14：10　ヌル殿内からアサギに移動すると、ヌルとニガミは白い神衣装を着ける。ニガミが殿の中に入り、ロウソクに火を点け四つの香炉に線香を立てる。イモ神酒を注いだ四つの黒椀を膳に載せてヒヌカンに供え、神人たちが手を合わせる。拝殿に座る他の参列者も一緒に拝む。神酒の膳が殿から運び出され、今度はウタムトゥ木の前に置かれる。拝殿側に移動してきた神人はその膳を前にしてふたたび手を合わせる。その後、神人は参列者のほうに向き直り、供えた神酒を下げていただく（ウサンデーする）。

つづいて参列者の健康願いの拝みに移る。健康願いの祝儀袋を出した者は線香（平御香）二ヒラを受けとると額の前あたりに捧げ、ニガミに手渡す。ニガミは殿の香炉にそれらの線香を立ててから、ふたたび拝殿側に戻る。ニガミが祝儀袋に書かれた名前をひとつずつ読み上げてからヌルに手渡す。ヌルは受けとった祝儀袋を捧げ、拝む。

14：40　手伝い役が十一の白椀にイモ神酒を注ぎ、ニーヤーとヌル殿内に運ぶ。追って、神人三人も移動する。他の参列者はそのままお宮に残り、神人たちが拝みを終えて戻ってくるのを待つ。ニーヤーでは、ヒヌカンに一椀、門中のウタナに二椀、トクに一椀、仏壇に二椀と供え、それぞれの香炉に線香を立て、この順で拝む。このときの拝みはニガミが主導する。ただ、この日は家主への連絡が行き届かなかったのか、鍵がかかっており入って拝むことができなかった。つづいて、ヌル殿内では、ヒヌカンに一椀、ウタナに三椀、トクに一椀と供え、手を合わせる。その後、ヌル殿内に供えた神酒を下げていただく。このときも線香がある程度燃えるまでのあいだ、三人の語りあいとなることが少なくない。

15：05　神人たちがアサギに戻ると、他の参列者とともにナカリューグへと移動する。祠の前にイモ神酒を注いだ三つの白椀を膳に載せて供え、香炉に線香を立てて拝む。他の参加者も一緒に手を合わせる。それから、区長と男性参加者は海を見下ろす側にある香炉の前に移動し、火を点けた線香と点けない線香を立てて拝む。その後ろで神人をはじめ女性たちも海に向かって手を合わせる。その後、アサギ前に戻った一行は、それぞれ車に分乗してクビルへと向かう。

（4）ミーウガン

15：30ごろ　クビルに到着した一行のうちミーウガンに渡ることを望む者は、それぞれ歩きやすい靴に履き替えて、潮の引いた海を島の先を目指して歩き出す。この日渡ったのは神人三人と区長を含めて一二名だった。杖をついて慎重に進むヌルさんの足取りの後をなぞる［写真4-2］。引き潮で現れた岩盤の上を歩いて島に渡ると、はじめは砂浜で歩きやすいが、さらに進むと周囲は岩場に変わっていく。拝所である洞窟の手前は大小の石が無数に転がっていてとくに歩きづらい。昔は、このあたりは砂浜で歩きやすかったとヌルさんが教えてくれる。

〈場面3：冬の夜のタコ捕り〉［2014年六月大御願］

ヌルさんに寄り添いながらミーウガンの洞窟を目指して歩いているとき、彼女は、かつて夫と行ったイジャイ（イザリ）について語り出した。潮の引いた冬の夜、ミーウガンの前を通ってリーフに渡り、タコを探しながらイーグチまで行って帰って来るとちょうど四時間だった。三男と四男が小さいときにタコを大漁したことがあるという。「いまも息子たちが大漁させてもらっているのだから、竜宮の神様のところには拝みに来ないと」と話した。四男はモズクの養殖業や潜りの漁を生業とする専業の漁師で、建設業に就いている三男も週末には四男と一緒に漁に出ることが多い。

15：50　日差しが厳しく照りつけるなか、洞窟に到着する。体中から汗が噴き出すのを感じる。洞窟の中に入った松枝さんは、はじめに三つの香炉の灰をていねいに盛りなおしていた。イモ神酒を注いだ三つの白椀とウグシー（酒）を注いだ二つの盃を膳に載せて香炉の前に据える。ミハナ（米）も供えることになっていたが、忘れてしまったことが

写真4－2　干潮時、ミーウガンに渡る（2013年の四月大御願）

わかる。ヌルさんは、「いいよ、クビルで供えて拝めば」と気遣う。備瀬の竜宮、唐、ヤマトと三つの香炉に線香を立てた後、神人三人が拝み、他の同行者たちも洞窟の外で手を合わせる。

16:15　一行は洞窟を後にして行きと同じルートを引き返し、島の中ほどまで進む。アダンが密生する小道を入り、ニーヤー門中のヌル、ニガミとハナクンヤー門中から出るウミナイの先祖の遺骨が納められているとされる墓に辿り着く。このとき神人たちは各自用意した重箱を供え、二つの香炉に線香を立てて拝む。他の参加者も一緒に手を合わせる。この墓所の周囲の岩には丸い団子状の石がたくさん張り付いているようにみえ、それらをプチムチーに見立てたと松枝さんが教えてくれる。

16:30　ムンジュクイ浜と呼ばれる砂浜まで戻ると、海に向かうすり鉢状の岩場を目指す。神人たちはその中に入り、砂地に線香を立て海に向かって手を合わせる［写真4-3］。

写真4-3　ムンジュクイ浜で拝む（2016年六月大御願）

他の参加者も一緒に拝む。このとき、線香には火を点けない。拝み終えると神人をはじめ多くの人たちはクビルを目指して歩き出したが、二人組の女性は近くにあるシンバンヤー門中の墓所への小道を入って行った。

16：50ごろ　一行は引き潮の海を渡って、クビルの遙拝所に戻る。

天候によっては、ミーウガンに渡ることが叶わないときもある。参加した八回のうち、ミーウガンに渡れなかったときが三回あった。そのうちの一回は判断に迷うような天気だった。

〈場面4：できるだけ渡りたい〉［２０１４年四月大御願］

曇天で南風がやや強く、ときおり小雨も混じっていた。ミーウガンに渡るかどうかの判断が難しい状況だった。ナカリューグからクビルに移動した神人三人は、けっきょく、渡らずにここからお通し（遙拝）をするとの決断を下した。そして、テントの下でイモ神酒を供えて御願をした。拝みを終えたヌルさんに「今日は渡れなくて残念でしたね」と投げかけると、「あんたが残念だったでしょう」と返された。行事全体を終えてヌル殿内に戻ってきたとき、ヌルさんは「今日は渡るつもりで杖も持って行った。だけど他の二人は渡ろうとは言わなかったから、ウチも強いては言わなかった。だんだん弱ってくるから、いまのうちに渡れるだけ渡りたい」と心中をもらした。この年、彼女は満82歳を迎えた。

（5）クビル

17：00前　ミーウガンに渡った一行がクビルに戻ってきたとき、拝所の前に立てたテントには一〇名ほどの男女が集まっていた。アサギやナカリューグでの拝みには参加したが、ミーウガンに渡ることのできなかった高齢の女性たちも混じっていた。ここから参加する男たちは区長に健康願いの祝儀袋を手渡していた。彼らは、手伝い役の女性から線香を二ヒラずつ手渡されると額の前に捧げてから戻し、神人が香炉に立てた。香炉前にはウグシーとミハナを載せた膳を据え、その周りに神人が用意した重箱と飲み物が供えられた。そして、神人たちはミーウガンに向かって手を合わせる。他の参加者も持参した重箱を広げ、一緒に拝む。供えた重箱の料理を箸でつまみ食べていただくような所作が挟まれる。拝み終えると神人たちは参加者のほうに向き直り、供えたミハナをひとつまみ取って自分の頭にパラパラと降らせる。ミハナの入った袋は参加者間を回され、それぞれが同じようにひとつまみずつ頭に降らせ、健康を祈願する。

その後、各自が持参した重箱や弁当などを広げ、会食の時間となる。この日の参加者は二〇名余りで男女ほぼ同数だった。テントの下に敷いたビニールシートの上に男女ごとの二つの輪ができた。男たちは缶ビールや泡盛の入ったコップを手に、持参した料理をつまみながらの会話を楽しむ。海人（うみんちゅ）（漁師）の正秀さん（53）は自分で捕ったイラブチ（ブダイ）の刺身を味噌で和えたものを差し入れ、みんなに回していた。隣に座った長老の源次さん（90）から戦前に南洋パラオの農業試験場で働いていたころの話を聞かせてもらう。やがて話題が戦争のことに移り、彼の部隊は台湾に配備されたために無事だったが、沖縄の部隊に入隊した同期は全員が戦死したと語る。そのなかにヌルさんのお兄さんもいた。

共食の場がしばらく続くなか、頃合いを見計らっていた区長が立ち上がり、この日健康願いを供えた人たちの名前を読み上げる。数えてみると二三名だった。これらは寄付として扱い、ムラ運営のために活用されると伝えられた。その後、女性たちが三々五々帰途につくなか、やがて神人たちもアサギへと戻っていった。発酵が進むイモ神酒はペットボトルに移し替えられ、希望者が持ち帰った。18時半ごろには男たちの輪も解かれ、区長の車に乗せてもらい公民館に戻った。「お疲れさまでした」と挨拶を交わした松枝さんは、「こんな大きな行事を終えるとホッとする」ともらした。

19：00前　一言挨拶しようとヌルさんの家を訪ねると、晩酌をしていた夫の栄さんに手招きされ、あげてもらう。コップに泡盛が注がれ、今日ヌルさんが持参した重箱の料理を勧められた。中には、茹でた島ダコ、イラブチ揚げ、白身魚の天ぷら、三枚肉（皮付きの豚肉）、揚げ豆腐、カマボコ、揚げイモ餅という七品（品数は奇数にする）が詰められていた。豆腐とカマボコ以外はヌルさんのお手製という。ご馳走になった島ダコは柔らかくて、噛むほどに味が出た。聞けば、息子たちが捕ってきたものを行事のために冷凍保存しておいたのだという。このタコには、かつて栄さんと行ったタコ捕りの記憶が重ねられているにちがいない。小一時間ほど会話を楽しんだ後、おいとまする。

クビルでの会食のさい海人の正秀さんが差し入れたイラブチの味噌和えについては続きがある。後日、彼が語ってくれたところによれば、ヌルさんはじめ神人たちは、ムラならではのこの漁師料理に舌鼓をうちながら「六月（大御願）も予約しておくよ」と声をかけたという。彼は神人からのこの一言がよほど嬉しかったようだ。「どれぐらい好まれるかわからなかったから今回はあまり持って行かなかったけど、あんなに喜んでくれるのならつぎはもっと持って行く」と張り切っていた。じっさいにこのとき以来、彼のイラブチの味噌和えは大御願の定番となっている。

このようにクビルでの共食の場は男たちも加わって、身辺の出来事を伝えあったり昔話に花を咲かせたりする機会となっている。参加者は以前に比べだいぶ少なくなっているが、ムラの男性有志たちが顔を出してくれるのを神人たちはことのほか喜んでいる。他の回での展開を二つ拾ってみたい。

〈場面5：大御願の今昔〉［2012年六月大御願］

参加者は一六人、しかもそのほとんどがムラ在住者ということもあって、男女が一緒にひとつの輪となった［写真4－4］。それぞれが持参した重箱や弁当を広げ、食べ飲みながらの会話を味わう。勇さん（64）は缶ビールを片手に、かつてはおじいたちが泡盛の一合瓶を下げてやってきたこと、当時酒は貴重だったのでおじいたちはムラが出す一升瓶二本を目当てに集まってきたこと、輪は大きく二つになって月が出るまで会食が続けられたことなどを語った。そして、「そもそもこの御願は、経済（昔だったら豊作豊漁）が良くなるようにと拝むのに、じっさいに良くなるとみんな出て来なくなるという矛盾がある」と続けた。ヌルさんは、「海洋博が来てから大きく変わった。女の人が現金収入の仕事に就くようになったから」と強い口調で話した。勇さんが「昔のように貧乏がいいんだ」と言うと、隣の幸松さん（68）が黙って頷いていた。

つぎは、クビルの前に広がる海とのかかわりについて語らう場面である。

〈場面6：常連の男たち〉［2016年六月大御願］

クビルでの拝みのさい、強い西日を正面から受ける神人たちを気遣ってビニールシートで西日を遮る工夫が施された。伊江島に日が沈むまでにはまだしばらくかかる時刻だった。拝みを終えると、集まった七人の男たちはテーブルを挟んでゆるやかに輪をつくり、酒を飲みながらの会話となった。このうちの四人は昭和22年生まれの団塊世代で、今年数えの70歳を迎えるという同級生どうしだった。そのひとり義和さんが、夏至のころの備瀬崎には日の出と日の入りの両方が見える位置があると熱く語り、その海の方向を指さした。彼は、夕方6時に舟を出して翌朝の6時まで

写真4-4　クビルでの共食（2012年六月大御願）

夜釣りをしながら海の上で過ごしているからわかると得意げだった。

2015年の六月大御願の折り、区長は挨拶のなかで「大御願は、海人が豊漁と航海安全を祈願する行事」と話していた。大御願は、イモ神酒をつくって供え、畑の豊作と海の豊漁と航海安全を祈願する行事である。ただ、ミーウガンに渡って竜宮神を拝むこともあって、現在では、海との結びつきが強い行事として認識されているように思われる。

3■畑、山、海での営み

(1) 畑の作物と家畜

ここで、イモが主食だった時代に育った人たちが、近くの畑や遠く離れた山々、そして西側に広がる浅瀬(イノー)での営みを描写した語りを紹介したい。現在70～80代の人が子ども時代のことなので、沖縄が戦場となった時期を挟む1930～50年代の情景ということになる。なお、取り上げる語りあいは、ムラでの聞きとりに加え、那覇や中部在住の同郷人の集い(福女会とホタル会)での記録を含む。

自給的な暮らしを営む家々にあって、子どもは貴重な働き手であった。彼らが担っていたおもな仕事には、共同井戸からの水汲み、家畜の餌となる草刈り、イモ掘りなどの畑仕事、山への薪取りなどがあった。孝子さん（1928年生まれ）の家は篤農家で、自家用のイモや粟・麦だけでなく、換金作物のサトウキビを植え付けられる畑があった。農の営みを支える日常のなかで、彼女は時季ごとに作物を育てる周年のサイクルを身につけていった。

〈畑の作物と家畜〉〔11-08-20：福女会〕

孝子：まずイモでしょう。もう自給自足でしょう。売るものまでつくるから、売るものまで。まずはサトウキビ、粟、麦、大豆、ゴマ、ソラマメ、エンドウ、あらゆるもの。時季的なつくるの、何月は何つくる、何月は何、〔笑顔になって〕だいたいわかります。

彼女の家には牛も馬もいた。戦前のムラでは、豚やヤギを養う家は多かったが、牛や馬のいる家は限られていた。人も家畜もイモを毎日食べたから、イモ掘りは欠かせない日課だった。

孝子：わたし（の家）なんか、牛も、馬も、ヤギも、豚も、豚四頭。イモがシンメー鍋、これだけ〔両手で山盛りの手振りをしながら〕毎日、これだけ炊きよった。イモ掘ってくるのもザルの二つ担いで、掘ってこないと足りない。もう大変でした。

聞き手：それ、子どもたちが手伝うんですか？

孝子：わたしたちも自分たちがやらないと、母が大変。ただシケームン（使用人）でした〔笑う〕。もう、そうとう働いたけど〔笑顔で〕、…実家は財産いっぱいあったから、イモいっぱい炊いて。

ここでいう「財産」は、各家が所有する農地を指している。この用法はおそらく、明治30年代に実施された土地整理事業によって私的土地所有が確立され、生活の糧を得る農地が相続対象となることにより定着していったものと思われる。孝子さんの家は、財産がたくさんあったので、子どもが担う農作業も多かった。彼女は六人きょうだいの長女だったため同年代の人たちよりも働いたと繰り返した。毎朝登校時には、勉強道具の他に農具や肥やしを途中にある畑まで運ぶため遅刻してしまうこともあった。学校から帰れば妹と二人でイモを掘り、大きな籠に入れて運んだ。以下は、いとこの和子さんとの掛け合いで、１９４０年前後の様子を伝える。

〈毎日のイモ掘り〉［14-07-20：福女会］

孝子：（学校に行くのも）イチャンジャーは（無駄には）歩かさん、もうほんと。ナーシは（手ぶらでは）歩かさん。何かれ持って行けと。

和子：学校の道具だけ持って行けるわけじゃない。「鍬持って行け、肥やし持って行け」と、何か付いてるわけよ。ただは行かさない。…

孝子：ほんとに働いた。イモ掘りに行ったら、これぐらいの［両手で大きさを示しながら］、あのイモを入れてくるバーキ（籠）、あれ何バーキと言ったか？

和子：何バーキと言ったか？

孝子：バーキの名？ あのバーキの二つにいっぱいイモを掘らんと家に帰れないわけさ。毎日それだけ炊きよったのよ。豚もいるし牛もいるし馬もいるし、人もいっぱいいるし。毎日毎日炊くわけよ、シンメー鍋で。大きいイモは人間が食べて、小さいのは牛馬の餌にした。一緒に、二つのザルのいっぱい掘ってきた。〔急に声高く〕あ、クェーマチバーキ（肥持ち籠）！　想い出した、想い出した。毎日妹と二人よ、一杯ずつ掘って、毎日よ毎日。シンメー鍋のいっぱい。

和子：おばあちゃんたちは3時ぐらいに起きてね、イモ炊きあがるのはだいたい5時、6時。子どもたちが起きてきて、そろそろおイモ食べて学校に行くという。

豚は、種付け用、換金用、正月に家族で食べる用と豚小屋を三つに区分して養った。餌は、小さなイモとイモの葉（カンダバー）を煮たものを与えた。彼女の家では正月用として一頭の豚を育てていたが、それほど余裕がない家では他家と共同で養った。彼女にとって一年というサイクルは、自分たちが毎日世話した豚が大きくなる過程としても実感された。正月用の豚は年末につぶすのがムラの慣例で、子どもも大人も指折り数えて待つ楽しみだった。屠った豚はその血も活かすチーイリチャー（豚肉の血炒り煮）という料理となり、それ以外の肉は塩漬けにして保存した。

子どもたちは、浜辺でイモを洗う作業も担った。ほどよい潮のときを見計らって浜に行き、イモの入った籠の両端に付いた紐を手で持ち、籠を潮水に浸けながら足を押し入れて洗った。孝子さんとは11歳離れた妹のカツ子さん（１９３９年生まれ）は、六人きょうだいの末っ子ということもあって姉のようにイモ掘りで難儀した記憶はない。戦後の１９５０年ごろの情景である。

〈浜辺でのイモ洗い〉［16-06-20：福女会］

カツ子：（家には）動物がいっぱいいたから、豚とかなんかいたから、（イモを）シンメー鍋に炊くわけ、朝、親が。親が用事のときは「洗っておいで」って、行かされるわけ。そしたら、担いで、足で洗って、護岸で。伊江島の夕日眺めながら座るわけよ、護岸に。そしたらみんな集まってくるわけ、こんなして〔周囲に座っている人たちを指して〕イモの周囲に。ぜーんぶ食べてしまうわけ、これぜんぶ〔周囲が大笑い〕。…歌いながら生イモ食べるわけよ。そしたらもう、みんな（なくなって）。これ大事か何かわからんさね、わたしも。親が洗っておいでって言うから行ったけど。そして8時ぐらいになって、暗くなってからみんなお家帰るわけ。「はい、帰ろう」と言って、担いだら何もないわけ〔笑いあう〕。あの虫食ったイモよ、十個ぐらいあるわけ。食べられないものばっかり残っているわけさ。そして、空バーキ（籠）担いで行ったら、もう、うちのおっかあはそうとう優しかったはず、怒らんかったわけよ。「あららら－、ぅぬやなワラバーターやなー、ンムむるかーてぃねーん、でーじなっとんさー（このいたずら小僧たちがイモをぜんぶ食べてしまって大変さ）」と言って、また詰めて自分が洗いに行きよった。

（2）裸足で山へ

山が遠いムラでは、煮炊きするための薪を確保するのもひと苦労だった。イモを炊くのは乾燥させたソテツやフクギの葉、イモのツルや麦ガラなどでもできたが、粟や麦を炊いたり汁物を煮たりするには薪が必要だった。そのため、子どもたちは休みになると、連れ立って遠くの山へ薪を取りに出かけた。片道一里半（6㎞）以上もある道のりを裸足で歩いた。薪にするのはおもにイタジイやマツの枯れ枝で、火持ちがよいのはマツだった。

薪運びは、男は両端に薪の束を刺した天秤棒を肩で担いだが、女は頭に乗せて運んだ。ハブサニと呼ばれる、藁などで編んだ丸い輪を薪の下に敷いて頭に乗せた。家が隣どうしだったトミさん（1929年生まれ）と一歳下の和子さんは一緒に山に行き、大きな木にも男と同じように登った。遠い山から、ずしりと重い薪を頭に乗せてきても、難儀さよりもみんなで行く楽しさが勝った。雨の日には山道を滑らないように足の爪を立てて歩いた。つぎの掛け合いでは、爪が捉えた地面の感触がこちらにも伝わってくるようだった。

〈裸足の爪〉［12-08-20：福女会］

トミ：山も一生懸命、裸足で。…山に行くのはもう、簡単にね、登ったり下りたりこんなにして歩きよった、裸足で。どんなに寒いとき、どんなに暑いときでも、一生懸命。

和子：こんな大きな大木でも、ずっと上まで登りよったからね、枯れ木（枝）があったら、ここ（腰に）鎌を差してよ、鎌を差して登っていってこれ（枯れ枝）を取って、もうパッキンと折って、下に落として、ハァーもう。

トミ：わたしは一生懸命登っていって、この木には三本ぐらい取れるねといって、登っていったら、虫見たらすぅーと下りてきよった。取らないで［笑う］。

和子：いちばん虫うとる〔怖がる〕。もうどんな小さな虫でも、もう見たらすぐ下りてくるわけ。わたしはどんな大きな虫でももう〔平気〕。…しかしもう男みたいに働いたからね、男と一緒になって。

トミ：それでもね、友だちどうし、四、五人から七、八人で楽しく、行ったり来たりしよったから難儀とは一度も思ったことなかった、ねぇ。…そして、今日は雨が降ったりする場合は、自分の足の爪をよ、滑るのを滑り止めにしよったわけよ、爪を。…

和子：土が硬くなってるだけだから、道といっても、この土がただ硬くなってただ道ができてるようなもんだから。だからこう爪立てんと歩けないわけよ。たくさん荷物も持ってよ。

トミ：〔重さは〕30 kgぐらいかね、25から30 kgぐらいでしょうね。そしてね、かならず晴れるということはなかったわけよ、場合によっては途中来るまでに雨が降ったりする場合はね、どうしても道は舗装されてないから、自然の土でしょ、これをもう爪を立てないと荷物持ってて転ぶわけよ。どうして足の爪をよ、〔笑いながら〕猿みたい。こんなにして働いてきたんだけど、いつでも笑って、行ったり来たり、笑って、楽しかった。

和子：そして、今日は早く行って〔帰ってから〕海に行こうと思うときはね、…まだ月が向こうに傾いてるわけよ、月がよ、傾いてるときに自分たちは、3時、4時ぐらいに山に行くわけ、そして影が映りよったもん。月が沈むころに家から出るから。…3時、4時ぐらいには起きて行きよったから、あれでも難儀と思ったことはなかったね。

トミ：〔声を弾ませて〕なかった、なかった、ほんとに、もう。

一日かけての薪取りから帰ると、家ではソーミン（そうめん）汁やお粥が待っていた。子どもたちは、このほうびを楽しみにしてつぎの日曜も山に向かった。つぎは、１９３２年生まれの三枝さんと５歳下の美津子さんと照子さん、三人による掛け合い。

〈ほうびのソーミン汁〉［11-02-15：ホタル会］

三枝：日曜の晴れたときなんか、朝早くよ、…おかずもないから、イモとカラスグヮー（アイゴの稚魚の塩漬け）と持って、山に行くでしょ。一里半ぐらいあるよ、あの山までは、大堂（うふどう）の。…10歳ぐらいの子どもたちが、あの枯れ枝をみんな集めて、きれいに荷造りしてさ。根元は根元、枝は枝（と揃えて）。勝負があるの、また。ニースーブ（荷勝負）といってね、…、誰のもんがジョートーに、きれいにくびられてるか。

美津子：こういうふうに下を揃えてね［揃えるしぐさをしながら］、きれいにこう、たくさんこう、するわけ。…中に短いのは入れて、周囲は長いのにして、落ちないでしょ。こっちとこっちを二カ所くくって。で、休憩するときは、これ立てて休憩するわけ。…出発のときはこれ立ててあるもんだから、銘々各自これ出発するとき、足で（蹴り）上げて頭に乗せて。…たまにはこれが重たすぎて、これに押さえられて後ろにひっくり返るときもあったよ［笑う］。…

照子：靴もないし裸足、道もいまのようにきれいな道じゃないさ。…

美津子：だから足の、この先はつねに怪我、傷あった。歩きながら突っかけて、この辺はみんな傷。

三枝：うち帰ったらさ、…ウケイメー（お粥）とかあったよ。

照子：うちはなんかは山へ行くとソーミン汁。ソーミン汁とお粥さんだったね、山から来ると。

（3）恵みの海

ムラの西側には伊江島を望むイノーと呼ばれる浅瀬が広がっている。このイノーは貝やウニそして小魚などの豊かな恵みをもたらしてくれた。一緒に山に行ったことを語ったトミさんと和子さんは、家のすぐ下の海で晩のおかずを探した。ウニや小魚を捕るのが上手だったトミさんの母親が海との付き合い方を教えてくれたという。戦前の１９４０年前後の海での営みである。この掛け合いからは、素手で捕まえた魚の感触が伝わってくる。

〈海好きのアンマー（母）〉［12-08-20：福女会］

トミ：母がね、海好きだったわけよ。畑から来たら食べ物ない、イモとカラスグヮーしかないわけよ。これより少しは、ウニ、二カ年ウニ、一年ウニといってあったわけよ。二カ年ウニを、すぐ行ってから、畑から帰って、もう太陽が落ちかけて。

和子：潮が引く時間にはもう畑を引き揚げるわけよ、海に行けるから。

トミ：太陽が落ちかけていても、ザルを腰に巻いてね、行って、この二カ年ウニを探してから。（母は）帰ってくるときはこれもう山盛り持ってくるわけよ。採ってきたから早く開けなさい、さばきなさいという意味。あれっていう間でこのザルのいっぱいよ、採ってきよった。20分か、もう多いときで30分ぐらいで、このティンガマ（腰籠）よ。

和子：下が海だから、…この人たちはもうほとんど海のもの食べて育ってるはずよ。畑はもうおイモと粟しかないもんね。…（トミさんの）アンマーが海に行こうと言ったら、うちのお母さんもすぐ一緒に海に行こうと言ってから、網グヮー持ってから、ちっちゃい魚を捕ってきて。

トミ：ウシおばさん（和子さんの母親）も上手だったよね。

和子：アンマーから習ってだよ。どの辺に藻があって、夕方なったら魚がみんな沖のほうからこの藻の下に隠れに来るって、眠りに来るって、これみんな教えて。こっちのアンマーがよ、うちのお母さんに教えて。で、（トミさんの）お母さんは何月のスー（潮）がいちばん魚がこの藻に隠れる、眠りに来る時間だよって、教えて。お母さんも、この時間を合わして畑から帰ってきて、すぐ準備してねぇ、こっち（腰）に大きな籠を下げて、こうして捕りに行きよったのよ。だからわたしは思った、学校卒業したらね、海アッチャー（海人）になろうと思ったもん。あんまりうらやましくて。…「今日は夕飯何もないから魚捕ってきようね」と言って、急いで行くでしょう。帰ってくるころは一時間ぐらいたったか、たたなかったかだけど、いまの海とは違って、もうとにかく行ったら藻がいっぱいあって。藻の下には手を突っ込んでも魚が捕れるぐらいだったわけ。

藻の下に眠りに来る魚はモーイラブチといった。和子さんは、素手でこの魚を捕まえられた海は海洋博が来て変わってしまったと嘆いた。

和子：藻がもう、だんだんだんだんなくなってるから、もう魚が育たないわけよ。この藻を食べてね、こうして魚も大きくなって増えていったはずだけど、もうあの海洋博が来て後からはね、そんなにまでもこのイノーに魅力がなくなってるさ。

チエ子さん（1937年生まれ）が海によく行ったのは小学校高学年から中学にかけてなので、つぎの語りは戦後の1950年ごろ、ウニの身が太る夏場の情景である。彼女は中学校を卒業すると大阪に働きに出て、彼の地のことばを身につけた。

〈ウニと貝〉［14-03-07］

チエ子：海よく行きましたよ、貝採りに、それからウニ採りにも。いまの海洋博（現在の国営公園）の下と思いますわ。もう学校から帰ってきますでしょ、畑行くか、潮引いてたら海に食料採りに行くしか、みんな子ども、それしか用事がないもん。それで学校帰ってきたら、「わぁー海が潮引いてるな」思うたら、もうカバン、ボンと放って、ザルみたいなもん抱えてすぐ海に行きました。それで晩の食料、［笑いながら］食べるもん採ってくるんです。ウニなんてね、ものすごうおりましたで。

…

鍋持ってってね、（浜に）鍋置いといて、すぐ海行って。もうなんぼでもおるんやから、ザルのいっぱい持ってきて、で、その岩の上で割って、そんで鍋にその身を入れて。ほんでまだ時間があるなぁ思ったら、まだ潮引いてたら、まだ時間があるな思ったらまた行って。もうすごかったよ、あの当時のウニは。

「なんぼでもおる」というウニは蒸して夕飯のおかずにした。また、干潮のときに現れるリーフ（干瀬）まで友だちと一緒にミーウガンの前を歩いて渡り、サザエなどの貝を採った。ふたたび潮が満ちてくる前に引き上げてくる。その頃合いは勘を働かせた。

チエ子：（満ち潮のときは）もうだいたい潮がなんかちょっと荒れてくるんちゅうんか、ちょっと流れが。潮引くときはすーっと引くんやけど、もう潮が満ちてくるなぁと思ったら、ちょっと波が荒くなるみたいですわ。それで帰ってくるわけ、また歩いてね。「そろそろ潮満ちて来たで、帰ろうか」言うて。みんな呼びあって「行くか」言って、帰ってくるんです。急にはそんなに引いて（満ちて）こないから、だんだんだんだん、ちょっとずつの時間やからね、子どもの足でもぐるっと歩いて帰れるぐらい。ほんでまた勘で、「もうこれぐらい拾ったんやから、もうそろそろ帰ろうか」とか。「こんだけ採ったから帰ろうか」とか、そういうような勘で来たもんやわ。

和恵さん（1945年生まれ）は、十代後半からふるさとを離れて暮らしていたが、近年、母親の世話をするために戻ってきた。家の下の浜からはミーウガンを間近に望むことができ、いまもときおり海に出て貝や海藻を採ることを楽しんでいる。私も何度か連れて行ってもらった。つぎは彼女の子ども時代の海との付き合いを語っている。現在のようなコンクリートの護岸はなく、海はもっと身近だった。

〈海の幸〉［14-12-12］

和恵：ここの（家の前の）砂浜がすごい、昔はきれかったでしょう。いまはもうこんなになってるけど、護岸があるから。だから魚捕ってきたり、貝を採ってきたり。ウニがいっぱいいたから、夏のときはみんなバーキ（籠）にウニを採ってきて、みんな並んで、ここ（板干瀬）の水たまりで割って、スプーンでこうして取って。それを蒸して、鍋で、おソーメンのおつゆとかに入れて、出汁して。ご飯の上にかけたりとか、ご飯はあんまりないからイモと食べて、カラスグヮー、塩辛、あれ（アイゴの稚魚）は毎年寄ってくるでしょ、それを塩漬けにしてからこれと食べたり。そういうのしかなかったね、卵とかそんなもの何もない。

潮が引くと海上に現れるリーフは、貝やタコの宝庫だった。また、干潮のときにできる潮だまりで小魚を捕まえた。弧を描くリーフの外側の深い海はパーと呼ばれる。

和恵：こっちにピシー（干瀬、リーフ）に行ったら、貝がいっぱい。パーンナって言ってから、サザエ。サザエにパーンナって言うさ。あっちのリーフのところ（外側）はパーって言うわけ。…サザエとか高瀬貝とか、高瀬貝はタッチューンナと言う。いま（冬の時季）は…キジャランナー、巻き貝。貝もいっぱい豊富だったし、タコもいるし。いまはもう何にもいないさ。

イノーでの営みについての語りは、「昔はいくらでもウニや貝や魚が捕れた。けれども、海洋博が来てからはいなくなってしまった」と、海洋博の前と後とを対比させて喪失を嘆いている。海洋博覧会が開催されたのは1975年のことで、会期後も引き続き国営公園として整備された。「海洋博」がムラ人に賃労働の場を提供する一方で、ムラの一部もその敷地内に組み込まれてパマガーと呼ばれる井泉のあった周辺は大量の砂が運び込まれて人工のビーチとなった。このビーチが潮の流れを変え、公園からの排水や海水浴客が塗るオイルなどによって海は汚れていったとみなされている。生活排水や土地改良事業の影響もあっただろう。また、ビーチの砂が徐々に流れ込んでイノーは年々浅くなった。観光客の眼には透明な青い海に映るが、かつての海を知っている海人は、「昔は海の中に網を何日張っておいてもきれいなままだった。いまは一日入れておいただけで汚れてしまう」といった変化が見えている。

4 ■ 過去と現在の重ね合わせ

(1) 昔ながらのやり方、昔と同じ場所

大御願は拝所にイモ神酒を供えて豊作と豊漁を祈願する行事であるが、同時に、神酒づくりの場を

含めて参加する人たちに交わりと語らいの機会を提供してもいる。一連の過程において会話が生まれやすいのは、①前日および②当日の神酒づくりの共同作業、③ヌル殿内での行事開始の拝みをした後のひととき、同じく④ヌル殿内で神酒を供えて拝んだ後のウサンデーのとき、そして⑤クビルでの遙拝を終えた後の共食、というおもに五つの場面であることが参与観察を通して確認できた［表4－1、182頁参照］。

神酒づくりの場は、練りイモを濾す人と差し水をする人とが濾し網を挟んで向かい合い、互いに気持ちを合わせて、それぞれ決まった手の動きを繰り返すことによって進んでいく［写真4－1、190頁参照］。慣れれば単調な共同作業のため会話が生まれやすい。過去についての想起が目立つのは、昔と変わらぬ簡素な道具を使っての手作業がかつての感覚を呼び覚ますからなのかもしれない。また、向かい合う両者に年の差がある場合には、負担の少ない水差しの役目を年長者が担当する配慮がなされつつ、世代間の伝承の場が展開することになる［6］。先に紹介した2013年の四月大御願のときも、この作業の最中に、和恵さんと枝美さんがヌルさんに神人としての歩みを問いかけるという流れとなっていた。一度、誰かがミキサーを使ってのイモ神酒づくりを試みたことがあったが、できあがった神酒にイモの繊維が残ってしまい諦めたという。もしうまくいったとしたら、機械の出す音と機械中心のペースが語りあいの機会を奪うことになったにちがいない。

手間をかけてつくった神酒を味わうという場もまた、過去の営みについての想起が生まれやすい。遠い山に裸足で行った薪取りは、定番の昔語りである。もしひとりならば難儀以外の何ものでもないこの山行きが、休日に友だちと誘い合わせての道行きとなるとたちまち楽しい共同労働となった。母親が用意してくれるソーミン汁などのご馳走は、自分の働きが家族にとって役に立っていることの証しでもあった。ヌルさんの家では、イモ神酒をつくってくれるときもあったからおのずとそのことが想い出されるようだ。

昔と同じ場所を巡って行事を進めることは、必然的にその場所に堆積してきた出来事の記憶を呼び起こすことになる。たとえばクビルでの共食の場では、男たちも交じっての昔語りが展開する。そのときの人数や状況によって、男たちだけで輪をつくるときもあれば、男女一緒の輪となる場合もある。女たちは早めに切り上げることが多いため、その後に神人と男たちが残って思い出語りを続けるという流れになることがよくある。２０１２年の六月大御願のさいにできた輪の中で勇さんは、かつての大きな輪といま自分が座っている小さな輪を比べながら、昔のおじいたちはこの機会を楽しみに一合瓶を下げて集まってきて月が出るまで会食を続けたと語った。この場所は、かつての白浜からアスファルトの駐車場へと姿を変えた。それでも、いまも続く行事に参加することで、同じ場所に集まった昔の人たちについての想起がうながされ、過去と現在とが結ばれる。

拝みの場所を巡る道中にも過去との重ね合わせが生じている。ヌルさんは、潮の引いた海をミーウガンの洞窟を目指して歩いているとき、かつて夫と一緒に同じ場所を通ってリーフに渡りタコを探したことがいつも想い起こされるようだった。備瀬崎からイーグチと呼ばれる外海への口まで「行って帰るとちょうど四時間」というのが、この語りの決まりの結びである。

行事の場所は、顔が思い浮かぶ身近な人たちだけでなく、伝説となった遠い祖先との重ね合わせももたらす。ミーウガンの洞窟内に置かれた三つの香炉のひとつは、唐（中国）とのつながりを象徴するものである。ムラには、遠い昔、トージンやトーマミなど幾種類かの種を彼の地からもたらしてくれた祖先があったとの伝承がある。神人たちはこの言い伝えを胸に抱きながら、感謝を込めて手を合わせる。ミーウガンには、ヌルをはじめとした神女三人とつながりのある先祖の遺骨が納められたと伝えられる墓がある。神人たちはここで、その遠い先祖を想いながら手づくりの重箱を供えて手を合わせる。ヌルさんは、シニグ節にある「くびる並松」を引きながらつぎのように教えてくれた。

くびる並松（なんまち）　黄金灯篭（くがにとぅるぅ）下ぎて
うりが明（あか）いに　いもり里主（さとぬし）

「昔、クビルには松並木がありよったって。うちなんかはぜんぜんわからんけど。ここで旦那が提灯を吊したら、ミーウガンには女の人たちが隠れているから、明かりを見たら偲んでおいでと呼びかけているわけ。…北山の戦争があったときに男の人はグシク山にいて、ミーウガンに女の人が隠れたと、昔のおばあちゃんなんかがよく話していた」[7]。

昔ながらのやり方でイモ神酒をつくり、昔と同じ場所にその神酒を供えて拝み、昔のように共食し語らうという行為は、過去と現在との重ね合わせを幾重にも招く。これらの行為を通して、過去の出来事と現在の自分たちが結ばれ、著しい環境の変化にもかかわらず、先祖の代からこのムラで生きてきたという連続性と共同性の感覚が醸成される。

（2）難儀の過程をなぞる

かつて子どもたちもまた、家族の命を支える労働に加わった。たとえば主食のイモなら、登校時に肥やしを畑に運び、大きくなったものを掘り起こし、浜辺で洗い、山から取ってきた薪で炊き、そして食べた。海で採ったギシチュミなら表面に付いた毛（藻）をとり、ウニなら殻を割って身を取り出す作業が食べる前に必要だった。麦や粟などの穀類の場合は、収穫してから脱穀など加工の手間が余分にかかる。孝子さんと和子さんは、なかでも大麦の脱穀がとくに子ども泣かせの作業だったと教えてくれた。

〈大麦の脱穀〉［11-08-20：福女会］

孝子：いちばん難儀だったのは大麦をですね、つついて、ご飯になすまでがいちばん厳しい。あれ長いことつつかんと皮が取れないから。…あれはトゲがあるから、大麦は。これをくるまん棒（穀竿）で粒（に）してから、で、皮取るの、脱穀するのは杵でやるんですね、臼で、杵臼があったからこう［杵で搗くしぐさをしながら］、ちょっと水入れて、皮とるのが難儀だった、あれは、もう。…

和子：少し浸してからよね、水でシピシピさせてから、

孝子：（水に）少し浸して、あれ難儀やったなぁ。粟搗くのはそんなに難儀じゃないけど、麦搗くのはあれはもう難儀だったね。

和子：飛ばないように何か藁か何か入れてからね、そうしたら飛ばないさ。そのままだったらもう飛んで半分半分にしかならないのに。

孝子：あれ、ウプムジ（大麦）つつくのが難儀よ、〔顔をしかめながら〕脱穀するの。…雨降ったら麦搗きなさいでしたからね。〈雨の日にやるんですか？〉雨の日に畑行けないからお家の中でやる仕事これしかない。粟つついたり、麦つついたり、もう雨仕事、これはまた〔声を上げて笑う〕。

孝子さんは麦搗きの苦労をこう語ったが、その難儀の後には食べる喜びが巡ってきた。脱穀した大麦を炊いたピライメー（麦飯）は、水田がほとんどなかったムラでは「米のご飯の代わり。あれ、おいしかったですよ」と嬉しそうに話した。ところで、彼女が大麦の脱穀の様子を伝えるさい、臼に入れた大麦を杵でつつくしぐさを交えながら語っていた。かつての労働についてはこうして、ことばだけでなく、そのときの様子を身振り手振りで表現しながら語られるのが常だった。道具を使って物に向かう姿勢がおのずと呼び覚まされる。臼と杵、石臼、くるまん棒、クェーマチバーキ、ティンガマ、ハブサニ、天秤棒など、「昔取った杵柄」との表現が教えるように、繰り返された労働についての想起は道具と一体化した身体の感覚を呼び起こす。

農耕や採集、そして収穫（獲）物の加工といった過程を自ら体験してきた人たちは、店先に商品として並んだ農・水産物を手にしたとき、その外観や価格だけでなく、そこに至るまでにかけられた手間ひま、すなわち労働の過程を見通すことができる。

〈場面8：難儀した過程が見える〉〔11-12-20：福女会〕

孝子さんは、私が市場で買った与那国産のもち黍（チミアワ）の袋を手にとりながら、「これ、いくらしたんですか?」と問うた。「400gで九百円です」と答えると、彼女はまず「高いねぇ」ともらした後で、和子さんとのあいだでつぎのような掛け合いとなった。

孝子：こんなの見ても、…これだけ実なすのにどんな難儀したかねと思ってね。

和子：そこまで来るのにはもう自分たちの、どれぐらいの苦労かけてここまで来たかと。

孝子：だから高いとは思えばするけど、やっぱりつくる人にすれば、あーあんな難儀したんだからねと思い返しますよ。

聞き手：そうか、これを見て、その過程が見えるわけですね。

和子：そうそうそう、そうなんですよ。

孝子：わたしたちにすればよ。これ見れば、この人たちこんな難儀したはずねと思うわけよ。…高いとは思いはするけど値打ちはあるさぁね。

和子：ある、ある…（いまの人たちは）これもポンとどこからか出てきたと思ってるんじゃない〔笑いあう〕、ね、ほんとよ。…これの過程は知らないさ、なんでこんなものができたかねって、その過程を知らないから感謝がないわけ。…

孝子：畑にこうしてお米みたいに穂を垂れてこうなって〔手と腕で穂が垂れるさまを表現しながら〕ますよね、これは。こうなってますから、ティンガマ（腰籠）でも何でも、バーキ（籠）でも置いとつて、こう摘んで。…摘んでこれ（穂を）入れてやるんです。

ムラの神行事を背負うヌルさんもまた、粟の粒を見て、そこに至る難儀の過程が見える人である。行事に臨む彼女の姿勢を如実に伝えるエピソードを添えたい。

旧暦7月のシニグ行事の初日にあたるウプユミマーでは、バイムッチーと呼ばれるサンニン（月桃）の葉で包んだ蒸し餅が供えられる。かつてこの餅は、当番のムラ人たちが自家のトージンや粟でつくるものだったが、これらを栽培する人もおらず輪番制も崩れたためにヌルさん自ら自家の畑で育てたイモで餅をつくって供えていた。２０１３年のウプユミマーの日、この手づくりの餅について問いかけると、彼女は「（ムラのヌルとして）出て、はじめからつくって供えてるんだから、印（しるし）だけでも置いたほうがいいんじゃないかと思うから毎年飾るだけつくってる」と言い、さらに続けた。「備瀬では7月はかならずトージンムッチーといってこれでやりよった。あれやるのにはもうほんと難儀だけどね、あれ収穫して、干して、臼で実と皮とやって（脱穀して）、また干してから、また半分臼で挽いて、洗っておいておって、また…。（聞き手が「面倒くさい?」と投げかけるのを受けて）これは面倒くさいではあるけどね、昔のもんだから、まずもう一回は生きてるあいだにやってみたいねと思う。〔笑いながら〕もうずっと前からやってるんだから」[8]。この思いを受けて、「そこまでヌルさんがおっしゃるんだからどこかでトージンの種が手に入らないですかね」と投げかけると、「じゃあ、石井さん、探してきなさい。これ宿題よ」と返された。

後日、糸満市にある沖縄県農業研究センターに問い合わせてみると、幸いにも応えてくださる方があり、名護市への出張の折りに在来の種をヌルさんの家まで届けてくださった。翌年の旧正月の時季、ヌルさんたち夫婦はその種を自分の畑に蒔き、育て、穂が稔りはじめる前には鳥除けの網で囲い、7月中旬に台風が来ると聞いて急いで収穫した。摘み取った穂はしばらく干してから実を落とし、石臼で脱穀し、さらに製粉までの幾過程を経て、ウプユミマーの日にはこのトージン粉を練りイモと餅粉と混ぜ、サンニンの葉に包んで蒸した。こうしてできあがった昔ながらのバイムッチーを神人たちはお宮に供え、手を合わせた。その後参列者はこの餅をひとつずつウサンデーした。「やっぱりおいしいね」、「香りがいい」、「ほんとに何十年ぶりかで食べた。懐かしい」などと言い合いながら、皆笑顔でほおばっていた。

種から餅に至るには、手間を惜しまずにいくつもの段階を経る必要がある。耕した畑に種を蒔いて無事に稔るまで見守る農耕の過程、刈り取った穂を石臼などの道具を使って粉にするまでの加工の過程、そのうえでようやく他の素材と合わせて餅に仕上げる調理の過程に取りかかることができる。こうして昔と変わらぬやり方で供物を用意するという一連の行為は、昔の人たちもまた繰り返したであろうその難儀の過程をなぞる作業である。そして、こうした過程に支えられて代々の命がつながってきたことが実感されると、おのずと感謝の念が湧いてくる。頑なまでに昔ながらのやり方を守る彼女の姿勢は、農耕・採集や加工の過程から離れさらに調理の過程までも人任せにしようとしている私たちの社会にあって、自然の恵みのありがたさと、難儀の過程を経たからこそ訪れる喜びのひとときを共に味わいあうことの大切さを教えている。

注

[1] ムラの主要作物と租税品との関連についても考慮する必要がある。王府時代、田は米、畑は麦および下大豆の徴収が基本とされたが、粟、黍など指定一一種で代えることもできた。琉球政府（編）（1968）「沖縄旧慣租税制度」『沖縄県史――旧慣調査資料』21巻資料編11、216-218頁。

[2] 備瀬の大御願についてはつぎの報告を参照した。沖縄大学・沖縄学生文化協会（編）（1973）「本部町備瀬部落・第三次宮古島調査報告」『郷土』11。本部町史編集委員会（編）（1984）『本部町史・資料編2』794-804頁（津波高志による執筆）。年中祭祀については、平敷令治（1990）『沖縄の祭祀と信仰』第一書房、を参照した。

[3] 哲学者の内山節は、自然と人間の関係についてつぎのように述べる。「自然と自然の交通、自然と人間の交通、人間と人間の交通という三つの交通が、相互に結びつき制約し合いながら自然と人間の全体世界を構成する」。内山節（2014）『自然と人間の哲学』農文協、230頁。

[4] この人物は、手先が器用で、畑仕事の合間に、イモなどを入れて運ぶバーキ（竹籠）、脱穀に使うミーゾーキ（円箕）、アダン葉の筵、貝や小魚を入れるティンガマ（腰籠）など、さまざまな細工ものを手がけていた。

[5] ニガミの松枝さんによれば、ミーウガン（竜宮）は女の神様でグシク山は男の神様、と先輩の神人たちに教えられたという。

[6] シニグ行事の石臼を用いての米神酒づくりにおいても、同様の構図がみられる。

[7] 「くびる並松」の歌詞について、ヌルさんは15世紀初めの中山による北山侵攻とし、玉城チヨさん（3章）は17世紀初頭の薩摩侵攻のことと伝え聞いている。

[8] 後日確認した加工の過程は以下のとおり。大きな大根おろし様の道具を使って穂から実を擦り落とす→実を干す→石臼で脱穀→箕の上に乗せ風を送って殻を飛ばす→水洗いして水に浸す→石臼で水挽きする→さらしに包み重石を乗せて水を抜く。ムラの食文化については、「日本の食生活全集 沖縄」編集委員会（編）（1998）『聞き書 沖縄の食事』農文協、を参照した。

5章 再生の井戸――2012〜16年の井戸拝み

1■生者と死者との関係

(1) 山から来る水

那覇の国際通り沿いにある古いホテルのレストランで、毎月20日の昼に小さな同郷会が開かれる。この集いに身を寄せるのは70〜80代の女性たち20人ほどで、全員が備瀬集落の出身者である。この会には「福女会」という名があり、郷里の象徴ともいえるフクギ並木にちなんで付けられた。メンバーの多くは、1950〜60年代に戦後復興途上の那覇に出て、新天地市場と呼ばれる衣料品卸市場での商いにかかわった経験がある。

ここで紹介するのは、2014年6月の福女会のひとこまである。子どもの時代のふるさととの情景をいつも生き生きと語るトミさんが、急に想い出したのか、水汲みに通った浜辺の井戸のことを話題に出した。「パマガー」と呼ばれるこの井戸は、潮の干満によって姿を現したり海中に沈んだりする湧き水だった。集落からは南西に外れたところにあるため、この井戸を利用したのは集落の南側の人たちで、このとき会話に加わった五人も皆、南に家のあった人たちだった。ただし、この湧水は、1975年の沖縄国際海洋博覧会の会場として囲い込まれ、大量の砂を運び人工ビーチが造成されると、周囲はコンクリート枠で固められて蓋をされてしまった。彼女たちは、その激変ぶりとかつての面影について語っている。

〈山の葉が出る湧き水〉［14-06-20：福女会］

トミ：シマ（備瀬）のパマガーがや、海の中に井戸があったのに、いまの世の中になったから、いつ、いつこれは上になったか、それがわからんわけ。

孝子：もう海洋博のときに。

和子：埋められたから。こっちにハー（井戸）があったさーね、こっちみんな埋めてしまったわけよ。だからこれ上にあがったみたいだけども、そうでなくてこれはそのままよ。この海が埋められたわけよ。だから上になってしまったわけさ。

トミ：〔語気強く〕だっからね、あんまりもう、びっくりして。昔の状況といまとあんまり差があるもんだから、その話しようとしてるわけよ。

和子：海の中から真水が湧きよったの。…潮の中からだって真水が湧くもん、こうして。

トミ：そうしてね、山にある木、木の葉っぱ、あれが湧くの。

和子：葉っぱも湧いてくるのよ。この辺にこの木があるわけでもないのに。

トミ：そう、そうそう。…備瀬のフクギとは違う葉っぱが、こういうところから。
孝子：シーギ（スダジイ）の葉が、シーギの葉が流れてくる。
和子：ほんとに不思議なことよ。
トミ：もっこり、もっこり、水の湧く中にね、この葉っぱが、山の奥の。
テル子：あれ、ワラビ、ワラビの。
トミ：ううん、シーギの葉っぱが出てきよったのよ、湧いて。
テル子：シーギよりはワラビの葉や。
ヤス：〔テル子さんに同意して〕ワラビの葉、出よった。
トミ：わたしはシーギよく見てるわけさ。もっこり、もっこりして水が湧いてるところからこの葉っぱが。
和子：ほんと水が湧くというのは、ああいうして湧くというのは、見たね。
トミ：備瀬にはこの木はない、ない葉っぱがね、出てきよったわけよ。
和子：もう何十キロも歩いて行かんと山がなかったさーね、あっちから流れてくる。

ここで会話に参加している五人全員が、水とともに葉っぱが湧いてくるのを目にしている。強い風の吹いた後などにとくに多かった。トミさんと孝子さんがシーギの葉をよく見たと言えば、テル子さんとヤスさんはワラビの葉だったと主張した。いずれにしても、ムラにはない遠い山の葉っぱだった。近くに山のないムラではかつて、子どもたちは休日になると連れ立って遠くの山に薪を取りに行った。

だから、彼女たちは山の植生に通じており、湧いてくるのが山の木の葉だとみると、水もその遠い山から流れてきたのだとわかった。トミさんが口にした「もっこり、もっこり」という擬態語が臨場感を与え、聞き手の私にも、湧き水のなかの木の葉が目に浮かぶようだった。

会話にもあるとおり、この湧き水は海洋博の会場建設と引き替えに姿を隠すことになったのだが、その十年ほど前にムラには待望の水道が引かれていた。簡易水道はそれ以前からあったものの、共用でしかも塩分混じりの水だったため、井戸への水汲みはその後も続いていた。上水道の敷設によって井戸での水汲みが不要になると、それまでお世話になった井戸への関心もしだいに薄れていった。こうしたなかで、ムラは浜辺の井戸を手放すことになった。もっとも、手放すという自覚があった人はまれで、ほとんどの人は人工ビーチが完成してはじめて「パマガーが消えた」という事実に直面したのかもしれない。

ムラの子どもたちにとって、この井戸の周辺は、畑地の中の岩場に数多くの墓が混在する「怖いところ」であった。海洋博によってこれらの墓群は、東方の丘陵地に急ぎ造られた集団墓地に移され、その跡地には遊園地ができた。そして2000年まで四半世紀のあいだ営業を続けたのちに閉園した。その後しばらく更地となっていたが、2014年には地上12階建ての巨大なリゾートホテルが完成している。本章で取り上げるのは、パマガーをはじめとしてムラの井戸を巡る人びとの営みである。

（2）聖なる力

近くに川のない備瀬ムラではかつて、生活に必要な水は、いくつかの共同井戸と天水に頼るほかはなかった。井戸はハーまたはカーと呼ばれ、ムラの井戸と水に感謝するハー拝みと呼ばれる神行事が旧暦5月5日に神人たちを中心にしておこなわれてきた。このムラの各家に上水道が引かれたのは1966年のことで、すでに半世紀ほどの年月が流れている。水を汲むために井戸に通う人の姿もいまは見当たらず、それぞれの井戸は危険防止のために柵で囲われている。こうした環境の変化にもかかわらず、神人たちは代々の命をつないでくれた井戸を拝む行事をいまも続けている。

備瀬のある本部町は、1975年の海洋博開催を契機として観光地化が進み、現在では伊江島を望む海洋博公園付近にリゾートホテルなどの宿泊施設が建ち並ぶようになった。そして備瀬ムラそのものも、フクギ並木を残す集落として郷愁を誘い、多くの観光客が訪れる場所となった。いま、沖縄の観光ガイドブックで備瀬のフクギ並木を取り上げていないものを見つけるのは難しいくらいだ。しかし、海洋博がやって来る前の備瀬は、本部半島の最深部に位置することもあって、まさに交通不便な「僻地」であった。本章は、このムラに近代文化の浸透が加速した1950年代半ばから海洋博にかけての約二〇年間と、観光地化が急速に展開している近年の動向を取り上げ、ムラの人びとのあいだに生じた変化を辿る。

まず、井戸への関心が薄れていくなかにあって、水への感謝の拝みを続ける神人たちの姿を取り上

図5－1　おもな共同井戸（国土地理院撮影の空中写真〔1977年〕を掲載）

げる。そして、年配のムラ人たちの思い出語りにしばしば登場する水場の記憶を重ねたい。ムラにおいて、潮水が混じらない真水が湧くのは、シリガーとパマガーと名付けられた二つの井戸に限られる。シリガーはかつて、産水を汲んだ産井（ウブガー）であり、毎年の正月元旦に若水を汲む井戸でもあった。一方、浜辺にあって満潮時には海に沈むパマガーの湧き水は、葬儀に参列した遺族を清めるミジナリーと呼ばれる儀礼に用いられてきた。これらのことから、シリガーやパマガーの水は、飲み水や洗い水として使用されるだけでなく、ムラ人たちはそれらの水に聖なる力を見出していたことがうかがえる。ここでは、井泉の水がこのように人の誕生や葬送の儀礼において重要な役目を果たしてきたことに着目し、井戸の拝みを現在まで継承してきた神人たちに密着することで、ムラ人たちが生者と死者との関係をどのようにみていたのか、また人間と自然の関係をどうとらえてきたのかについて考察することを目的とする。

旧暦元旦に若水を供えて拝む元旦ウグシーと呼ばれる神行事（２０１２年と２０１６年）と、旧暦５月５日のハー拝み（２０１３年と２０１５年）に参加し、観察をおこなった。また、ミジナリーとアラパシワタイ（新橋渡り）と呼ばれる葬送儀礼（ともに２０１６年）に立ち会うことができた。あわせて、ヌルやニガミといった神人を中心にして、ムラ人たちと出身者たちへの聞きとりを重ねた。

2 ■ 井戸拝みの現在

（1）ムラの井戸

ムラ内のおもな共同井戸を図５－１に示す。それぞれの井戸には名前が付けられている。飲料水を汲むための井戸は、集落北側の人たちはおもにシリガーで、南側の人たちはパマガーやウイガーだった。なお、ハー拝みのさいに神人たちが巡るのは、ニーガー、パマガー、ウイガー、シリガーの四カ所である。

a シリガー

アサギの裏手を東の畑地に抜け、北に二百メートルほど進んだところにある掘り抜き井戸である

写真５－１　シリガーでの若水汲み（2012年旧正月）

［写真５－１］。備瀬において、塩分をまったく含まない真水が湧く井戸は、このシリガーと南のパマガーに限られる。シリガーから東方向にみえる丘陵地の森は、グシク山と呼ばれる御嶽である。この聖なる森からは木の枝一本たりとも取ってはいけないという禁忌があるが、それは、この森によってシリガーの水が保たれているからと説明されることがある。

この水はかつて、生まれたばかりの赤子を沐浴させるための産湯にも用いられ、出産時にはこの水で炊いたご飯が振る舞われた。正月元旦には、家ごとにこのシリガーから若水を汲み、その水を三度額に撫でて若返りを願うウビナディと呼ばれる習慣がある。この井戸の水は日常的には、貴重な飲料水としてのみ利用された。洗濯にはもっぱら、近くにあったハーグヮーと呼ばれる小さな井戸が使われたが、神人たちが着る神衣装を洗うときにはシリガーの水が使われた。夏に一週間続くシニグ行事を終えると、その翌日には盥（たらい）を抱えて来た神人たちが井戸端で神衣装を洗った。石鹸を使わなかった当時は、シークヮーサーを絞った果汁を用いたという。なお、シリガーのそばにはため池があり、子どもたちが水遊びと水浴びをする場所になっていた。

b　パマガー（浜井戸）

冒頭で紹介したように、集落から南西に外れた浜辺にある湧泉である［写真5-3、241頁参照］。その昔、ウガンメー（備瀬崎の拝所ミーウガンの前）から石灰岩を刳り貫いて運び、この泉の枠に据えたと伝えられている[1]。干潮時にしか汲むことができないこの真水は、遠い山から地下水脈となって流れてきたものとみられている。シリガー同様、豆腐を造る水としても重宝された。ムラには、葬式を終えた遺族がこの井戸の水を汲み、その飛沫を三度浴びて身を清めるミジナリーと呼ばれる儀礼があり、現在もおこなわれている。

c　ウイガー（上井戸）

パマガーのある浜辺を少し上がったところ、岩壁を背にした井戸。潮が満ちてくるとパマガーは海に沈んでしまうため、干潮時以外はもっぱらこの井戸が利用された。若干塩分を含んでいたようだが、汁を沸かす水などには用いられた。この井戸のそばには共同の洗濯場も造られていた。パマガーと同様に海洋博会場として囲い込まれ、遊園地内の茂みにひっそりと隠れるようになった。現在はリゾートホテルの前庭の一部となり、生い茂っていた木々が剪定され、周りは琉球石灰岩の化粧が施された［写真5-4、242頁参照］。

d　ニーガー（根井戸）

集落東側の畑の中にある井戸。湧泉ではなく水を溜めた場所との伝承があり、神人たちは、ムラで最も古い、根の井戸と位置づけている。コンクリートの台座に円形の井戸が刳り貫かれているが、その中をのぞいても水はない［写真5-2、240頁参照］。はるか昔に井戸があったとされる場所を刻むため、神人たちの意向によって再建されたものである。戦後しばらくたったころ、マッユタ（2章参照）がこの井戸の存在を告げ、ヌルさんが見た夢の中でその場所が示された。「あの道から何歩、こっちの道から何歩」というように位置の特定がなされたという。交通の便を考えて道のそばに造ってはどうかという提案もあったが、神人たちは夢で知らされた場所に復元することにこだわった。畑の主は、井戸の再建と道を付けることを二つ返事で受け入れた。

e　その他の井戸

集落の北端寄りの人たちは、ニーニーガー（シンバーリガーともいう）と名付けられた掘り抜き井戸を利用してきた。この水は塩分をやや含んではいたが、調理にも使えた。ハー拝みのさい、神人たちはここまでは足を延ばさないが、日々この井戸にお世話になっている近所の人たちは、シリガーでの拝みを終えた帰りに立ち寄り、拝んでいた。

本集落から畑地を挟んだ北側に高良原（たからばる）と呼ばれる小集落がある。北の海岸に向かう坂道の途中にある井戸はタカラガー（ワルミガーともいう）と呼ばれており、ここに住み着いた先祖が掘ったと伝えられる。ただ、この水は塩分が多く飲み水としては適さなかったため、高良原に住む人も飲料水を確保するためにシリガーに通った。

アサギからほど近い畑の縁にウンサーガー（宇茂佐井戸）と呼ばれる井戸がある。ミーガー（新井戸）とも言われることから比較的新しい時代に掘られた井戸とされる。潮の干満によって水位が上下することから海に通じているとされ、水量は豊富だが、塩分の多い水だった。また、ヌル殿内の北側にあるチンジャガーは、ヌルさんが子どものころ学校から帰ると汲みに行った井戸である。この水は野菜や食器を洗うのに使われた。

（2）若水の拝み

2012年および2016年の旧暦元旦に、シリガーでの若水汲みとその後におこなわれる「元旦ウグシー」と呼ばれる拝みに参加した。ここでは、2012年のときの様子を紹介する。水道が引かれる以前は若水を汲むには順番待ちをするほどだったというが、現在、旧正月にこの習慣を続けている家は少数のようだ。

7：50　朝、強い北風が吹いて海には波が立っていたが、フクギ並木の中に入るとそれほど風を感じない。前日、若水汲みに連れて行ってもらえるようにヌルさんの夫の栄さんと約束していた。二人の家に顔を出すと、すぐにシリガーに向かった。栄さんは、重石をつけた泡盛の三合瓶に紐を結び、水面まで吊して水を汲んだ［写真5‐1、232頁参照］。もうひとり後から汲みに来ていたおじさんは紐を結んだヤカンを吊して器用に水を汲んでいた。家に戻ると、ヌルさんに「上がって休みなさい」と声を掛けられ、これから家でおこなう元旦の拝みの手順を教えてもらった。神人たちはこの日、最初に家で拝んでから、ムラの拝みをするという段取りになっている。

家での拝みでは、一カ年の家族の健康願いをする。①ヒヌカン（火の神）前に、シリガーで汲んだ若水とウグシー（酒）、茹でた豚の肝（レバー）などを載せた膳を供え、香炉に線香を立てて拝む。つぎに、②トゥパシリ（仏壇間の戸口）で、湯飲み茶碗に塩を入れて香炉の代わりにし、12本（2ヒラ）と3本の線香を立て、同じ膳を供えて拝む。3本の線香は切手の意味で、ウジョー（御門）バンの神様に家からお宮宛てに通してもらうために添えるのだという。③トク（床の間）のある家は、床の神様に徳を招いてもらえるようにと、線香を立てて膳を供えて拝む。最後に、④仏壇で同様に先祖に手を合わせる。一連の拝みを終えると、かつては家族揃って若水を額に三度撫でつけた。この行為をウビナディと呼ぶ。このとき、「年(とうし)やー、かじゅとぅいん、ちゃー若げー若げー（年を重ねても、いつも若々しく）」などと唱えながら撫でる。子どもが小さいときは母親や祖母が撫でてあげた。

11：10　ヌル殿内に神人の三人が揃う。お供え物の準備をし、少し会話を楽しんでから行事開始の拝みを始める。ヒヌカン、ウタナ、トクの順に香炉の前に置かれた小さな盃に若水を注ぎ、手を合わせる。その後、隣のニーヤーに移動して同様に拝む。

12:00ごろ　お宮に移動する。ニガミが神殿に入り、ロウソクに火を点け香炉に線香を立てる。この日、神人は神衣装を着けない。ヌルとニガミは神殿の中に入り、追ってイガミが、若水とウグシーの入った二本の銚子、炊いた豚の肝と赤肉（赤身の肉）の皿を載せた膳を持って神殿の中に入り、三人で拝む。その後拝殿側に出て神殿に向かってもう一度手を合わせ、供えた肝と赤肉に箸をつける。盃に入った若水とウグシーをウタムトゥ木の向こうに三度注ぐ。

　拝み終えて、ヌルさんが盃の若水を自分の額につけると、ニガミの松枝さんが微笑みながら「わたしにもお願いします」とメガネを外した。ヌルさんも笑顔になって、「百二十歳（ひゃくはたち）まで健康でいられるように」などと言いながら、松枝さんの額を若水で三回撫でた。つづけてヌルさんは、イガミ、手伝い役の枝美さん（ニガミの娘）の額にウビナディをした。それを見て思わず私も「お願いします」と申し出ると、みんなで笑いあうなか、ヌルさんは額に若水をつけてくれた。

　それから供えたウグシーを回し、肝と赤肉を皆でウサンデーする。肝を供えるのは、年の初めにチムじゅらく（肝清く、心がきれいに）なるようにとの願いが込められていると松枝さんが教えてくれた。

12:50　ナカリューグに移動する。海は相変わらず強い北風が吹いており、リーフに白い波が立っていた。香炉に線香を立て、お宮と同様、お膳を供えて拝む。拝んだ後、肝と赤肉に箸をつけたのち、盃に入った若水とウグシーを香炉に三度に分けて注ぐ。この竜宮では一年間の大漁と航海安全の祈願をするのだという。「ここでもウサンデーするんだよ」とヌルさんが笑って言うが、風が強いために早々に切り上げる。

ヌル殿内に戻って行事終了の拝みをした後、ふたたび肝と赤肉をウサンデーしながら、昔話に花を咲かせる。肝は塩をつけて食べるとおいしかった。ゆったりとしたおしゃべりは15時前まで続いた。

(3) ハー拝み

2013年および2015年の旧暦5月5日におこなわれたハー拝みに参加した。ここでは2013年のときの様子を紹介し、あわせて2015年時のエピソードも添えることにする。

7:40 一昨日、今日の行事のために、栄さんたちがシリガーの周囲の草を刈り払い機で刈っておいたという。その刈られた草を熊手で片付ける作業を手伝う。例年なら井戸の周囲だけでなく、内側に伸びた蔓草を刈ってきれいにするのだが、今回はそのままになっていた。ヌルさんはそのことを案じていたが、急なことで人も頼めず、今回は諦めようということになった。午前中、ヌルさん夫婦は畑でイモ掘りの作業にあたっていた。

13:40 ヌル殿内に神人三人が集合し、平服のままで行事開始の拝みをする。ヒヌカンはヌル、ウタナはニガミ、トクはイガミが線香を立て、この順に拝む。拝みの後には、子どものころの思い出話に花を咲かせた。水汲み話からはじまり、ランプのホヤ掃除、休みに山への薪取りをしたという話題が続いた。

14：30　お宮に移動すると、まずニガミが神殿の中に入り、ロウソクに火を点け、香炉に線香を立てる。ヌルとニガミが神衣装を着けて神殿の中に入り、膳に載せたミハナ（米）とウグシー（酒）を供える。区長をはじめとする参列者は線香を手渡され、各自受けとると額の上あたりに捧げてから返す。ニガミは全員の線香を受けとって神殿の香炉に立てると、ヌルの主導で全員が手を合わせる。ヌル、ニガミが拝殿側に移り、ウタムトゥ木の前に先の膳を供えて拝む。その後、ウタムトゥ木の向こう側にウグシーを三度注ぐ。拝み終えると神人たちは参列者のほうに向かい、ウグシーの盃を回す。このときの参列者は神人三人、区長、手伝い役を務めるニガミの夫の辰雄さんと娘の枝美さん、そして私の七名だった。お宮から各井戸への車での移動は区長と辰雄さんが運転手を務めた。

15：05　①ニーガー：車二台に分乗してお宮からほど近いニーガーそばまで移動する。円形のセメント製の井戸は畑の真ん中にある涸れ井戸である。炎天下、井戸の前におかれた香炉代わりの石に、火を点けない線香（ピジュルウコーと呼ばれる。他の井戸でも同様）を添え、ウグシーとミハナの膳を供え、神人たちが手を合わせる［写真5－2］。このとき、東の方角に向かう。拝み終えると、ヌルとニガミがウグシーを井戸に三度注ぎ、ミハナを散らす。東に向かって拝むのは、水は山から来るからとヌルさんが後で教えてくれた。

15：20　②パマガー：備瀬集落の南端に位置する海洋博公園の南ゲートまで車で移動すると、警備員に入構証を示してから公園内に入り、人工ビーチの入り口に車を止める。かつて干潮時にしか姿を見せなかったパマガーはビーチ前の植え込みの中に囲われている。松枝さんは、海洋博の工事が終わったとき、あまりの変わりようにに「パマガーはどこに行ったの」と思わず口にしたと教えてくれた。「とってもおいしい水でしたよ」と添えた。枝美さんも、パマガーのことはいまでも夢に見ると語った。拝む手順は先のニーガーのときと変わらないが、ここでは海（竜宮神）に向かう。このとき、建設中のホテルの現場監督を務めているという作業服姿の男性が神人たちの後ろで一緒に手を合わせていた［写真5－3］。

15：40　③ウイガー：基礎工事の進むホテル用地に入ると、ガンヤー（龕屋、後述）あたりがすっかりむき出しになっていて、かつての薄暗さが消えていた［写真5－4］。ウイガーの周囲の木々も伐られ、新しい石囲いの井戸の前には、真新しい香炉が据えられていた。神人たちは、その上に線香を置いて山手のほうに向いて手を合わせる。拝み終える

写真5－2　ニーガーで拝む（2015年ハー拝み）

と、ヌルさんの指示を受けた松枝さんが先の工事監督者の頭にミハナを散らし、井戸の周辺をきれいに整備してくれたことへのお礼のことばを伝えていた。

16：00　④シリガー：車でふたたび集落方面に戻り、畑の端のシリガーに移動する。井戸前の香炉に線香を添え、これまでと同様、お膳を供えて東を向いて手を合わせる。ウグシーを香炉に三度注ぎ、ミハナを散らす。さらに神人三人はそれぞれ持参した重箱の蓋を開けて供え、再度拝む。拝み終えると、シリガーを背にして輪をつくり、供えたお重を開く。神人三人のお重からご馳走を盛ってもらい、みんなで一緒に食べる。ヌルさん手づくりのお重には、揚げ豆腐、カマボコ、三枚肉、揚げイモ餅、イラブチ（魚）揚げ、モズクの天ぷら、茹でた島ダコの七品が詰められていた。松枝さんは「昔は、神人たちが他の井戸の拝みをすませてシリガーに到着するまでおばあちゃんたちがお重を下げて待っていましたよ」と話す。今回、待つ人はいなかった。シリガー近くに実家のあった辰雄さんは、ため池で水

写真5-3　パマガーで拝む（2013年ハー拝み）

浴びした子ども時代のことを話してくれた。池は素掘りで、中央に石が立っていてそこに登って飛び込んだという。牛馬の水浴び、水肥を入れた桶を洗い、人も体を洗う。いちおう場所は分かれていたが、同じひとつの池だった。

17時すぎにはお宮に戻り、行事を終える。風呂敷に包まれたお重とウグシーに使った四合瓶を持って、ヌルさんの家までお供する。

2015年のハー拝みのさい、シリガーでのエピソードを二つ添えたい。

〈井戸の恩〉［15-06-20］

パマガーとウイガーでの拝みを終えてシリガーに移動してくると、年配女性の三人組が、井戸の前の香炉に線香を添え、菓子や果物などを供えて手を合わせていた。彼女たちは神人一行に香炉前の場所を譲ると、シリガーでの拝みに加わった。そして拝みを終えると、神人たちに礼を述べて立ち去った。

写真5-4　整備されたウイガーで拝む（2015年ハー拝み）

区長の善久さん（1947年生まれ）が後で教えてくれたところでは、三人のうち二人はヌルさんの家近くに実家がある姉妹で、彼と同級生の妹は名護で飲み屋を経営しているという。今回はその商売繁盛を願って拝みに来たとのこと。彼らの中学時代に簡易水道が引かれたのだが、井戸の水にお世話になった女性たちのなかには、身辺が落ち着く50～60代になると井戸への関心が湧く人たちが少なからずいるのだという。そうした人たちは、ハー拝みの日に限らず、自分の都合に合わせて拝みに来ている。

〈アタビチャ（カエル）の歌を合唱する〉

シリガーで手を合わせ、お重を供えてもう一度手を合わせる。ウサンデーは神人三人を含む八人が車座になり、神人たちが持参した重箱の手料理をいただきながらのよもやま話になる。すぐ近くに見えるため池で泳いだという話から、カエルの話になり、神人の手伝い役の和恵さん（69）が「アタビチャ（カエル）は何かの薬になるからとよく捕った」と話しながら、つぎの歌をうたい出した。

アタビチャぬー、ムムジシやー、ナビグヮーねー、ちゃらみかちー、ちゃんなませとぅー（カエルの、もも肉は、小さな鍋で、炒めると、とってもおいしいよ）

カエルのもも肉は、いまのチキンよりもおいしい最高のご馳走で、栄養不良の子どもに食べさせたり、熱冷ましに使われたりしたと教えてくれる。和恵さんが、「昔はアタビチャがたくさんいたけど、いまは見えないね」と言って、もうひとつの歌を口ずさみ出した。すると、松枝さんとヌルさんも声を合わせての合唱となった。聞き覚えのあるメロディーは「オタマジャクシはカエルの子」だった。

ヤーグヮーの、ヤーグヮーのタンメーさい、アタビチャすぐいがめんそーらん、ウムニーかむぐとぅまっちょーけ、まちーんまたらんさちなやびら

（小さなお家のおじいさん、カエルを捕りに行きましょう。イモ練りを食べているから待ってなさい。待つに待ちきれないから先に行きます）

どちらの歌も食の対象としてのカエルを歌っている。これらの歌は、戦前、いまの80代になるおばあたちが小さいころによく歌われたものという。座はその後もしばらく、童歌や毬突き歌の披露が続いた。

3■水場の情景

（1）水汲みと水浴び

戦前のムラの水事情について『備瀬史』はつぎのように記している。1927年生まれの著者が子

どものころの様子を伝えたものと思われる。

昔から飲料水の井泉が少ないわが備瀬では、飲み水には困窮した。天水を溜める水タンクを設けた家庭は僅かであった。瓦葺きの家を建てる場合には、大抵附帯工事としてコンクリートの水タンクを設けていたので、天水を集水して飲料水に使用していた。ところが茅葺きの家庭においては、生垣の福木やイスの木に藁、スルガー（棕梠の皮）を巻きつけて水甕に通水を溜めていた。…どの家庭でもトンガ（台所）の前に大きなパンルー（水甕）を二個据え飲料水や生活用水を貯えていた。そしてこれが尽きるとシリガーやパマガーから飲料水を汲んできて使用していた[2]。

1945年3月当時、瓦葺きの住家はムラ内で三六軒（全戸数の19％）だったという[3]。台所の前に水甕が二つ置いてあるのは、それぞれ飲み水と洗い水を入れておくためである。減るのが早いのは洗い水だった。ヌルさんもまた、学校から帰ると桶を持って近くのチンジャガーに水汲みに行った。この井戸の水が少ないときには、南側のミーガー（ウンサーガー）まで足を延ばした。

〈水汲みは自分の役目〉[13-08-27]

ヌル：（イモ洗いは女の仕事という話題に続いて）水汲みもほとんど女だったはずよ、よくシリガー行って飲み水、学校から帰ってきたら。この、あれありよったわけさ、パンルーといって。

聞き手：あ、（水）甕ね。

ヌル：甕がありよったの。甘い水入れるのと、（言い換えて）シリガーの水入れるのとね、またあの野菜なんか洗うのはまたこっちの井戸から、ちょっと塩水（が混じっている）、チンジャガーといってもある。またミーガーといってもありよったからね、こっちから。…向こうから、塩水取ってきて、かならず学校から帰ってきたら、桶担いで行きよったよ。いっぱい入れたらまた遊びに行きよった。もうこれが、もう自分の仕事だったから〔笑う〕。

聞き手：女の人は水汲みで、男の子は何やるの？

ヌル：男の子も水汲みするけど、ほとんどが女のあれ（仕事）。また男の方はね、ヤギ、各家庭養って、牛も、これまた草刈り（し）たり。

戦後は、円柱型のコンクリート製貯水タンクを設置する家庭が増えていった。タンクを造る職人がムラ内にも現れた。また、水を運ぶ道具は重い木桶から軽い一斗缶に変わった。和恵さん（１９４５年生まれ）の家にはタンクはなく、学校から帰ると天秤棒に吊した二つの一斗缶で水を運ぶのが彼女の日課だった。集落の北側に住んでいたのでニーニーガーに通った。水は塩分が混じってはいたが、飲み水としても使ったという。１９５０年代後半の様子である。

〈井戸端で髪を洗う〉〔14-12-12〕

和恵：昔はほら、水道も何もないでしょ、学校から帰ってくると二つの缶の、油入れる一斗缶あれを二つやって、ここの井戸から汲み上げて、みんなが来ないうちに早くしないと、いっぱい帰ってきたらみんなが汲みに来るわけですよ。水道がないから。…

聞き手：飲み水は、シリガーまで行くの？

和恵：シリガーじゃなくて、もうひとつここにすぐ近くにある（ニーニーガー）…

聞き手：ここも飲めたんですか？

和恵：そう、飲めたんですよ。…で、自分たち小学校から中学校時代、月夜になると、ここの周囲は、井戸があって、周囲にセメンでぜんぶこうして洗濯とかやられるようになって、あのときは髪洗うのも髪洗い粉って、土みたいな粉のが袋に入ってあったのよ。あれと、シャンプーっていうのはないから、ハイビスカスの葉っぱをこうしてやると〔手をこすり合わせながら〕すごい粘りが出て、あれでつぶしてから、これで髪洗って。月夜の晩になると、土曜の晩とかになると、みーんなあっち行ってから髪を洗ったり、井戸で。暑いからそれでお風呂入ったり（水浴び）とかして、そんなしてやってました。…夏だから（井戸の）冷たい水で。

集落南側の人たちは浜辺に湧くパマガーとその上手にあるウイガーに通った。満ちると海の下に沈むパマガーは子どもたちの格好の遊び場でもあった。カツ子さん（１９３９年生まれ）は、潮が引いているときには水を汲み、満ちているときには潜って遊びながら湧いてくる真水を飲んだ。そしてウイガーでは洗濯をした。戦後の１９５０年前後の光景である。

〈水場の遊びと水汲み、洗濯〉［15-03-20：福女会］

カツ子：（パマガーは潮が）引いてるときはあふれてよ、湧き水がこう、冷たくて、おいしかったから、汲んで行きよったけども。もうちょっと時間たったら埋まるさーね、そしたら浴びるわけよね、学校帰ってきたら。…こっちにね、ちょうど海水浴するドラム缶立ててから。このドラム缶から飛び込んでさ〔笑いながら〕、跳んでこっちに、みんなこうして遊ぶわけよ。そしたら、そのパマガーがこっちにあるから、こっちに潜っていって、こっちから湧くわけよね。ここまで潮でしょう、満ちてるから。そしたら顔うずめてから飲みよったよ。こうして、こうして潜っていって、こっちによ。ひとりずつ、皆、「はい、交代」って〔声をあげて笑う〕。…だから二つあったからね、あっちの上のほうにも。

聞き手：あ、ウイガーってやつだ。

カツ子：ウイガーと言ってね、こっちに新しくわたしなんかが中学校ごろに掘ったのと、昔からのと、あったわけ。洗濯したり、こっちから汲んで行きよったから、担いで行きよったからお家に。…学校帰るでしょう、もう海水浴場で、洋服まま飛び込んだ。後また盥持って行ってそのまま洋服は洗濯して〔笑いながら〕、石鹸持って行って、洗濯してゆすいで帰りよったよ、毎日。盥グヮー持って行って。洗濯もついでだったよ、これ洗濯もしながら〔笑う〕。家族のもん持って行きよったよ、たまに。

一方、かつてパマガーとウイガーに水汲みに通った人たちは、その周辺は怖いところだったと口を揃える。現在は大阪に住むチエ子さん（1937年生まれ）も、これらの井戸にひとりで行くことはなく、かならず友だちと連れ立って行ったと教えてくれた。

〈ひとりでは行かないところ〉［17-08-08］
チエ子：（水汲みは）学校から帰ってきてから、…とにかく日の明るいうちな。そうじゃないと蛇も出て来るし、怖い、あの当時は。あっこ怖いとこでしたよ。
聞き手：あ、そうですよね、ガンヤーとかもあるしね。
チエ子：ガンヤーもあるしね、あそこは普通はひとりではよう行かんかった、みんな連れて、「行こか」というような感じで、「ウイガー行くけど行こうか、洗濯しに行こうか」ってね、みんな連れあって洗濯もしに行きました。
聞き手：ひとりで水汲みに行くことはしない？
チエ子：それはあんまりいなかった。かならず誰かがおりました。

（2）葬送儀礼とグソーの湧き水

集落南端の道ばたに生えているガジマルの木は、ムラ人たちが「ガジマルグヮー」と名付けた特別な木だった［図5-1の⑧］。この木から浜側に下ると「ミジパイ」と呼ばれる海への排水溝があった。このガジマルとミジパイを結ぶあたりは、ムラ人たちにとって、生者の世界と死者の世界を分ける境界となっている。つまり集落からみて、向こう側（南西側）は死者（先祖）の住む「グソー（後生、あの世)」であった。その一帯は石灰岩の岩場を抱えた畑地で、とくに海岸近くの岩壁には洞穴を利用した墓や掘り抜き墓が密集していた。またその崖を背にして、ガンヤーと呼ばれる龕(がん)を納めるための小屋が建っていた。龕は、葬式のさいに遺体を納めた棺を墓まで運ぶための輿(こし)である。パマガーやウイガーに水を汲みに行くには、この恐ろしげな雰囲気を醸す地帯へ入っていかなければならなかった。以下、死者をグソーに送る諸儀礼を紹介したい。

かつて、人が亡くなったときには、龕を担ぐ四人の男たちが選ばれた。彼らはまず、ガンヤーの前で誰が亡くなったかを伝える拝みをしてから、ガンヤーの扉を開き、中の龕を取り出した。龕を戻すときはまた、ご飯を供えてお礼の拝みをした。

・葬式の夜のマブイウイ(マブイフイ)

葬式の日、墓まで龕を担いだ四人の男たちには、その晩にもマブイ(霊魂)を追うという重要な役目が待っていた。彼らは喪家の内外でお椀に入れた潮水をはじき、浜で拾った砂利(ウル、枝サンゴが砕かれたもの)を撒き、祓う。その後、集落をつらぬく通りに出て「ホー、ホー、ホー」と叫びながら、南に向かって走っていく。そのさい、目には見えないマブイを追い立てるために、フクギの生垣をゲーナブチ(ススキを数本束ねたもの)で叩き、砂利をあちこちに撒く。そして集落の南端まで辿り着くと、ガジマルグヮーの下で故人が使っていたお椀を割った。このとき各家では門口にフクギなどの枝を横たえ、マブイが敷地内に侵入するのを防いだ。ヌルさんも子どものころ、人が亡くなったと聞いたらすぐに枝を横たえて家に籠もった。晩に聞こえた「ホー、ホー、ホー」という男たちの声とフクギ並木に石が当たる音がいまも耳に残っている。

〈マブイを追い立てる〉［14-12-12］

ヌル：〔語気強く〕怖かったよ、ほんと、もう小さいときには。（外では）何かね、どんなやっているかわからんけど、この人（故人）が食べたお椀にね、浜から石もってきてね、「ホー、ホー」と言ってや。みんなもう、走りながらぜんぶ、もう、フクギの中なんかにパラパラ（石が葉に当たる音）っていうでしょう。ほんとに怖かった。石（投げながら）、向こうまで。で、向こう（ガジマルグヮー）行ってこのお椀（を割った）。

向こうのお椀を見たら、昼なんかこっちから歩くときに、夜はこっち歩いたことないけど、昼なんかは（現在）向こうの海洋博（公園）のところにうちなんかの実家が畑がありよったから、こっちから行きよったけどね。昼でも、うち、こっちは怖かった。みんなお椀なんかいっぱいこっちに置いてあるさーね。

このときに追い立てるマブイは、死者の霊魂なのか、あるいは臨終の場を嗅ぎつけてやってきた魔物のようなものなのか。この点をヌルさんに問いかけてみた。すると彼女は、死者のマブイは四十九日までは家に通うのだから、追い立てているのは死霊ではないと思うと語った。沖縄大学の学生たちが1972年に備瀬で行った調査（以後、沖大調査）では、この儀礼は「部落から魔物を追い払うとの意である」［4］と書き留められている。一方『備瀬史』は、「死霊を追い払う」とし、ガジマルグヮーでの儀礼についてはこう記す。「その木の下で、マブイビーグヮー（死霊を弔う火）を焚くとともにお椀を割る。そのとき、「死んだ以上、霊魂は迷わずに極楽浄土を踏まれるように」といった意味の祈りをする。それを終えての帰りは、死霊に追われるような怖さから、先を争って走っていた」[5]。どちらか一方が正しいと決める必要もないだろう。ムラ人たちは男たちの声の先に魔物や死霊の存在を感じとっていた[6]。また、「追い払う」というと、ただ邪険に扱う印象を受けるが、マブイが赴くべきグソーを教え諭すという意味も込められていた。

この儀礼がいつごろまで続いたのかは定かではないが、『備瀬史』は、墓に納めた遺骨を数年後に取り出して洗う洗骨の習俗が、隣村に火葬場ができた1959年以後しだいに消えていったと記している[7]。おそらく、マブイウイも同時期まではおこなわれなくなっていたのではないか。なお、マブイを追うために潮水が用いられたことに留意しておきたい。

・葬式から三日目のミジナリー

葬式の日、近親者を除く多くの参列者は、グソーとの境界に立つガジマルの木まで龕を見送り、ここで故人との別れをした。その後、分かれ道を浜に下り、潮水をかけて身を清めた。一方近親者たちは、葬式から数えて三日目に潮の引きどきを見計らってグソー側にあるパマガーに赴き、ミジナリーと呼ばれる儀礼をおこなう。干潮時なのはこの井戸から水を汲むためだが、ヌルさんによれば、災い事は潮で押し流すために引き潮時に、逆に祝い事は満ち潮時におこなうという習いであったという。そして、このミジナリーを主導するのは男の役目だった。

まず、パマガー近くの砂浜に移動して海に向かって膳を供え、線香を焚いて竜宮神を拝む。膳には、酒、ミハナ（米）と洗い米、大根の和え物を載せる。それから、遺族たちは揃って波打ち際に歩いていき、ひとりの男性がゲーナブチ（ススキの束）を潮水に浸け、参列者に向かって三回振り、飛沫をかけて清めた。その後、パマガーに戻ってふたたび膳を供えて拝んだ後、今度はこの湧き水に浸したゲーナブチを三回振って飛沫で皆を清めた。さらに、このとき汲んだ潮水と井戸水を故人の家に持ち帰り、病臥していた床や家の周囲をはじめに潮水で清め、それから井戸水で清めた。

この儀礼は、すべての喪家とはいえないものの現在も続く習慣である。ここで、潮水と井戸水を用いて二度の清めをおこなっていることに注目したい。

・四十九日、グソーとイチミの別れ

亡くなった人のマブイはしばらくのあいだイチミ（生者の世界）とグソーをさまよっているとされる。そこで、四十九日にはマブイアハーリ（マブイワカシ[8]）という儀礼がおこなわれる。「シンジュークニチの日、夕方、家族の者が集まり、餅、豆腐等を二番座の入り口に供え、外に向かって「イキビキムンヤーイキヨー」（行くべきものは行きなさい）といって、今日からこの世とあの世の別れだからとの意でマブイアハーリをする」[9]。ヌルさんに聞いてみると、この別れの拝みはやはりトゥパシリ（仏壇間の入り口）でおこなうことを教えてくれた。昔、民家に玄関はなくここから出入りした。つぎの語りにおいて、「グソー」は死者および死者の世界のことを指し、同様に「イチミ（生き身）」は生者および生者の世界のことを指している。

〈グソーとイチミ〉［17-09-17］

ヌル：四十九日まではもう、朝から晩までご飯みな、やる（お供えする）から。また四十九日になったらや、…どんないい人でもや、「グソーと人間とはいつでも一緒にはできないから、グソーやグソーの道、イチミはイチミで生活するから、今日からはや、四十九日も終わったからグソーに行って、また一日、十五日、何かあったらや、お家来てしなさい」ってりち（言って）、やる。

四十九日までは毎日、朝晩の食事を仏壇に供えて故人と家族は共食し、そして初七日から七日ごとには親戚、知人が集まって焼香をする。そして四十九日を境に死者のマブイはイチミを離れグソーに赴くことが求められる。それから先は、毎月一日と十五日のお茶を仏壇に供えるときに、またお盆などの折り目に、グソーから家にやって来ると考えられている。

葬式の日、亡骸は龕で運ばれ墓に納められる。しかし、マブイ（霊魂）は赴くべき場所をまだ心得ず、家の周辺でさまよっている。だからその晩、龕を担いだ男たちはマブイをガジマルグヮーまで追い立て、あなたの居場所は向こう側の世界つまりグソーなのだと、生前使われていた茶碗を割りながら諭す。葬式から三日目には、遺族は潮水とパマガーの水をかけて自らの身と故人と暮らした家を清める。そして四十九日には、別れの拝みをして死者のマブイをグソーに送り出す。

4■1950年以後の変化

(1) 自給から賃労働へ

井戸への水汲みは、ムラの各家庭に水道が引かれることによって不要になった。表5-1に、1950年代以後に急激に変わっていったムラの生活について改めて整理した[10]。この年表から読みとれるムラの変化についてつぎの三点を指摘したい。

・半農半漁の自給的生活から商品作物を中心とする農業へ

海岸線沿いに形成されたムラでは、主食となるイモを中心にしながら、粟・麦・大豆・ソラマメ・蔬菜などを育てる農を基本とし、目の前に広がる珊瑚礁の海から豊富な魚介類を得る半農半漁の自給的な暮らしを営んできた。農の営みはまた、豚やヤギなどの家畜を飼って堆肥をまかなう有畜農でもあった。こうした農耕と漁撈採集を中心にした暮らしは、それぞれの家を基礎単位として生産と消費が循環する生活形態だった。もちろん、紡績行きなどに象徴されるムラ外への出稼ぎは戦前からおこなわれていたが、それはまだムラでの自給自営の生活を補完するためのものだった。しかし、1950年代後半になると、砂糖ブームの波を受けて換金作物であるサトウキビの単作化が進行する。自給

表5－1　戦後の生活環境の変化と人口推移

西暦	備瀬	人口	男	女	世帯	上本部周辺	上本部人口
1945	4月、米軍の侵攻					4月、米軍の侵攻	
46	各地からの引揚者続く						
47						本部町から上本部が分村	
48	中部の軍作業（基地建設）に出る男たち	1853	782	1071	327	上本部飛行場周辺に立退命令	
49							
1950	戦没者慰霊塔建立、発電機導入						6542
51							
52	このころ、那覇の新天地市場に向かう女たち続く	1574	635	939	313		
53							
54	那覇郷友会の結成					伊豆味でパイン工場操業	
1955	山への薪取りこのころまで	1290	572	718	264		5749
56	普天間郷友会の結成					島ぐるみ闘争	
57						台風フェイの来襲	
58	サトウキビづくり本格化（単作化）					（50年代後半から砂糖ブーム）	
59	簡易水道					北部製糖創立、東にパイン工場	
1960	イモや粟の畑が減り、キビ畑が増える	1143	504	639	258	上本部村役所、火災	5077
61							
62	60年代に米食へ移行						
63						（日本政府、砂糖貿易を自由化）	
64	エンジン付きサバニの導入					上本部村、畜産振興を図る	
1965	スイカづくり盛ん	985	444	541	235		4589
66	上水道の敷設					上本部全村水道、給水率84%	
67	パイン工場に働きに出る女たち					本部高校開校	
68						本部半島の舗装工事進行	
69	集落内、全面点灯（終夜灯）						
1970	養豚67戸305頭（農業センサス）	705	312	393	254	上本部村、養豚466戸2127頭	3488
71						本部町と上本部村が合併	
72	養豚38戸156頭（沖大調査）					沖縄県となる	
73	集団墓地への移転（363基）					海洋博会場の工事始まる	
74	豚が消える、人工ビーチの造成						
1975	県道114号（備瀬線）舗装化	815	418	397	256	海洋博の開催	

人口、世帯数は、1948年および1952年の備瀬（『備瀬史』）を除き、すべて国勢調査による。

用のイモや粟の畑が減り、主食には、輸入されたアメリカ米を購入するという生活になった。こうしてムラの営農は産業としての農業という色彩を帯びるようになり、換金＝商品作物を販売して得たお金で必要物資を購入し、また水道や電気を利用するという生活に移行していった。傍らでは自給的な半農半漁の営みも続いてはいたが、しだいに生活の周辺に位置づけられるようになった。

・水道、電気、ガス、自動車道など、基盤施設の整備

これまでみてきたように、かつて生活用水の確保は、ムラの共同井戸と各家が備えた天水タンクに頼っていたが、１９６０年代に入るころ簡易水道が引かれた。ただ、数戸共用でしかも塩分が混じる水だったため、渇水時の井戸通いは欠かせなかった。１９６６年に全村（当時、上本部村）に水道が敷設されると、各家屋内での使用が可能になった。電気は、戦後間もなく発電機が導入されたが、供給が不安定で時間制限もあったため、石油ランプのホヤ磨きは子どもの日課としてしばらく続いた。集落内に届く配電設備が完成したのは１９６８年であった。煮炊きに使う薪を遠くの山まで取りに行ったのは１９５０年代までで、その後、調理用の燃料は石油を経てプロパンガスに変わった。車が走るための道路は、１９６９年に名護－本部間の海岸線が舗装され、備瀬入り口を通る道路も海洋博の開催に合わせて砂利道から舗装道路へと変わった。こうした社会資本の集中的な整備によって、ムラの人たちは井戸への水汲みや遠い山への薪取りなどから「解放」されて「便利さ」を享受できるようになった。ただし、それらの便利さを手に入れるには、すべて〃お金（貨幣）〃が必要となった。

・身近な賃労働への従事と消費生活の浸透

1972年の沖縄の日本復帰とともに振興開発計画が立てられると、「本土」との格差是正を謳った社会資本の整備がさらに進められた。本部町では1975年の海洋博開催をきっかけに建設業界が活況を呈し、観光関連産業も急成長して多くの雇用の場を提供した。さらに、医療や福祉施設の整備拡充にともない、それらの現場で働く人たちも増えていった。それまで賃労働に就くためには都会に出る必要があったが、身近にこうした働き口ができたことによって、遠出せずとも近くで稼げるようになった。ムラでも、青壮年期にあれば男女を問わず家庭外の職場で賃労働に従事するのが一般的となり、多くの人が家庭と職場を往復する日常を送るようになった。家庭は、生産と消費の循環を手放して、消費の場へと変わっていった。そして、半農半漁の自給的営みを中心にして生活を立てるという将来展望を描く若者はほとんどいなくなった。

いま辿ってみた、1950年代半ばから1970年半ばにかけて生じた生活の変化をより具体的に理解するために、その渦中を生きてきたひとりの男性とその家族の歩みを紹介したい。彼の人生にも、いま指摘した三つの変化が刻まれていることが確認できるだろう。

〈網元の家に育った善秀さんの生活史〉

1952年、伊江島を望む浜辺の源助ヤーに長男として生まれた。父方、母方の祖父ともに舟主で、父方の祖父は網元でもあった。後に父親が網元を継いだ。小学校に上がる前から祖父のサバニ（漁に出る木製の舟）に乗せてもらい、子ども用のエーク（櫂）を漕いで遊んだ。小学一年の途中まで備瀬で育つ。当時は三食ともイモで、学校にもイモ弁当を持って行った。米のご飯が食べられるのは遠足のときぐらいだった。父親が親戚のつてを頼って中部の嘉手納で刺身屋を営むことになり、一家で引っ越した。当時、嘉手納ではすでに米食となっていた。

小学五年（1963年）に備瀬に戻ると、父親はサバニでの近海漁を主として、サトウキビ栽培も手がける半漁半農で生活を立てた。捕ってきた魚は母親が集落内を回って売った。小中学生時代、ヤギの餌の草刈りとランプのホヤ掃除は子どもたちの役目だった。家には天水を溜めるコンクリートの水タンクはあったが、水が減るとウイガーに水を汲みに行った。家に水道が入ったのは中学時代で、電灯が終夜灯になったのは卒業してからだった。小学六年のころに初めて、母方の祖父と父と一緒に「ウガンのヤンシリー（備瀬崎灯台の後ろ）」での漁に参加した。当時は、風を受けた帆と人力を頼りにサバニを操っていたため、「エークを持ったら一人前」といわれていた。海人（漁師）たちと一緒に漁に出たときは「ウミシンカ（漁師仲間）」に入れてもらえことが嬉しかった。中学時代、夜に父親と一緒に、山川（上本部村内のムラ）や今帰仁方面まで舟を漕いで漁をした。このころムラには、エンジン付きのサバニも入っていたが、夜の漁は扱い慣れた手漕ぎのサバニだった。

1967年に中学を卒業。備瀬の男子同級生二一人のうち、高校へ進学した者は半数に満たなかった。彼は遠洋漁業のマグロ船に乗りたかったが、名護で割烹店を営む叔父に誘われ、板前の道に入った。やがて普天間に移って板前を続けた。その稼ぎで、沖縄ではまだ出始めのカラーテレビを実家に贈ったことがある。1980年28歳で帰省したさい、給料の良さに惹かれムラの建設会社で働くことにした。母親は近くにできた病院でヘルパーとして働きに出るようになった。このころ、リーフの外側に長い網を張って引き潮とともに魚を捕る「パージナ」と呼ばれる海人総出の漁が途絶えている。その後、東京への出稼ぎなどを体験したのちに結婚。職場は変わったが現在まで建設業に従事してきた。その傍ら、父親が遺した船外機付きのボートの舟主兼網元として、仲間とともに海に出て追い込み漁などを続けてきた。

1960年代の半ば、彼のような網元の家に生まれた人でさえ、中学卒業後にムラに残って海を相手に生活を立てるという選択は考えなかったという。ムラを離れて賃労働に従事することは当然のことで、同級生たちもまたほとんどそうしている。彼は、28歳でムラに戻ってからは建設業による稼ぎによって生活を立ててきたが、一方で仲間と漁に出ることも手放さなかった。

(2) グソーに来た海洋博

備瀬の南端を含む海洋博の会場が正式に決定されたのは1972年2月末のことであった。その直後の3月に実施された沖大調査は、ガジマルグヮーの向こう側に広がるグソーに点在する墓群についてつぎのように報告している。「ティガニク(南兼久)に墓が造られたのは、乾隆年間(1736~95)と言われ、その後クバマバル(小浜原)、さらに第二次大戦後交通の便利なスマバルに墓が造られた」[11]。ティガニクは海岸縁の岩崖地であり、クバマバルはその上の畑地で、スマバルはさらにその上の緩斜面で現在の県道114号の沿線である。したがって、墓群は海岸から上手の道路沿いへと徐々に移動し広がっていったことがわかる。同調査はまた、202基の墓を確認できたとし、形状ごとに分類してつぎのように報告している。

墓の基数はスマバル、クバマバル−亀甲墓30基（横穴式21基、平地式セメントブロック造り9基）、破風墓65基（すべてセメントブロック造り）、掘り抜き墓30基、平葺墓2基、計127基。ティガニクの墓はスマバルの新しい墓に移葬し、現在空き墓が多いがこれらは仮墓に使われているものもある。掘り抜き墓51基、亀甲墓（横穴式4基、平地式ブロック造り1基）、岩陰墓13基、平葺墓4基（うちセメントブロック造り3基）、破風墓1基（ブロック造り）、亀甲墓と破風墓折衷1基（セメントブロック造り）、以上75基。総計202基確認[12]。

全202基の墓のうち掘り抜き墓や岩陰墓が半数近くを占めることから、当時はまだ風葬の名残をとどめ、石灰岩の崖にあった自然洞穴などを利用した墓も多かったことがわかる。これらの墓のうちティガニクおよびクバマバルにあったもののほとんどは、海洋博の会場造成のさいに東方の丘陵地に造られた集団墓地に移転されることになった。その数は363基と記録されている[13]。

海洋博の会場工事が進められるころ、ヌルさんは、家の門口や生垣で、あるいは路上や畑で、幾度もハブに出くわしている。じっさい畑で遭遇したときには、足袋の上から脛（すね）あたりを咬まれてもいる。幸いにも足袋の上部を折り返して履いていたため、毒牙は皮膚にまでは達しなかった。咬まれた箇所には二つの牙の跡が残り、毒のために布地が黄色く変色してしまった。彼女は、これら立て続けに起こったハブの襲撃を墓の移転への抗議として受けとめた。そしてお宮に座り、墓の移転は自分の意志ではなく、国と地元の有力者が合意したものだから、そちらに知らせてくださいと拝んだ。さらに彼女は、不思議な夢を見せられる。洗骨後の遺骨を納めたジシガミ（厨子甕）が行列をつくり、海洋博会場となった墓地からマーウイ（集落南に位置する馬場）を通ってお宮の前に集まり、そして東に進路を変えると、グシク山の脇を通ってさらに上手にある移転予定地に進んで行った。ジシガミが擦れあう音なのか、「ゴンゴンゴンゴンして向こうに」行ったのだという。

〈ジシガミの行進の夢〉［14-12-12］

ヌル：海洋博が来て、この墓がね、ぜんぶ向こうにやる（移転させる）というときに、ハッサヨー（感嘆詞）もうほんと、夢ではあるけどよ、ほんとに怖かったのはや、このジシガミといってあるでしょう、遺骨入れてあるの。あれには、こっちではジシガミと言うから。これがよ、いまの海洋博のところからね、うちに見せるのはよ、海洋博のところから、ぜんぶこの遺骨がよ、この甕に入れた遺骨がぜんぶ向こうから来て、お宮の前でよ、ぜんぶ集まってよ。ほんと怖かったけど、夢ではあるから。またこれがね、向こうに、あの［ことばが出ずに詰まる］

聞き手：あの、共同（集団）墓地のところ?

ヌル：うん。ところに行くのよぉ。ほんともう夢ではあるが怖かったわけさ。だからほんとはや、グソーはグソーのバンがあるから、こっちには墓は造る。この備瀬からは東はカミ（神）でしょう、上だから。また向こう（東の方角）にはあれもあるさ、グシクも。だから、うちに教えるのはや、こんなしてグソーの人がこんなして来るのは（よくない）、グソーはグソーの向こうに墓造って、こっちはもうカミだから、こっちに墓は造らさないでという、うちには言っているけど。うちひとりが向こう（移転を決めた側）に言っても、聞かないさーね。

墓群を移転させる東方は、太陽が昇る神聖なる方角であり、ムラの御嶽であるグシク山もある「カミバン（カミの領域）」である。遺骨の入ったジシガミが行進する夢は、墓をこの東に、しかもグシク山よりもさらに上手に移すというのは、カミの領域を侵すことになるということを教えようとしたと彼女は理解した。そしていまでも、墓の移転先は元のグソー近くにあたるスマバル周辺にすればよかったと思っている。

マツユタもまた当時、地元の有力者たちに、「自分は言える身分ではないが、あなたがたは〝官（国や県）〟にものを言える立場にあるのだから、ムラの拝所（ガンヤーやパマガーなど）はきちんと残すようにと伝えてほしい」と、三度は訴えたと語っていたという。しかし、これらの拝所をどう扱うべきかについて神人たちが相談を受ける機会は訪れなかった。

会場の建設工事を終えて「エキスポランド」という名の遊園地となった土地には、ジェットコースターや観覧車のなかに、神人たちがガンヤーガマと呼ぶ岩場のムラ墓と周囲の森は残されていたが、かつて龕を納めたガンヤーは撤去されていた。そして、パマガーがあった浜辺は海に突き出た人工ビーチとなって湧泉の井戸は消えていた。水が湧いていたとおぼしき場所には「汚水」と書かれた蓋がされていたと、神人たちはいまも口惜しそうに教えてくれた。海洋博が終わってからもしばらくこうした耐えがたい状態が続いたが、彼女たちは区長を通じて海洋博公園側に要望を伝えた。その結果、蓋は中をのぞける格子状のものに換えられた。

5■グソーを守る

（1）ホテル建設とグソーの役場

・ホテル建設の過程で

海洋博の会場は、会期後には国営の海洋博公園として運営されてきた。グソー側に建てられた遊園地は民間会社が経営を引き継ぎ、2000年まで営業を続けた。この間、神人たちはハー拝みの日にはその敷地内に入って、ウイガーでの拝みを続けてきた。遊園地が閉園するとこの土地はしばらく更地となっていたが、やがてリゾートホテル建設の計画が進められることになった。ホテルの運営会社はその建設に先立って、地元の理解を得るためにヌル殿内の再建費を寄付することを申し出た。この建物は、ヌルヒヌカンが祀られ、年中の神行事のさいに神人たちが集まって最初に手を合わせる所だが、老朽化が進みシロアリの被害にも悩まされていた。だから、その建て直しはヌルさんをはじめとする神人たちが望んでいたことでもあった。2010年8月、ムラの建築会社が請け負ったヌル殿内の落成祝いが催された。

ホテルの建設地はかつて多くの墓があった土地であったことを会社側も知っていた。２０１２年５月、ホテルの本体工事に先立つ地盤整備のさい、敷地内で六体の遺骨が出ると、県道沿いに写真入りの「無縁墳墓等改葬儀広告」を出して対応している。２０１２年12月には、地上12階で客室２３８室、全室オーシャンビューというホテルの概要が発表され、本体工事が始まった。かつてガンヤーのあった岩崖地には、ムラ墓のガンヤーガマを含むいくつかの墓が、海洋博時にも移転されずに残されていた。ウイガーはこれらの墓所からほど近く灌木が生い茂る陰に隠れるようにしてあった。ホテル側はこれらの岩場を「拝所の森」と仮の名を付け、神人たちの指示を仰ぎながら整備する方針をムラ側に伝えていた。そうしたなか、２０１３年４月にふたたび、ウイガー付近で遺骨が一体発見された。その後の出来事にホテル側は戸惑い、神人たちに助けを求めてきた。

２０１３年５月29日、四月大御願の神酒づくりを進めるなかで、ヌルさんたちが話してくれたことの顛末はこうだった。掘り返された遺骨は、頭蓋骨の上半分で、その大きさからみて子どものものと思われた。その後、建設現場で働く南部出身の男性が頭痛を訴えはじめた。神人たちは事前にホテル側にたいして「自分たちは無縁墓にはかかわらないから、遺骨が出たらお坊さんに頼みなさい」と伝えていたのだが、請われてかかわることになった。当の男性に会ったヌルさんは、話しもせず笑いもしない様子を見て気の毒に思いながら、出骨した場所で手を合わせた。そのさい、「とつぜん驚かせてしまったけど、この人は工事に来ていて何も知らない人だから許してあげてください。お坊さんが無縁仏を納めるところまでお供しますから」と遺骨の主に語りかけ、その霊を鎮めた。それから男性の頭に塩をかけて清め、「毎日、塩を持ってお祓いをしなさい」と伝えた。その結果、彼は表情を取り戻し、元気になった。

現場監督の責任者は、この遺骨の一件が起こる前から、毎月一日と十五日の御願のさいには部下を数名連れてヌル殿内にやって来て、菓子折を供えて手を合わせていた。ときおりお宮の周囲を掃き掃除もしていたという。その後、「拝所の森」は約束どおり整備され、ガンヤーのあった場所には赤瓦を載せた家形の祠が設置された。そのそばに建てられた案内板には、ホテル支配人の名でつぎのように記された。

ここは備瀬区民が先祖の霊を敬い、神々への祈りを捧げる拝所にして、大切に守り続けてきた聖地です。約三百五十年前の備瀬区村落形成時にできたと推測され、拝所の中には祠と門中墓が二つずつ置かれています。井戸水は戦前戦後生活用水として利用されていました。備瀬区には伝統行事や豊年祭など、現在も年百回以上の神事や御願（ウガン）行事があり、備瀬区の皆さんは現在でも、この大切な拝所に足を運び、無病息災と豊年祈願に手を合わせています。お祈りの妨げとなる行為はおやめください。（中略）聖地への敬意と伝統へのご理解をお願い致します。

「年百回以上の神事や御願」という記述はややオーバーだが、昔ながらの御願を現在も続けている信仰篤い土地であることを伝えようとしているのがわかる。ヌルさんによれば、先の監督者はホテルの完成後もひと月ほど現地に残り、畑に彼女の姿を認めるとかならず声を掛け、歩み寄って話し込んだという。「このナイチャー（日本本土の人）はほんとうの信仰者だったと思う」と彼女は繰り返した。

海洋博のときには、拝所の扱いについて神人たちになんの相談もなかったこととの対比が、彼女の頭の片隅にあるのかもしれない。もちろん、このホテルの建設を巡ってはムラ内にさまざまな意見がある。ヌルさん自身もまた、ホテルの進出を手放しで喜んでいるというわけではなく、両義的な思いを抱えているようにもみえる。２０１４年7月、このホテルは営業を開始した［写真5‐4、242頁参照］。

・グソーの役場に戸籍を登録する

子どもが生まれたときに役場に届け出るように、死者の世界にも「グソーのナナヤクバ（七役場）」において戸籍を登録するための手続きが必要とされる。そして、その登録の日は（旧暦）1月16日と定められている。このナナヤクバがどこにあるのかとヌルさんに聞くと、具体的な場所は示されなかったが、おおよそガンヤーガマあたりとみなしているようだ。

ムラ人たちは、この1月16日を「十六日（ジュールクニチ）（ミーサともいう）」と呼んで、前年の十六日以後一年間で亡くなった人のいる家を訪ね、焼香する。午前中には家族揃って重箱を持って先祖の墓参りをしてから、午後になると各世帯の代表者が焼香すべき家々を巡る。この日は、中南部に住むムラ出身者も多数訪れるため、ムラ内は人の往来が増える。一方遺族は、訪問客を迎える合間を縫って、故人のマブイがグソーのナナヤクバに戸籍を無事に登録することができるようにと、送りの拝みをおこなう。

２０１５年の夏、ヌルさんは長年連れ添ってきた夫の栄さんを在宅で看取った。翌年の16日に彼女が、松枝さんとともにこの拝みをする現場に立ち会った。

〈十六日の拝み〉［16-02-23］

16時すぎ、それまで十六日の焼香客を迎えていたヌルさんは、松枝さんとともに外に出た。門口のスージ（小道）に石を置き、そこに火を点けた線香を立てかける。その手前に膳を供える。膳の上には、二本の銚子に入った酒、重箱（餅、三枚肉、揚げ豆腐、白カマボコ、昆布、揚げ魚、島ダコなど）が詰められていた。そして二人は手を合わせる。家族もその後ろで倣う。グソーで使うというウチハビ（紙銭）を三組燃やした後、ヌルさんは重箱のご馳走に箸をつける所作をして、ふたたび二人は手を合わせた。その後、銚子からコップに注いだ酒を三回に分けて、線香にかけた。

拝みを終えた松枝さんが、ヌルさんの家族に「グソーに赴くには橋を渡る必要があるから、その橋を無事に渡れるようにと拝んだ」と伝えていた。

この世からあの世に架かる橋は「アミダンバシ（阿弥陀の橋）」と呼ばれる。翌日、ヌルさんにこの橋を渡ることについて教えてもらった。

〈アラパシワタイ〉［16-02-24］

ヌル：この橋渡ってね、グソーナナヤクバに戸籍出すのは、「人前にも行かないで、後ろにも行かないで、中から立派に戸籍出してください」と言ってね、こっち（門口）からお願いするの。昔からあるからね、昔のようにやってるの。…グソーに行くのには新たに行くでしょう。もう去年亡くなっても十六日しないとね、この橋を渡れないという昔のあれがありよったからね、アラパシワタイ（新

橋渡り）と言っていたよ。…新たにグソーに、グソーナナヤクバに、自分の亡くなった人の…〔ことばが出ずに詰まる〕

聞き手：戸籍をね、アラパシ渡って行くわけなんだ。

ヌル：だから昔はね、この橋を渡るときに、もしも（生前に）悪いことをやった人なんかはね、この橋から落とすという話もありよったけど〔笑う〕。…グソーに行くときに、悪いことなんかいろんなことしたらね、こっちから立派に渡れないって、こっちから落ちるっていう話はあったけど。

この橋を渡るときには、人の前にもならず後ろにもならないことが大切という。だから、あまり早い時間帯にこの送りの拝みはしない。ヌルさんたちがおこなったのも、頃合いを見計らった16時すぎだった。こうして送られたマブイは、グソーへの橋を渡ってナナヤクバで戸籍登録をすませ、ようやく正式な落ち着きどころを得ることになる。いま、ナナヤクバの背後にそびえ立つホテルは、グソーにやって来た死者たちにどう映るのだろうか。

火葬がおこなわれるようになる前のムラでは、洗骨と呼ばれる改葬の儀礼があった。葬式から三年以上たつと適当な時期をみて、墓口を開けて遺骸を運び出し、骨をていねいに洗ってから厨子甕に収めなおして墓に戻した。そしてこの洗骨を無事に終えると、イチミとグソーの境界（ガジマルグヮーから浜に下りたミジパイあたり）に赴いてその報告をする拝みがあった。目下、ヌルさんが案じているのは、洗骨が不要となったいま、この拝みをおこなうべきか否か、またおこなうとするならば、いつ、どのようにするかということである。

(2) 再生の井戸

シリガーはムラの産井(ウブガー)で、かつて子どもが生まれるとこの井戸の水で産湯を焚いた。シリガーという名前の由来は、集落のシリー(後ろ、後方)にあるからと説明されることが多い[14]。しかしニガミの松枝さんは、産湯の水をシリガーから汲むことと結びつけて、シリは「シリル」から来ているのではないかと話し、つぎのように続けた。「シリルということばには、脱皮する、生まれ変わる、という意味がある。ハブが脱皮しているのを見て、パブしりてーさー、シリガラー(ハブが脱皮して、脱皮後の殻)って言うさ。だから、この水の産湯を浴びてきれいになるということじゃないか」。つまり、生まれ落ちて最初に浴びる産水を汲む井戸だから、蛇の脱皮になぞらえシリガーと付けたという解釈である。彼女の見立ては、この井戸水に脱皮新生をうながす聖なる力を認めるものといえる[15]。

正月元旦にシリガーから汲んだ若水でウビナディ(お水撫で)をするという習慣も、同様の発想に立っている。ウビーとは、産井から汲んだ聖なる水を指す。人生は、一年という周期を巡り重ねながら過ぎていく。その節目である正月に、「年(とうし)やー、かじゅとぅいん、ちゃー若げー若げー(年を重ねても、いつも若々しく)」と唱えながら、若水を額に三度撫でつける。新たなる一年という周期の冒頭にさいし、若返りを願って聖なる水で生命を賦活する。ここでも、シリガーの水に循環のなかでの再生を導く力をみている。

そしてムラ人たちは、シリガーだけでなくパマガーの湧き水にも、同様の力を感受していたと思われる。ここで、２０１６年12月におこなわれたミジナリーの様子を紹介したい。このとき亡くなったのは、ヌルさんたちとともにムラの神行事を支えてきたトシ子さん（１９３０年生まれ）だった。

〈神人たちのミジナリー〉［16-12-17］

備瀬に到着すると、前日の深夜に、神人だったトシ子さんが亡くなったことを知らされた。つぎの日の午後、町の葬祭場で告別式が営まれることになり、私も参列して焼香した。ミジナリーもその日の夕方におこなわれると聞いて、パマガーの近くで待つことにした。遺族の中にこの儀礼の進め方を知る年配者がいなかったためにヌルさんたちが頼りにされ、彼女も「マッちゃん姉さん（マッはトシ子さんの童名）はこれまできょうだいのように付き合ってきたから、うちらがやるよ」と応えて、儀礼の執行役を引き受けた。

17時ごろ、数台の車に分乗した三〇人ほどの喪服姿の遺族が、海洋博公園内の人工ビーチに到着した。①ヌルさんと松枝さんは遺族を先導するようにしてホテルの敷地内に入り、新しくなったガンヤーに赴き、誰が亡くなったのかを報告する拝みをした。②二人はパマガー付近の人工ビーチに移動すると、膳を供えて線香を立て、海に向かって手を合わせた。後ろでしゃがんでいた遺族たちも続いた。それから、遺族たちは揃って波打ち際に歩いて行き［写真5-5］、ひとりの男性がゲーナブチを潮水に浸け、参列者に向かって三回振り、飛沫をかけて清めた。そして神人の二人もこの飛沫を受けた。③一同は、パマガーに戻ってふたたび膳を供えて拝んだ後、井戸の蓋を開けて汲んだ水にゲーナブチを浸し、三回振って飛沫をかけ全員を清めた。

ヌルさんたちが同伴したのはここまでで、その後彼女は遺族に、汲んだ潮水と井戸水を故人の家に持ち帰り、寝ていた部屋や家の周囲をまず潮水で清め、さらに井戸水で清めるようにと伝えた。

このミジナリーの儀礼では、参列者はまず潮水を浴び、それからパマガーの水を浴びる。この水は山手から流れてきたものだから、人びとは海の水と山の水を浴びることになる。まず引く潮とともに災厄が祓われるようにと潮水を浴び、そして湧き水で身を清める[16]。この二重の清めには、身内の死という難事を乗り越えて新たな人生を歩み出せるようにとの願いが込められているように感じられる。つまりここでも、浜辺の湧き水に生まれ変わりをうながす力をみている。天から山に降った雨水が地下の水脈となって流れ下り、グソーの浜辺で山の葉とともに湧き出す。その姿に再生の力を感じとったのはごく自然のことだったのかもしれない。

ムラ人たちはかつて、日が昇る東に向かって手を合わせ、「あがりティラ、おがまちくみそーり（昇る太陽を拝ませてく

写真5-5　人工ビーチでのミジナリー（2016年12月）

ださい)」と唱え、太陽への感謝を込めた拝みを捧げてきた。昔の人は昇る太陽にも、湧き出す水にも神の存在を感じ、誕生には東(あがり)のシリガー、葬送には西(いり)のパマガーの水を浴びて生命の更新と再生を願った。海の水は、太陽の熱によって蒸発し、上空で冷やされて雲となり、その雲が降らした雨水が山や森の地面にしみこみ、地下の水脈となって流れ、その道中で湧き出す。そして、この湧き水はふたたび海に注いでいく。このような水の循環を古人がどのように理解していたのかはわからないが、小さな島ではこうした自然の巡りはより感受されやすい。

　神人たちの拝みは、生者と死者の関係を整え、人間と神々の宿る自然との関係を調和させることにある。そこには、自然の循環と再生のなかに人間を正しく位置づけようとする姿勢がある。ムラ人たちの拝みも、かつては同じだったろう。イチミ(生者)の領域とグソー(死者)の領域をしっかりと分けたうえで、折りにつけて通い、交わる。毎月、新月の一日と満月の十五日には家のヒヌカンに手を合わせ、先祖が戻ってくる仏壇にお茶を供える。盆など年中の折り目には仏壇にご馳走を供え振る舞う。家族の誰かが亡くなったときには、イチミ(この世)に思いを残さぬようにと丁重な儀礼を幾重にもおこない、新たな住処であるグソー(あの世)に送り出す。そして、1月の十六日や8月のマチには手間をかけた重箱を抱えての墓参りを欠かさない。生者はいずれ自分もグソーの側に渡っていくことをどこかで想いながら死者たちに手厚い世話を重ね、死者が生者を見守ってくださるようにと手を合わせる。

　家に水道が引かれて井戸への水汲みは不要になった。煌々と照らす電灯は夜の闇を遠ざけた。山とのつながりを実感させた薪取りは、どこから運ばれて来るのかもわからない燃料に取って代わられた。

高速で車を走らせる舗装道路は自分の足で歩くことを難儀に変えた。そして毎日の食も、年中の稔りを神々に祈願しながら待つのではなく、賃労働で得たお金で調達するのが当たり前となった。社会資本の整備と消費生活の浸透のなかで、人びとは自然の循環から抜け出し、神々を感じる場所と機会を手放していった。神人は、グシク山のある東方への墓の移転はカミの領域にグソーを持ち込む混乱とみなした。そして、グソーに人工ビーチや遊園地が造られるなかで拝所がないがしろにされるという事態は、生者による死者の領域への過剰な侵犯だと受けとめた。かつて一定の秩序で守られていたカミとグソーとイチミの関係が崩れ、調和は乱された。イチミの世界が限りなく拡大する一方で、グソーやカミの領域が忘れ去られることを神人たちは畏れてきた。彼女たちはいまも年中の神行事のたびに、神々や先祖を感じる場所に座り、昔ながらのやり方で拝み続けている。そうすることで、カミとグソーとイチミの秩序と調和を懸命に守ろうとしている。

注

[1] 仲田栄松（1984）『備瀬史』本部町備瀬区事務所発行、25頁。
[2] 同右、313頁。
[3] 同右、313頁。
[4] 沖縄大学・沖縄学生文化協会（編）（1973）「本部町備瀬部落・第三次宮古島調査報告」『郷土』11、37頁。
[5] 前掲『備瀬史』、159頁。
[6] 名嘉真によれば、葬式の夜におこなわれる「ムヌウーイ」と呼ばれる魔物追いの儀礼が他の地域でもみられた。龕を担いだ四人が、「塩水を撒きながら、砂利または豆を撒きながら、「アネアネ」「クマクマ」「ホーホー」といって、

棒切れで（家の—引用者注）壁をたたいて魔物を追い払い」、そして「村はずれまで三名もしくは四名の者が魔物を追っていく」。名嘉真宜勝（1989）「沖縄の葬送儀礼」渡邊欣雄（編）『祖先祭祀』凱風社、241頁。また赤嶺は、葬式の日の死霊についてつぎのように指摘する。「死んだ直後の死霊がある種の畏怖の念でもって観念されていることは、葬式の日に、ムラの家々では、死霊の侵入を防ぐため屋敷の入り口に竿を横たえたり灰を撒いたりする習俗により窺うことができる」。赤嶺政信（1989）「沖縄の霊魂観と他界観」渡邊欣雄（編）前掲書、424頁。

[7] 前掲『備瀬史』、161頁。

[8]「一般にマブイワカシ（魂分かし）と呼ばれる儀礼は、死霊と遺族の生霊を分離するための儀礼といわれ、現世に執着する死霊を、死霊の本来住まうべき世界である他界に落ち着かせる意図をもって行われる」。赤嶺政信、前掲論文、424頁。

[9] 前掲『郷土』、37頁。

[10] 本部町史編集委員会（編）（2002）『本部町史・資料編4・新聞集成・戦後米軍統治下の本部』を参照した。

[11] 前掲『郷土』、48頁。

[12] 前掲『郷土』、48-49頁。

[13] 前掲『備瀬史』、369頁。

[14]『備瀬史』も「後井戸」という字を当てている。前掲『備瀬史』、412頁。

[15] 沖縄において、神事のさいに心身を清める水や元旦の若水、産水をスディ（孵で）水と呼ぶ。スデルとは、蛇の脱皮や雛の孵化のように、聖水に触れて新生、再生することをいう。湧上元雄（1983）「スディ水」『沖縄大百科事典・中』沖縄タイムス社、531頁。備瀬周辺では、この「スデル」を「シリル」という。脱皮と生命の更新については、吉野裕子（1999）『蛇——日本の蛇信仰』講談社、も参照のこと。

[16] ヌルさんによれば、子の誕生のさいにも産着をまず潮水で洗い、そしてシリガーの水で洗ったという。このとき、魔除けのピジャイナー（左縄）を腰に巻いた。彼女のお産のときには母親が洗ってくれた。また、麻疹のときにも患

部にシリガーの水を撫でつけた。

むすびにかえて——シニグのその後

本書が目指したのは、ムラの根ともいえる場所でいまなお、作物の稔りや子孫の無事を願い拝み続けている神人たちの生活世界に近づくことであった。現地調査は２００９年から２０１８年にかけての十年間で、中南部の同郷会での参与観察を含めて、のべ70回、４００日を数えた。

ムラの根の場所で、できうる限り昔と変わらぬやり方で神行事を進める。その道中でおのずと先人たちの面影が甦る。親先祖（ウヤパーブジ）が自然の恵みを供えて拝んできたその場所と手順をなぞることは、かれらが自然と交わり暮らしてきたこのムラで、いま自分たちもまた生きていることを実感させる。こうした連続性の感覚をもたらす伝統行事への参加は、ムラの環境が激しく変化する渦中であればなおのこと、ムラに住む者とムラをふるさととする者にとってかけがえのない拠り所となりうる。神人たちは、季節の巡りとともに神行事を繰り返すことを通して、ムラの共同性を育むみんなの場所を守っている。

２０１６年のシニグは前年に続き、トシさん、久子さん、初枝さんの三人組が揃って参加した。２０１７年の大御願は、ヌルさんは腰痛のために歩くのが辛く、４月、６月ともにミーウガンに渡ることは叶わなかった。七月行事でムラ内を巡るサグンジャミは車に乗って移動した。シニグは、三人組のうちトシさんは夫の介護のため、久子さんは忌みのために参加できなかった。本番で内側の輪でチヂンを打った六人のうち、和恵さんを含む四人は初めての役目だった。

2018年のシニグは、和恵さんによる事前の精力的な声掛けもあって、旧暦7月18日の夜から公民館でシニグ節の稽古が始まり、本番まで一週間続けられた。19日の練習に私が合流したときには、中軸を担う三人組を中心に九人の参加があった。ニガミの松枝さんが義母を亡くして間もないということで一連の七月行事に出られず、神人はヌルさんひとりとなった。彼女は、この行事でひとりになるのは初めてだからと、寂しさを口にした。シニグ本番は二九人の女たちによる二重の輪ができた。内側の輪でチヂンを打った九人のうち、郷友会のひとり以外は夜の練習に参加した人たちだった。翌日のタムトノーイの様子を紹介したい。

ヌルさん(86)は、お宮で神酒を供え、七月行事が無事に終了したことを伝える拝みをおこなった。つづけて、ヌル殿内でも神酒を供えて手を合わせた。ふたたびお宮に戻ると、トシさん(82)、初枝さん(76)、和恵さん(73)、苗子さん(73)という四人のシニグシンカが待っていた。ヌルさんが、「昨日のシニグは、いちばん上手だった」とねぎらうと、初枝さんは「人数が揃ってよかった。去年がいちばんの危機だった」と返した。にぎり寿司やイモ餅などをつまみながら昨日のことを振り返る会話をしばらく続けた後、ヌルさんは「歌、やって」とシニグ節をうながした。四人は、それぞれチヂンを打ちながらテープの助けなしで歌いはじめた。難関の「首里天加那志」の打ち出しは歌をうまく拾えなかったものの、二番からは声が揃った。ヌルさんも軽く手を打ちながら、四人の歌にあわせて口ずさんでいた。「天の群星」は難なくこなし、三曲目の「打豆節」は「くびる並松節」と混ざってしまったが、途中で気づき、やり直して歌いきった。ヌルさんが「来年は本番もテープなしでやりなさい」と投げかけると、苗子さんが「来年までには歌を覚える」と宣言した。トシさんはおどけた様子で、「お父ちゃん（夫）が元気で、来年もシニグができますように」と殿のヒヌカンに向かって手を合わせた。その姿を見てみんなが笑った。

２０１９年５月のある晩、シニグの時季はふた月ほど先だったが、前年に内側の輪でチヂンを打った七人が公民館に集まって歌の稽古がおこなわれた。その合間に和恵さんは、ある歌詞が書かれた紙を配った。それは、シニグ節を踊った後にみんなで喜び舞うカチャーシーの歌だった。このところ歌詞がわからず別の歌で代用されていたが、長年ウタムチの要だった母親のチヨさんが歌うのを書き留めておいたのだった。

アサギミャーぬアクタ
誰(た)がちゅらくなちゃが
わしたミヤラビぬちゅらくなちぇさ
（お宮の庭の塵や草々　誰がきれいにしたのかしら　私たち若者がきれいにしたの）
ウプユミとシニグ
またんあいがさびら
やいやゆくまさてあいるさびる
（ウプユミマーとシニグ　またあるのかしら　来年もまた優ってあるでしょう）

近い将来、テープの助けがいらないシニグシンカの歌声がふたたび、アサギモウに響きわたる予感がする。そしてそのときには、この歌に乗ったカチャーシーが舞われることだろう。

あとがき

本書は、所属する茨城大学の紀要に書き継いできた成果をもとに、あらたに数多の手を加え、編みなおすことによって出来あがったものです。以下に初出を示しておきます。


「祈りの姿勢――ムラの神行事を守りつづける神人たち」茨城大学人文学部紀要『人文コミュニケーション学科論集』16、1-31頁、2014。

「ムラが生んだノロ（上）――沖縄一集落に生きる神人のライフヒストリー」同17、1-30頁、2014。

「ムラが生んだノロ（下）――沖縄一集落に生きる神人のライフヒストリー」同18、1-29頁、2015。

「都市とムラを結ぶ踊りの輪――沖縄一集落の伝統行事シニグを支える人たち」同20、1-32頁、2016。

「自然との交わりの記憶――裸足と芋の世代が継承するムラの祭祀」同22、1-32頁、2017。

「再生の井戸――沖縄一集落における生者と死者との関係」茨城大学人文社会科学部紀要『人文コミュニケーション学論集』2、1-30頁、2018。

研究を進めるにあたり、神人の天久千代さん（ヌルさん）、兼次松枝さんからは、限りない教えを受けました。おふたりのご家族にも格別なご配慮をいただきました。宿泊先はいつも、天久善秀さん、京子さんご夫婦が住む海辺の源助ヤーでした。源助おじさん、ヨシおばさんの代から三〇年を超える一家の変わらぬご厚情に包まれながら、備瀬通いを重ねることができました。そして、歴代の区長をはじめとする多くの備瀬在住および出身の方々からご教示とご支援を賜りました。

執筆は、グソーに渡られた人たちの面影を抱きながらの作業となりました。神行事の場に手を引いてくださった那覇・新天地市場の上地ミエ子さん、シニグ節を受け渡そうと懸命だった玉城千代さん（本文中ではチヨさん）、神人のひとりとして神行事を支え続けたトシ子さん、チヂン打ちとして踊りの輪に加わった比嘉商店のキヨさん。そして、ヌルさんと一緒に畑に出ていた働き者の栄さん。瞼にはまだ幾人ものお姿が浮かんできます。本書が、島の自然のなかで紡がれてきたムラ文化の一端なりとも伝えることができているとすれば、それはみなさんのおかげです。幾重もの確認作業を経てもまだ残っているにちがいない誤りや不足についてはご寛恕を請うとともに、今後の課題とさせてください。

本書は、近代における達成と喪失の双方を吟味し、これからの道を模索するための一助になることを願いながら書き進められました。喧伝されるまばゆい達成の陰でいつのまにか進行してきた喪失の過程も、しっかりと見据えなければならないと思います。

フィールドワークを中軸にした研究スタイルをはじめ、自身の学問的基盤を形成するにあたり、大橋英寿先生から手ほどきを受けました。備瀬行きの機会をつくってくださったのも先生です。また、ひとりひとりのお名前を記すことは叶いませんが、本書にはたくさんの方々の学恩が反映されています。

研究と教育にあたる日常は、茨城大学の同僚および在学生・卒業生のみなさんとのご交誼によって支えられています。同僚の根本育代さんは、紀要執筆のときからすべての拙稿を精読してくださいました。懸案の箇所を嗅ぎ分けての確かなご指摘に助けられ、推敲を重ねることができました。つれあいにも、草稿を通読するという役目を担ってもらいました。そして家族は、繰り返される備瀬行きをいつも快く送り出してくれました。

新曜社の塩浦暲さんは、じつに長い間、待ち続けてくださいました。本書として結実するまでの道行きは、いつか塩浦さんに原稿をお届けしたいという思いとともにありました。編集にあたり、細部にわたってこまやかなお心配りをいただきました。

なお、一連の研究は、科研費の助成（21530652、25380841、16K04255、19K03205）を受けています。

以上のご縁を記し、感謝の気持ちをここに刻んでおきたいと思います。

2020年1月

岩間・愛宕山麓の拙宅にて

石井　宏典

著者紹介

石井 宏典（いしい ひろのり）

1965年茨城県土浦市で生まれる。

東北大学大学院文学研究科博士後期課程を修了。博士（文学）。

現在は茨城大学人文社会科学部教授。

専門は社会心理学。コミュニティの形成と変容、人の移動と定着・回帰などの研究課題に取り組む。

根の場所をまもる

沖縄・備瀬ムラの神人たちと伝統行事の継承

初版第1刷発行　2020年3月25日

著　者　石井宏典
発行者　塩浦　暲
発行所　株式会社　新曜社
101-0051　東京都千代田区神田神保町3-9
電話（03）3264-4973（代）・FAX（03）3239-2958
e-mail : info@shin-yo-sha.co.jp
URL : https://www.shin-yo-sha.co.jp

組　版　Katzen House
印　刷　中央精版印刷
製　本　中央精版印刷

ISBN978-4-7885-1673-1 C1039